后浪出版公司

一部哲学全球通史

[英]朱利安·巴吉尼 著 赖丹丹 译
JULIAN BAGGINI

HOW
THE WORLD
THINKS

世界是
如何思考的

A GLOBAL HISTORY OF PHILOSOPHY

民主与建设出版社
·北京·

献给夏威夷大学的东西方中心及其中的学者们。

关于人名的说明

在中国、日本和韩国,人名的传统一般是姓在前名在后。但是,许多生活在西方的东亚人都按西方的惯例称呼自己,名在前姓在后。在本书中,我尽量遵循每个人的习惯用法称呼他们。这意味着大多数(但不是全部)东亚名字都是以姓在前的。读者们通常可以通过上下文明确是哪种情况。

引　言

　　人类历史上有一个难以解释的伟大奇迹，即成文的哲学在世界不同地区，几乎在同一时期，分别达到了全面的繁荣。早期的《奥义书》(*Upaniṣads*，印度哲学的基本文献，作者不详)成书于公元前8世纪至前6世纪。中国第一个伟大的哲学家孔子出生于公元前551年。而在古希腊，第一位著名的前苏格拉底哲学家，米利都的泰勒斯(Thales of Miletus)出生于公元前624年左右。佛陀(The Buddha)的出生日期传统上被认为也是在公元前6世纪，尽管学术界现在认为他可能直到公元前480年左右才出生，大约与苏格拉底(Socrates)处于同一时期。

　　这些早期哲学对世界各地独特文化的发展产生了深远的影响。他们的价值观和信条塑造了人们不同的信仰、生活以及思考关乎所有人的重大问题的方式。大多数人并不能有意识地表达他们所持的哲学假设，甚至通常都意识不到自己有任何这类假设，但是关于自我的本质、伦理、知识的来源和生活目标的预设深深植根于我们的文化，并在不知不觉中构建了我们的思维方式。这些哲学预设的影响力，还体现在世界很多伟大历史遗迹的建造中，它们是活着的书本，是建造者哲学思想的表达。北京的故宫建立在儒家思想(Confucian principles)之上，格拉纳达(Granada)的阿尔罕布拉宫(Alhambra)处处充斥着伊斯兰思想，巴黎左岸（rive gauche）的咖啡馆也见证了哲学作为个人日常追求的存在主义视野。

哲学世界观的文化吸收过程有时被称为积淀（Sédimentation）。20世纪法国哲学家梅洛-庞蒂（Merleau-Ponty）写道："（如果有可能时时刻刻都将我理智或理念中的所有预设揭露和呈现出来），那么我们应该总能找到尚未显性化的经验——过去和现在的人们做出的大量贡献，那些不仅与我思想的**起源**（genesis）相关、而且决定了其**意义**的整个'积淀史'。"[1]正如冲刷河床的泥沙形成的沉积物一样，价值观和信仰也在文化中"积淀"下来。反过来，这些价值观和信仰也进而积淀在打小就生活在其中的人们心中，因此我们常误以为这种积淀是不变的河床。通过思想的种种渠道，我们的思考和经验在其中流动，却难以注意到它们是如何被引导的。比较哲学的一个价值在于，通过揭示他人的不同假设——或者你可以称之为他人的哲学积淀——我们自身的假设就能显露出来。

然而，虽然世界上有丰富多彩的哲学传统，但我所研究了30多年的只有西方哲学，这是一种完全基于西方正典的哲学传统。但它却被描述为普世的哲学，是对人类理解的终极探究。"比较哲学"，即对两种或两种以上的哲学传统所做的研究，几乎全留给了从事人类学或文化研究领域的人。对比较哲学研究的兴致全无，是因为我们假设了比较哲学可能会对我们理解印度、中国或穆斯林世界的知识文化有点帮助，但对理解整体的人类状况而言却是道边苦李。

事实上，西方哲学可以说是相当狭隘的，狭隘到它内部已经分裂的程度。当年我住在曼彻斯特时，同时参加了两所大学的高级哲学研讨会。这两所大学在同一条街的两侧，相距还不到半英里。其中一所大学专注于欧陆哲学，另一所专注于英美哲学，我几乎是唯一横跨这两者的人，尽管他们都认为自己的共同祖先是笛卡尔和斯宾诺莎，再往前可以追溯到古希腊。

这让我感到有点尴尬。直到几年前，除了西方哲学，我还几乎一无所知。西方哲学的传统从古希腊一直延续到欧洲和美国的大学。但是，我的博士学位证书以及我就读的大学院系的名字，都只是一个未经限定的词：哲学。

最近，我一直在探索世界其他地区的伟大古典哲学，周游各个大陆去亲身体验它们。这是我生命中最有价值的知识之旅。我发现，更好地理解一种文化的哲学传统就是更好地理解这种文化。借用津巴布韦哲学家塔鲁沙里拉（Joram Tarusarira）的一个类比，理解一个民族的哲学框架就像是理解他们大脑运行的软件："如果你不了解他们的软件，那么在对话理解方面总会存在这个隔阂。"举例来说，这些隔阂解释了为什么在非洲有这么多的发展援助计划都无疾而终。"如果你希望自己的援助有效，那你就必须与民众打交道；如果你想要可持续发展，就必须与民众打交道。但很多时候我们这些华而不实的'白象工程'[①]产生的主要原因是实施项目的人完全不了解当地民众的哲学和宗教。"

这个软件的类比很简洁，但古典哲学文本与一个民族的"民间哲学"之间的关系显然没这么简单。学者们深入发展和分析的思想，在大众文化里都有着相对应的内容，只不过是以更简单、更模糊、更广泛的形式出现。比如，大多数美国人和欧洲人都主张个人自由和自主的价值，却并不一定了解这些概念是如何被他们的哲学家所证明和解释的。千千万万的印度人按照业力

[①] 白象工程，指昂贵无用、华而不实的政府工程项目。（本书脚注皆为译注。）

（karma）的原则生活，却无需深入了解相关的繁复文献，虽然这些文献更为清晰地阐明了因果报应所包含的内容。普通中国人强调和谐的重要性，但他们对分析和描述和谐的儒家及道家典籍不过略知一二。尽管如此，高深的学术研究和现实生活之间还是有联系的，这就是为什么和谐、自由和业力在世界各地扮演着截然不同的角色。

即使我们持有所有可能的观点中最富怀疑精神的一种，认为这些哲学观念的民间版本超出认知范围，是淡化的、混杂的，我们也仍然有必要去探讨这些概念是如何创造了文化得以在其中得到思考、解释和证明的修辞空间。一个美国政客歌颂自由，这是因为其所在的文化要求维护自由的价值，就像在中国人们必须捍卫和谐一样。在世界上的各种哲学中最突出的东西往往也是他们的主体文化最重视的，至少在这种情况下，对哲学的理解是一扇得以让我们窥见文化的窗口。

哲学不仅对于理解民族很重要，也对理解他们的历史很重要。这个观点在强调重要个体的行动或经济和社会力量的西方史观中显得有些不合时宜。但直到19世纪中期，人们一直认为哲学和宗教信仰是当时社会和政治发生剧变的主要原因。思想不仅重要，而且可能会要人命。19世纪的苏格兰哲学家、散文家托马斯·卡莱尔（Thomas Carlyle）曾对质疑这点的人说："曾经有个叫卢梭的人写了一本书，里面除了思想什么也没有。这书第二版的封面，就是用那些嘲笑第一版者的皮做成的。"[2]

历史学家乔纳森·伊斯雷尔（Jonathan Israel）认为，我们需要重新认识思想的历史重要性。他说："如果不提到激进启蒙运动（Radical Enlightenment），法国大革命就没有丝毫意义，甚至不可能去解释它到底是什么。"[3] 伊斯雷尔认为启蒙运动是"思想的革命"⁴，这一说法也适用于更广泛意义上的历史和历史的变迁。哲学家汤姆·卡苏利斯（Tom Kasulis）说："虽然一种哲学本身就是一种文化现象，但它不仅能理解，同时还能改变一种文化。"⁵

卡苏利斯提醒我们，思想不仅很重要而且是不断演化的。人们总是在创造新的思维方式以理解我们不断变化的愿望，并表达我们的不满。当我们谈论"传统"时，很容易忽视或低估这些变化。人们总是试图去寻找永恒的连续性，这些连续性使事物看起来是一致的。因此，中国作家许知远表示："人们忽略了内在的复杂性，并对现在和过去做一个简单的对比，或者一旦找到了一个满意的描述性标签，他们就会坐下来自鸣得意地沉浸在他们对事物的理解中。"鉴于中国最古老的经典之一就是《易经》，那么否认变化在传统中的重要性将是一个笑话。我们需要警惕文化内部的不连续性，以及因时间和空间而分隔的不同社会之间惊人的共性。例如，卡苏利斯认为，欧洲的黑暗时代（Dark Ages）的主流思维模式很可能更接近现代的东方世界。⁶

正确地理解哲学传统并不意味着要抹掉所有的发展和差异，而意味着要清楚地意识到历史发展和异议绝不会凭空出现。各种观念和哲学有着持续发展的历史。除非能理解观念及其所连接的那个时代，否则我们很难提出适应于新时代的新观念。例如，西方民主制度不能简单地出口或强加于与此有着迥然相异的历史和文化的国家。民主要传播，就必须去适应。因此，比较哲学不应该将哲学当作博物馆文物一样去研究，而是认识到哲学是一些动态的系统。如果理解得当，它们不仅能让我们洞察现在和过去，也能让我们预见潜在的未来。

由于哲学和它们所处的文化之间的关系错综复杂，因此很难厘清其中的因果关系。是孔子塑造了中国人的思维，抑或是中国人的思维塑造了孔子？对于所有这些问题，答案都是两者兼而有之，并且很难说清孰轻孰重的。"文化反映或假设了一种哲学或一个哲学流派，正如它影响着哲学框架所形成于其中的那个环境一样。"[7]卡苏利斯说。就我们的目标而言，认识到哲学与文化之间有着紧密联系就够了。每一位与我讨论过的学者都认为，理解一种文化的哲学传统有助于我们更全面地理解这种文化。

我的哲学之旅也让我确信，如果我们不理解他人，我们就无法理解自己。在艺术和文学中，这不过是一句老生常谈。小说、戏剧和电影让我们富有想象力地洞察他人的生活、思想和感受，这些都扩大和丰富了我们自己的心灵和思想。哲学传统亦是如此。随着世界变得越来越小，这种自我理解愈加重要。如果文化要相遇而非冲突，那么我们就不仅要了解他人如何不同于我们，还要了解我们如何不同于他人。

我们不敢假装自己能够在几年的时间里就理解全世界的哲学，更不用说单靠一本书就可以读通了。我更为谦逊的打算是，先要找出我们需要理解的东西，然后才能开始去理解。寻找这个哲学切入点就像在民族志主题公园里寻找一扇秘密之门，让我们得以进入真实的世界。日本人可能会称之为入门（Nyūmon）。物理上而言，入门就是一个入口，比如东京大学的赤门（RedGate）。入门扮演着双重角色，划分空间的边界以及邀请访客进入。[8]这个词被许多日本作家用于英语中称为"导论"的书籍。从字面上看，这个词也很好地描述了这本书的功能。在介绍一个人的时候，别人不会告诉你关于此人的一切，而只是让你有机会认识他而已。因此，这本介绍性的书也只是进一步研究的序曲，是一个更长期的、开放的和无终结的项目的第一步。

要了解他人，需要避免双重陷阱，即过度强调我们与他人有多少共同之处或过度强调有多少分歧。我们共有的人性和生命中亘古不变的永恒问题意味着我们总能从他人的思考和实践中学习，并且认同这些思考和实践，不管它们最初看起来多么陌生。同时，思维方式的差异可以是既深刻又微妙的。如果我们轻率地认为我们可以从他人的角度看问题，那么最终很可能我们只是换了个方式从我们自己的角度去看问题罢了。我们经常被告知应该站在他人的立场上，但是站在别人的立场并不等同于进入他们的思维。我们必须超越从陌生的角度去想象事物在我们眼中会是什么样子的阶段，并真正地去理解事物在以那片土地为家的人眼中是怎样的。

这本书是一部全球哲学史的选辑，它发掘了当今世界思考方式背后隐藏的基础。这个考古学的比喻还有另一个维度。世界哲学中更明显、更实际的面向被放到了全书的最后，因为要想理解它们，我们首先需要了解它们建立的基础。其中最根本的问题是关于世界是如何认识的：信念和论断是由什么确证为知识的。这是第一部分的主题。第二部分着眼于世界诸哲学对形而上学和宇宙论的看法：世界的运作方式和构建方式。第三部分考虑了不同的哲学如何构想人性，我们如何认识自己。唯有在审视了哲学如何理解知识的基础、世界的结构和自我的本质之后，我们才能理解他们关于人们应该如何生活的思考，而这是第四部分的主题。

我并不是在说自己对本书中介绍的所有思维方式都已经有了深入的了解。在这个写作计划过程中，我在很多方面都得到了帮助，因为我并**不**是每一种传统的专家。许知远说："局内人就像鱼缸里的鱼，即便周围的环境对其他人来说一目了然，但他自己却看不到周围环境的确切形状。"保持一定距离有助于看到更清晰的外部轮廓，而位于近处的人深入研究每棵树的独特特征时，往往会一叶障目,不见森林。

　　我更多地是以一名哲学记者的身份接近这个任务的。记者的工作就是要对一个问题做足够的功课,以便能够找到最了解这个问题的人,向他们问出正确的问题,并解释他们的答案。这正是我在阅读经典典籍和专家的评注时所做的。我采访了数十名专家,以找出最有利于我们开始真正地理解世界哲学的东西,而不是简单地记住他们的标志性学说。他们许多人的名字都出现在这本书中,与其他我读过其作品的学者一起。除非另有说明,我引用的每一个人都是与相关主题最近的或最当代的专家。注解中没有提及的所有评论,都是我在谈话中提出的。我在本书中还广泛引用了来自每一种传统的经典文本,它们往往用独特的声音、无与伦比的优雅辞藻陈述自己的观点,为我们提供了直接与这些丰富文献邂逅的机会。

　　在17世纪,勒内·笛卡尔(René Descartes)在他的《谈谈方法》(*Discourse on Method*)中写道:"在我的旅行中,我了解到那些有着与我们截然不同观点的人并非野蛮人或未开化的人,而是一些与我们一样理性(或更为理性)的人。"我希望今天不会有人再如此感到惊讶。不过,笛卡尔所得出的一个结论仍然是中肯的,那就是无论我们生活在哪里,"我们显然更多地被习惯和先例所说服,而不是任何特定的知识"。环游世界哲学,是一个挑战我们视为理所当然的信仰和思维方式的机会。通过更多地了解他人是如何思考的,我们会变得对自以为拥有的知识感到不那么确定,而这始终是达致更多理解的第一步。

序　言

从轴心时代到信息时代的历史概述

哲学诞生于公元前 8 世纪到公元前 3 世纪之间，19 世纪的德国哲学家卡尔·雅斯贝尔斯（Karl Jaspers）将这个时间段描述为"轴心时代"。这是一个逐渐过渡的时期，其中人们从依据神话来理解世界，过渡到我们今天所拥有的对世界更理性的理解。[1] 理性的理解并未完全取代早期的民间信仰和神话，脱离其价值信念和原则。世界观虽然脱胎于冷静理性的需求，但并非总是由理性主导。

虽然印度、中国和希腊的古典哲学在许多重要方面都有差异，但它们之间也存在非常重要的共同之处。它们都从一个基本的假设出发，即万物为一。无论解释人类生命的理论是怎样的，这个理论还必须同时能够解释宇宙、自然和其他一切事物。正如 14 世纪奥卡姆的威廉在其著名的"剃刀"原则中所说的那样，理性不应当去假设超出必要的实体。从一个较为简单的理论出发，即所有事物都遵循着同一原则，只有当事实证明这行不通的时候，才选择更复杂的解释方式。因此，最早的哲学家们皆默认遵循一种约定俗成的理性原则。

并且，只有假定宇宙可以被理解，理解宇宙的计划才有意义。如果我们认为世界上存在着各种各样的机制和原则，它们支配着现实的不同部分，并且它们之间没有什么联系，那么宇宙将是一个更难以理解的地方。对宇宙进行系统理解的任何严肃尝试都必须以假定存在一种统一性作为前提。

人类知识的统一在轴心时代比在今天更为明显。对于希腊人来说，我们今天所认为的属于"人文"或"科学"的东西都是哲学研究的一部分。中国和印度也并无基本的知识划分。随着人类研究的不断发展，不同的分支与主干的距离越来越远，但它们仍然是同一棵树的基本组成部分。

另一个共同点是假设对世界的合理描述必须符合理性。仅仅靠引人入胜的故事和神话是远远不够的：我们需要为我们所采纳的观点给出智识上的辩护。理智——亦即理性——本质上就是给出理由，这些理由可以被审查、判断、评估、接受或拒绝。[2] 人类一直以来都有种种理解世界的方式，但直到哲学的曙光出现之后，他们才真正地试图为这些理解提供理性辩护。

我们在早期哲学中看到的是一种尝试，试图从代代相传并被作为权威而认可的故事，转向经得起理性审查的更为系统的解释。总的来说，这导致的是古老神话的演化，而不是凭空创造全新的范式。学界一般把印度哲学的发展分为四个时期。吠陀时期先于轴心时代，大约在公元前2500年到前600年之间，萨瓦帕利·拉达克里希南（Sarvepalli Radhakrishnan）和查尔斯·摩尔（Charles Moore）将其描述为"一个摸索的时代，在这个时代，宗教、哲学、迷信和思想不可分割地相互关联着，但又永远处于冲突之中"。[3] 正是这一时期，四部核心的《吠陀经》被正统学术界归为启示经文或天启书（śruti），分别是：《梨俱吠陀》（*Ṛg veda*）、《耶柔吠陀》（*Yajur veda*）、《娑摩吠陀》（*Sāma* veda)、《阿闼婆吠陀》(Atharva veda)。

紧随其后的是史诗时期（公元前500/600—公元200），也是《摩诃婆罗多》成书的时期，《薄伽梵歌》也是其中的一部分。《薄伽梵歌》《奥义书》和《吠陀经》共同组成了正统印度哲学的三大圣典（prasthāna-traya）。虽然它们还不是系统的哲学著作，但是这些早期发展起来的学说，"即便不敢说决定了印度哲学发展的精确模式，也已经奠定印度哲学发展的基调"[4]。其中最重要的观念是，终极实相是梵（Brahmam），一个无限的、不变的、普遍的灵魂。个人的自我，真我（ātman），只具有独立的假象。我们的终极目标是消弭个我，回归于梵。也是在这个时期，思想家们，如乔达摩（Gautama）、帕尼尼（Pāṇini）和龙树菩萨（Buddhist Nāgārjuna）等人发展出了成熟的逻辑学。

在印度哲学各学派中，坚持《吠陀经》正统性的学派被称为正统派（āstika）。那些不遵从《吠陀经》的被称为异端（nāstika）。尽管从20世纪晚期前后开始，这一直是学派的标准分类，但尚无法断定这些哲学最初是在什么时候被划分的，也不清楚这种划分有多明确。一般来说，正统学派有正理派、胜论、数论、瑜伽论、弥曼差论和吠檀多论；异端派有佛教、耆那教、顺世派、生活派和不可知论。

在中国，由于缺乏以神或异世天堂为特征的强烈宗教文化，在这里产生出的新哲学比印度的哲学更具自然主义色彩。孔子（公元前551—前479）的教义建立在等级秩序、尊重长辈和传统的文化规范之上。另一个主流传统是道家，他们最为重视的是与自然的和谐。道家的基本典籍《道德经》成书于公元前4世纪到3世纪。

相比之下，希腊就不得不为其文化中的神找到位置。但由于这些神通常在神话中被描绘成人性的超级英雄,在相同的物理空间中与人类互动,因此以共同适用于神和人类的原则来解释宇宙并没有根本的问题。

这三种哲学传统——印度、中国和希腊——依赖于不同的知识来源。只有在希腊,因为逻辑的创造,系统的理性才在很大程度上得到发展。在印度,最重要的知识是通过洞察的先知,还有圣典《吠陀经》的启示而获得的。在中国,历史和日常经验为真理提供了基准。佛陀走的是折中的路线,认为经验是我们所能得到的唯一证据,这使得对"终极"现实本质的推测毫无结果。尽管如此,他还是赞同正统的印度文化假设,即日常的经验是虚幻不实的,应当努力去超越它。在希腊,理性的力量占据了中心位置。苏格拉底的格言是,我们应当遵循理性所做出的论证,不论它通向哪里,让"我们的目的地由讨论的风决定"[5]。每一个涌现出的古典传统都有其关乎正确哲学方法的思考。

轴心时代产生的许多基本原典,直到当代还处于各个哲学传统的核心地位。印度哲学家仍然研究《吠陀经》,中国哲学家研究孔子和孟子的作品,西方哲学家研究柏拉图和亚里士多德的作品。乔尔·库珀曼(Joel Kupperman)认为:"在有些国家里,尤其是印度和中国,少数的哲学典籍不仅对后来的哲学,甚至对整体文化而言都是基础。"[6] 大多数西方人对古希腊的了解仅限于知道几个名字,但印度《吠陀经》和中国经典却为他们各自国家里的大多数人所熟知。

如果说哲学的第一阶段可以被看作各大陆之间从神话转向对宇宙的更加理性理解的迁移,那么之后发展的风向就因地域而各有差异。在西方,哲学倒退了一步。中世纪哲学的主要任务是在基督教信仰的主张和理性的要求之间进行协调。哲学不再是对民间神话的回应，而是对教会权威在系统神学中建立的教义的回应。与此同时，这一时期最重要、最有影响力的哲学家是13世纪的僧侣圣托马斯·阿奎那（St. Thomas Aquinas）。与古代一样，哲学并不是与主流宗教文化判然相异的一种事物，而是与宗教教义共同起作用。自然神学为信仰提供了理性的辩护，而它对二元论（dualism）的吸收，则使心灵和身体得到严格区分，这一观点符合基督教强调灵魂的死后生活优于现世物质生活的主张。

在这类叙述中存在着复杂的因素，例如在中东和北非的情况里，是宗教而非世俗哲学获得了最高权威。伊斯兰哲学的所谓黄金时代是从公元8世纪到公元13世纪，法拉希法（falasīfa）[①]翻译和评论了古希腊经典，尤其是亚里士多德的作品。（这对亚里士多德哲学向西方的传播至关重要，在那里他变得如此重要，他的名字与"哲学家"成了同义词。）在这段时间里，穆斯林哲学家如阿维森纳（Avicenna, Ibn Sīnā）[②]和阿维罗伊（Averroes, Ibn Rushd）[③]与更具神学倾向的凯拉姆思想家安萨里（Al-Ghazālī）进行了激烈的学术辩论，后者最终赢得了这场辩论的胜利，伊斯兰哲学从神学独立出去的前景就此消失。

印度的情况就更为复杂。哲学的关注点转向了对古代经典的解释。经书（sūtra）在梵文中意为"线"或"织物纤维"，指代一种将简短的格言教义收集在一起的写作类型，这些经书中最重要的是《吠陀经》。在最初几个世纪的经书时期和随后的学术时

[①] falasīfa指受希腊哲学影响的穆斯林学者。
[②] 阿拉伯名伊本·西那，本书译名根据金炳华等编，《哲学大辞典（修订本）》（上、下册），上海辞书出版社，2001年6月第1版，第325页。
[③] 阿拉伯名伊本·鲁西德。

期①里，哲学家们对古代经书作了大量的评注，并对其中的学说进行了理性的分析和论证。正如拉达克里希南所说："人们竭力试图用理性来为信仰辩护。"[7]

吠檀多学派也出现了一个重要的分支。商羯罗（Śaṅkara）创立的吠檀多不二论，主张一种"非二元论"，这种论调认为个体自我是虚幻的，一切事物本质上都是终极，也就是梵的一部分。然而，像罗摩奴阇（Rāmānuja）和摩陀婆（Madhva）这些思想家拒斥这一观点，并提出了二元论，即自我是真实的，而梵是一个独立的神，毗湿奴（Vishnu）。虽然吠檀多不二论此后一直是占主导地位的哲学流派，但这种有神论的吠檀多哲学无疑有着更大的社会影响力。

在远东，哲学的发展态势趋于稳定。在缺乏宗教权威的情况下，中国出现了一种渐进的智识演进，这再一次证明了中国思想和历史具有非凡的连续性。从北宋（公元960—1127）到清朝（公元1644—1911），儒学受到道教和佛教的影响，发展成新儒家学派，这构成了对儒学的复兴和修正。

哲学在中世纪的发展，例证了哲学在一定程度上由更广泛的文化发展所引导。其中最明显的一个消极方面就是，女性的声音几乎完全不见诸世界各古典传统之中。这种情况直到晚近才有所改变。直到2008/9学年，在英国哲学系的最高学术职位中，女性所占的比例还不到五分之一。美国和澳大利亚的数据也差不多。[8]

随着我们进入现代，西方世界日益增长的地缘政治力量意味着其哲学的影响已远远超出了国界。在18世纪启蒙运动中兴起的科学发展和西方对自主性的强调，将早期哲学中初现的自然

---

① 也称为注疏时期。

主义引向了其合理的结论，并将宗教和神话思想的最后残余部分从哲学的主流中驱逐出去。全球哲学的许多发展都是对西方思想的回应，但并非以同样的方式。其中最具影响力的是主张具体行动的哲学，许多人认为它向倾向于维持现状的传统哲学提出了挑战。在印度，实践吠檀多运动和圣雄甘地（Mahātmā Gandhi）都受卡尔·马克思（Karl Marx）和功利主义哲学家约翰·斯图亚特·密尔的启发，以对社会正义的强调平衡这些哲学传统上对精神性的关注。在中国，欧洲的马克思主义、达尔文主义及美国的实用主义都影响了君主立宪派改革家康有为和中国共产党的领导人毛泽东。与此同时，也出现了一些反对西方思想的情况，特别是日本京都学派（Kyoto School）对个人主义的摒弃。

西方的力量对全球的影响反映在，"哲学"这个词及其多种翻译直到最近才被用于描述所有这些不同的传统。例如，日本直到19世纪才出现"哲学"这个词。在明治维新解除了对外国人入境和日本人离境长达250年的禁令后，西方哲学思想才开始被讨论。日语的"哲学"（tetsugaku）一词也是在这时才被创造出来的，它由"智慧"和"学"二者组合而成。[9]中国也在大约同一时期得到了"哲学"这个词（哲学，字面意思是"智慧之学"）。

这就出现了第一个难题，即什么才算是"哲学"。从一个过于狭窄的定义出发，最终会排除许多甚至大多数其他传统的思想，而"哲学"就会变成仅仅是你自身文化中的版本。因此，理查德·罗蒂（Richard Rorty）主张，"哲学家"自己对"哲学"学究式的小小定义，只不过是一种辩论工具——意在将那些不熟悉的谱系排除在战场之外。[10]然而，如果我们采取一个过于宽泛的定义，又会使得准入门槛过低。

与其缩小哲学的范围，我认为最好还是接受它是一个宽泛的范畴,即维特根斯坦(Wittgenstein)所谓的"家族相似性"概念。我们无法以严格的规则去定义哪些可以或哪些不可以算作哲学,但我们可以看到其中有一套共同的特征。如果一个知识传统具备足够的共同特征,那它就应该被视为哲学。当人们开始系统地研究世界的本质、自我、语言、逻辑、价值、人类的善、知识的来源和理由、人类理性的本质和局限时,无论研究质量是好是坏,他们都应被视为是在从事哲学研究。当这些问题纯粹由神话或教条来处理时,那是宗教和民间传说,而不是哲学。如果人们一致同意用经验的方法来解答这些问题,探究就变成了科学,而不是哲学。这两个极端之间的边界与介于两者之间的哲学间的界限并不清晰,但对我们来说已经足够清楚,可以明确地划出哲学的大部分领域,并看到我们所谓世界伟大的哲学传统都在其中占有一席之地。但没有哪种哲学能独享这一名头,也没有哪种哲学有权否认其他哲学所占的比重,因为哲学已经得出了自己的结论,即哲学的最佳状态应当是如何的。何谓哲学的本质,这本身就是一个哲学问题,因此也必须就此进行辩论。

在这点上最为明显的一个案例是,我们看到除了伟大的古典传统,世界上还有一些文化中公认的哲学思想是通过口头传播的,却没有历史思想家将它们的创造记录在册。我将这些统称为"口传哲学"。关于这些思想本身是否包含"哲学",抑或是最好称之为神话或仅仅是"民间信仰",学术界还存在许多争论。无论这个问题的最终答案是什么(我将在后文中更多地考虑这个问题),这些传统包含了太多与哲学有关的东西,其家族相似性是不容忽视的。更重要的是,它们是观察和理解方式的根源,可以挑战和充实伟大的书写传统。

尽管西方之崛起产生了巨大的影响,尽管现代世界的哲学和文化在我们的国际社会中已经无比紧密地联系在一起，全球的哲学传统仍各有其鲜明的特色。这些传统中的观念并不是孤立的。它们构成了更广泛整体的一部分，构成了相互维系和支持的信仰网络，有时也处于紧张状态。正是这种整体的形态赋予了每个系统一般性的特征。

然而，我们必须非常小心，不要从不可否认的事实，即这些独具特点的角色的存在，滑向了"本质化"的误区：认为每种文化都有一个独特、同质的本质，被其中的所有成员一致地共享。这既会夸大社会内部的相似性，也会夸大社会之间的差异性。比如，"非洲可能有很多共通之处，但我们没有共同的传统文化、共同的语言、共同的宗教或概念词汇"。夸梅·安东尼·阿皮亚（Kwame Anthony Appiah），一个英国出生的加纳裔美国人这样说道，他对文化认同的复杂性略知一二。他还说："很多非洲社会与其他传统社会之间的共同点，与非洲各个传统社会内部之间的共同点一样多。"[11]

然而，我们不应如此害怕我们的说法过于笼统，以至于完全不敢做出任何概括。比如，莫格比·B. 拉莫斯（Mogobe B. Ramose）可能会同意阿皮亚的观点，但他也指出"一种有说服力的哲学观点是：存在一种'家族氛围'，也就是说，在非洲的土著人之间存在一种哲学上的亲切感和亲缘关系"[12]，尽管这种关系可能有各种不同的形态。概括是完全合理和准确的，只要它们不被误解为普遍陈述。"男人通常比女人高"是一个真正的概括；"所有男人都比所有女人高"是一个错误的普遍说法。准确地说，不同的哲学传统各有共性，这不是说该传统中的每个思想家或学派都具有这种特点。概括有许多例外，就像一个多山的国家可能有平原，一个严肃的人可能会大笑。我一直试图通过使用"经常"

和"通常"这样的词来委婉地提醒读者注意这一点，但过于频繁地强调这一点会很乏味，所以读者应当时时记住这一重要告诫。[13]

不去具体化的一个很好的理由是，实际上没有一种思维方式是某种文化所特有的。无论你的文化背景如何，当我们开始研究诸如自主、和谐和洞见等概念时，你会对它们所指为何，为什么重要有某种理解。含义上的细微差别可能会让你偏离正轨，但这些误解都很容易修正。正如卡苏利斯所说，你将会注意到的主要区别是不同文化中每种思想所承载的不同分量，"文化传统倾向于强调、加强和保持我们人性的某一方面，一种文化的前景可能是另一种文化的背景"[14]。

哲学传统与语言有许多共同之处。我们只能用一种特定的语言交流：不存在一种通用的世界语言。但这并不意味着我们应该想当然地认为只有一种语言——我们自己的语言——能够表达真理。在不放弃母语的情况下，我们可以通过学习其他语言来扩大我们的理解力。正如有些人能掌握双语或多种语言一样，我们也可以利用一种以上的哲学传统，使自己在文化上具有双重或多元性。[15] 社会心理学的研究表明，能容纳多元文化的头脑可以带来很多优势，知晓双重文化的人在创造力上得分更高。[16]

今天，种种迹象表明我们对提高自己的文化素养越来越感兴趣。中国作为全球超级大国崛起，这引发了一系列试图解释中国价值观和文化的书籍。西方学术界对其他哲学传统的兴趣正在增长，尽管起始点很低。我们认识到了不同传统间的共性，例如佛教徒和英美人在关于自我的观念上的共性。东亚的大学对本土哲学和西方哲学都有兴趣。我们似乎看到了更少的对抗，更少的必须判断孰优孰劣的感觉，我们更渴望从智慧中学习，无论这种智慧是在哪里被发现的。

利亚·卡尔曼森（Leah Kalmanson）在后殖民主义思想家迪佩什·查克拉巴蒂（Dipesh Chakrabarty）作品的启发下对我所做的评论让我深受鼓舞。正如她所说："当我们读亚里士多德时，我们让他活在了两个时代。他生活在他所处的时代，我们在文化和历史的背景下理解他，这是一种对他思想的忠诚。但是他今天可以与我们对话。我们更倾向于不对非西方的文本做这样的事情。"我希望我们可以阅读经典的世界哲学，让它们同时存在于两个时代和两个地方。如果我们忘记了他们何时何地写下这些经典，我们注定会误解这些经典。但是，如果我们不能看到他们所说的如何适用于此时此地，我们就注定要浪费或滥用这些经典。

目 录

关于人名的说明 / i
引　言　/ iii
序　言　/ xi

第一部分　世界是如何认知的

1　洞　见　/ 5
2　言语道断　/ 25
3　神学抑或哲学？/ 38
4　逻　辑　/ 50
5　世俗理性　/ 66
6　实用主义　/ 77
7　传　统　/ 86
8　结　语　/ 93

第二部分　世界是怎样的

9　时　间　/ 103
10　业　力　/ 111
11　空　/ 119
12　自然主义　/ 128

13　一体性　/ 140
14　还原论　/ 152
15　结　论　/ 159

第三部分　世界中的我们是谁

16　无　我　/ 167
17　关系性自我　/ 180
18　原子化的自我　/ 193
19　结　论　/ 201

第四部分　世界是如何生活的

20　和　谐　/ 213
21　美　德　/ 235
22　道德典范　/ 252
23　精神解脱　/ 262
24　瞬　息　/ 273
25　公　正　/ 281
26　结　论　/ 292

第五部分　结　语

27　世界是如何思考的　/ 300
28　地域意识　/ 313

致　谢　/ 317
注　释　/ 319
出版后记　/ 355

第一部分

世界是如何认知的

在荷兰马斯特里赫特（Maastricht）的一所国际学校里，一对聪明而早慧的青少年正在整理他们给同龄人设置的一个测验的答案。他们承认自己不能百分之百地肯定他们得到的事实是正确的。但他们可以向我们保证的是，"根据互联网"，这一切都是正确的。我们的知识的基础是什么，是什么使我们相信我们的信念是正确的，这是哲学最基本的问题之一。对于整整一代人来说，这个问题的答案可能是"互联网"，这有点令人瞠目结舌。

过于相信维基百科是一回事，毕竟这是一个有着良好记录的网站。但大众将"互联网"这个五花八门、有着迥然不同谱系的网站集合作为真理的权威，就显得过于轻率了。纵观历史，人们秉持某种信仰，通常不是出于哲学原因。人们通常会接受周围环境中的信仰，会反抗的只有少数人。帕维尔（Pavel）在克拉科夫（krakow）长大，普丽缇（Priti）在德里长大，比起任何神学上的理由，这更好地解释了为什么帕维尔相信基督的复活，而普丽缇相信业力。

尽管如此，在社会层面上——如果不说个人层面——总有一些信仰的理由比其他的更有分量；总有原因可以解释为何有些事情被认为是正确的，而有些事情则是错误的。每一种文化都有一种隐含的民间认识论——一种知识的理论——就像几乎每一种哲学都有一种明确的认识论一样，而这些正式的和非正式的认识论是相互联系的。

前文提到的那两位将互联网作为知识来源的国际学生提供了一项证据，证明了民间认识论和正规的认识论之间的相互联系。学生们之所以轻信互联网是一个可信的真理宝库，是因为他们对知识的本质有一套假设，这些假设在今天被普遍认为是理所当然的，但在历史上的不同时期，不同地点的其他人却不这么认为。他们对网络的信任反映了一种文化，这种文化几个世纪以来一直认为知识是由人类在不同领域的专家共同创造的。在他们的理解中，真正的知识是由可以列举和收集的最新真实事实组成的。只要记录得当，任何有时间和资源的人都可以自己发现这些知识。真理不归精英所有，它已被民主化。

普通人并非总被认为有能力独立发现和理解真理。人类的探究也并不总是知识的唯一合法来源——神的启示曾往往被认为更加可靠。"与时俱进"也不总是被视为一种美德。事实上，许多传统仍然坚持认为，关乎人性最深刻的真理是（由神）向古代的圣贤、预言家和先知揭示的。

这个简洁的概括说明了日常思维方式是如何植根于哲学传统的肥沃土壤之中的。如果我们想要理解为什么人们信他们所做的事情，首要的是问他们在成长过程中所接受的哲学传统中，有哪些知识的来源是有效的。

— 1 —

洞　见

"奥妙的先知所见"

对于像我一样习惯于现代西方学术会议流程和传统的人而言，第90届印度哲学大会看起来有些古怪。其中一些差异是量上的，而非性质上的。比如不能严格遵守时间表，发言者讲话的时间往往要比分配的时间更长，这些都不过是常见学术小毛病的夸张版本。但在其他一些方面，这次会议与西方会议的差异就更为显著了。

这次会议对受邀的发言人和显贵人物表现出极大的尊重。开幕式持续了两个小时，其中大部分时间都用来招待达官显贵（主要是男性），其中有几位来晚了，导致开幕式推迟了半个小时。每个人都依次接受了礼敬，他们披着金色的披肩，并从一群身着优雅纱丽的年轻女学生端着的盘子里获得一份礼物。这种仪式性的尊重在整个会议中一直延续着，几乎每一位发言人都以感谢"台上和台下的所有杰出学者"作为开场白。会议上"谦卑"和"谦逊"这两个词被反复使用，这倒是挺能矫正现实的骄傲的。

官方的奉承和与会者明显的涣散形成了鲜明对比，与会者们在台下经常聊天、随意走动或玩手机。每次演讲结束时，观众们的掌声通常都是敷衍了事，而且鼓掌的远远少于在场人数。这里的规则似乎是每个人都应该发言，但没有人需要倾听，只要所有人都得到必要的尊敬并保证座位都坐满就行。

在欧洲和美国，我会期望主题演讲能够呈现出一种大体上新颖、原创的论点。而在印度哲学大会（IPC）上，演讲更多地是在展示发言人的博学，他的主要工作似乎是代表一种传统的哲学流派。正如一位受邀演讲者所说："在这里，思想家并不重要，但智慧很重要。"所以一个佛教徒发表的论文听起来更像是布道而不是讲座，传递了一个连我这个对佛教知之甚少的人都耳熟能详的信息：如果我们以善心、善言和善行去生活，生活将会是美好的。[第二天，我得知这篇文章在《印度斯坦时报》（*Hindustan Times*）上得到了好评。]同样地，耆那教徒也向伟大的耆那僧侣阿查里亚·图拉西（Aacharya Tulasi）献上赞歌；古吉拉特·维迪亚皮斯（Gujarat Vidyapeeth）关于甘地哲学与和平的演讲赞扬了甘地作为哲学家、政治家和圣人为建设一个更具美德的世界指明了道路；有几位发言者拥护吠檀多不二论；另一些人支持湿婆护派悉檀多（Saiva Siddhānta）；等等。在每一篇演讲结束时，主席总结并赞扬演讲者的雄辩、清晰、博学和深刻。没有任何人提问，这似乎并无不妥，因为没有进行任何辩论。当代印度哲学的这一特点不仅让大会中的少数人感到沮丧，也让许多在印度次大陆以外工作的学者感到苦恼。一位驻印度的哲学家告诉我，印度次大陆的哲学已经变成了无新意的重复。一位外国演讲者向我抱怨说，当今印度大多数所谓的哲学都只是转述，而不是思考。具有讽刺意味的是，他本人也以老师的名义做了一次讲座，在其中他只是在赞扬他的老师。

在大会上，存在着一股对西方文化和哲学的强烈敌意，矛头直指其明显的缺陷和对印度文化居高临下的优越感，我担心我的怀疑言论可能暗示了我的这种优越感。这些言论中有几条是对西方种族主义和殖民历史的可耻回忆。一位发言者告诉听众，伟大的自由主义者约翰·斯图亚特·密尔（John Stuart Mill）曾经把整个印度和亚洲斥为急需文明照耀的黑暗大陆。实际上是他父亲詹姆斯·密尔（James Mill）在其1817年的《英国印度历史》中谈到了印度的"虚弱和半文明的人"以及"印度教神话中的黑暗、模糊和混乱"，但这一点并不重要，因为发言人还有很多其他的例子。[1] 伊曼努尔·康德（Immanuel Kant）在1802年写道："人类在白人种族中是最完美的，黄种印第安人确实有点微薄的天赋。黑人远远低于他们，而最低劣的是一部分美洲土著人。"[2] 与他同时代的大卫·休谟（David Hume）的种族主义与他的区别只体现在了其确定性的程度上："我倾向于怀疑黑人，以及一般来说所有其他种族的人天生就不如白人。"[3]

然而，他们对当代西方文化的摒弃大多是基于一些经过筛选的轶事。一名发言人指出，在美国一次洪灾过后发生了抢劫，但在金奈（Chennai）发生洪水后，寺庙保持24小时开放，以帮助受灾群众。另一位则引用了一名哈佛哲学系学生的自杀事例，将其当作西方思想虚无主义及其"在实现对现实整体认识方面的惊人失败"之例证。

纯粹从社会学的角度来解释印度哲学大会的这些特征是挺吸引人的。可以说，印度社会比西方社会更传统、更等级化，而这——连同其殖民历史——就是我们理解其顺从、拥护传统和反西方言论所需要的全部信息。然而，这种看问题的方式未能严肃对待其哲学背景。如果我们试图用一种与哲学无关的路径去解释为何印度哲学家以他们的方式来研究哲学，就是把他们的研究动机简单归结为一种人类学上的求知欲了。要严肃地将他们作为哲学家来看待，我们需要探究的是，他们以这种方式安排智识生活，除了社会学原因以外是否还有哲学的原因。

西方人对自己的传统肯定会做此要求。当然，有一些习俗和礼仪的问题可以解释西方哲学会议上的一些怪异现象，比如为何会议晚宴总是同时有着非常隆重的形式和非常糟糕的食物。但如果要解释为何哲学家们在会议上提出论点并参加延伸的问答环节，你需要知道这些是符合他们所坚持的哲学概念的，即每个思想家以严谨的论证形式为最初的结论作出辩护。换句话说，要解释哲学实践的方式，你就需要解释这种实践方式旨在例证的理想典范。那么，在印度哲学家们陈述其观点的方式背后，是怎样的理想典范呢？

在印度哲学中有一个传统词语或许可以提供一个线索："见"（Darśana①）。"见"的含义从其词根 dṛś 而来，意思是看见。这个词可以表示哲学，也有看见或观察的意思。[4] 它具有双重含义的原因是，在很大程度上，哲学在印度被认为是一种观见（seeing）。举例来说，创作《吠陀经》的诗人是第一批圣人（ṛṣis），这个词的意思是先知。[5] 人们相信，通往知识的道路并非是理性推理，而是学着去"察"（ānvīkṣikī）——观察。这能够让我们获得对现实本来面目的直接认识（sākṣāt-kāra）。[6] 这也可以解释为何印度思想的巨人之一商羯罗［有时作商羯罗阿阇黎（Śaṃkarācārya），一般认为其创作年代在公元8世纪］会将幻象（māya）和无知（avidyā）两个术语互换使用。无知就是无法正

---

① 梵语词。也被翻译为哲学。

确地看见，这是"所见即所知"这个观点的反面。

这种对微妙感知的强调贯穿了整个印度古典哲学的历史，它将现量（pratyakṣa，感知）视为一种有效的知识来源。虽然现量最初的意思是普通的感官知觉，但它后来包含了所有直接的理解，包括感官的、精神的和智力的。[7]因此，例如《奥义书》就说，关于伟大/普遍的个我（Ātman）的知识"不是通过教导，也不是通过智力，更不是通过大量学习获得的"。更确切地说："它被具有超常、微妙智力的敏锐先知所看见。"[8]这种看见所需要的不是普通的感官感知。"不是通过视觉，甚至不是通过言语，不是通过任何其他感官、苦行或劳作。"只有"通过冥想，一个人才能看到完整的神"[9]。

拉达克里希南赞同这种对印度古典传统的形容。在论及正统学派时他说："理性从属于直觉，生命无法通过理性被完全地理解……印度哲学立足于超越纯粹逻辑的精神，认为基于纯粹逻辑或科学的文化也许有用，但无法鼓舞人心。"[10]简明扼要地说："哲学把我们带到应许之地的大门，却不能让我们进入；因此，洞见或领悟是必要的。"[11]

我们必须小心，不要假定这意味着所有的印度哲学都是一种通过冥想获得的神秘洞见。印度哲学的各个流派都非常小心地列举和描述他们认为是有效的量（pramāṇas，知识的来源）。虽然每个学派对量的理解都不一样，但基本上他们或反对或支持的共有六种。我们无法单从它们的名字就理解其含义，但即便是粗略的概述也能让我们看出，印度哲学远远不只是神秘的洞见。这六种量分别是：现量、比量（anumāna，推理）、譬喻量（upamāna，类比和比喻）、义准量（arthāpatti，假设，从情境中推导）、无体量（anupalabdhi，非知觉、否定/认知证明）和圣言量（śabda，可信权威的话语、证词）。其中，比量和现量一样几乎无处不在，这清楚地表明，对于许多学派来说，至少理性推理的形式和任何一种洞见一样，是印度哲学传统的一部分。

查尔斯·摩尔（Charles Moore）提醒道，西方和本土对印度哲学的评论，往往会夸大直觉、权威和对理性的怀疑。纠正这种过分强调的方法是要认识到，直觉并不是压倒一切的东西，它只是人类理解系统中的一个基本组成部分。正如 S. K. 萨克塞纳（S. K. Saksena）所说，知识的源泉"既不是感觉，也不是理性，也不是直觉，而是人的全部"[12]。不同的是，对印度很多学派而言，现量扮演的角色比全球其他传统学派重要得多。

现量与另一种量关系密切，就是圣言量。《正理经》（Nyāya Sūtra）将圣言量定义为"可靠之人的指导性主张"[13]。当我们相信先知的见证时，这两者通常共同起作用，因为他们有非凡的能力去感知现实。正如迪帕克·萨玛（Deepak Sarma）所说，神圣经文被视为有效的知识来源，是因为"它们根植于先知的现量之中"[14]。

有时这些能力超凡脱俗。有几部关于吠陀多不二论创始人商羯罗的传记，讲述的故事都是从他和一对哲学家夫妇的争论开始，他主张放弃世俗生活，从而也要放弃婚姻。当那位妻子指出商羯罗拒斥的是他自己从未经历过的生活时，他使用瑜伽的力量进入刚刚去世的阿玛鲁卡（Amaruka）国王的身体，让他复活，从而掌握了做爱的技巧。此后，他又回到自己的身体，并用亲历的经验证实了他一直是正确的[15]。

在知识的等级结构中，伟大先知的证言通常胜过最伟大智者（ṛṣis）的感知（pratyakṣa），同时也胜过最精彩的理性论证。商羯罗否定了"无视神圣文本的推理"，认为它"只是建立在个人观点之上""没有适当的基础"。我们甚至不能去相信"智力上最卓越的人,如迦毗罗(Kapila)、迦那陀(Kanâda)和其他哲学学派创始人"的推理,因为他们彼此矛盾。[16]

任何一个被认为具有高度洞察力的人都会受到极大的敬重和尊崇。我们从"奥义书"(upaniṣad)这个词的词根就可以看出来:upa(靠近),ni(下)以及sad(坐)。学生们成群坐到老师的近旁,从老师那儿接受真理的训示。[17]《摩奴法典》中有一段话强调了藐视老师是多么邪恶:"那谴责他老师的,尽管公正,但在下一轮回出生时,会变成一头驴;那诬蔑老师的,会变成一条狗;那寄生于老师的,必变成蠕虫;那嫉妒师德的,会变成大一些的昆虫。"[18] 请注意这个"尽管公正":即便你的老师错了,审判你的老师也是错误的。这是极端的顺从。

以我在印度哲学大会上的经验来看,遵从先知在今天的印度仍然很重要。我遇到的第一批人中有拉姆昌德拉·普拉哈德·帕纳卡尔博士(Ramchandra Pralhad Parnerkar,1916—1980)的拥趸,他们以极大的热情告诉我,他将《吠陀经》和西方哲学、客观和主观、思想和物质相结合。他们非常渴望传播他的Poornawād哲学,所以给了我一本以此为题的书。在书的开头有一系列彩页,上面不仅有作者的肖像,还有"我们的灵感":他的儿子,其智慧的继承人Adv. V. R. 帕纳卡尔(Adv. V. R. Parnerkar)和他的父亲韦德穆提·普拉拉德大师·加内什大师·帕纳卡尔(Vedmurti Prahlad Guru Ganesh Guru Parnerkar),这本书献给了他们。这些肖像几乎是以书籍形式向伟人的致敬。

对演讲人的恭敬态度让采访变得异常艰难。他们似乎一般都把我的提问当作是在邀请他们宣扬其思想流派。我们的交流与其说是一问一答,不如说是给了他们一个滔滔不绝地做长篇独白的机会。这种对权威的尊重不仅仅局限于学术会议。米拉·班杜尔（Meera Baindur）告诉我，洞见是对终极现实的直接体验，这一观点在印度文化中仍然是主流，这反映在一句谚语中："要知道糖的味道就得吃糖。"印度有许多大师被认为曾直接体验过梵。他们被当作值得信赖的权威，以至于人们对其行为经常视而不见。班杜尔说，很多人对他们存在盲信。2012年，"有一位大师被发现与一名女演员在房间里做爱。有人在房间里放置了相机，并把视频发送给了媒体"。他的辩解是，像神一样，他也只是在满足一种需求，他的声誉似乎并未因此受损。似乎一旦大师获得了斯瓦米（swami，印度宗教导师）的身份，被公认为宗教性的印度宗师，他们就变得无可指摘。正如《胜论经》所言："对高深圣人的认知，以及对完美圣人的看法，都源于法（正确的行为）或功德。"[19] 其中逻辑似乎是，要成为一名斯瓦米，需要有洞见；只有好的人才有洞见；因此，无论先知有多少行为与此相反，他们都是好的。

班杜尔说的这一点是有一定权威性的，因为几年前她也成了一位斯瓦米，尽管她并没有做过"任何那一类事情"，她强调说。许多人认为她几乎具有神秘的力量。有一次有人来对她说："斯瓦米，请为我解惑。你在梦中来到我面前，给了我一杯恒河圣水（gangajal），然后我给象头神（Ganesh）的雕像戴上花环，他就变成了奎师那（Krishna）。你是如何做到的？"她告诉他们，她没有让任何事情发生，那只是一个梦。"这就是我没法成为一位受欢迎的导师，不得不回到学术界的原因。"

像她的这位崇拜者这样，相信梦境之真实性的人并不罕见。在正理学派中，人们认为梦的对象是真实的，因为它们也被感知到，而现量是一个有效的量。[20] 只有严格的唯物主义和经验主义的顺世论（Cārvāka 或 Lokayata）学派——它一般处于印度哲学的外围——限定只有作为感官知觉的现量才是唯一有效的知识来源。[21] 因此，顺世派对先知书不屑一顾，还主张"《吠陀经》的三个作者是小丑、流氓和恶魔"[22]。

对于其他的学派来说，现量是至关重要的。以印度最重要的哲学流派之一吠檀多派为例，它的主要支派吠檀多不二论的基本文献之一是商羯罗对《吠陀经》经文的评论。商羯罗在书中写道，虽然"推理也应被允许存在"，但这"决不应该欺骗性地被当作是在要求纯粹的、孤立的推理，而应该理解为将推理当作直观知识的从属辅助"[23]。

但现量是如何获得的呢？有时候，它就像礼物一样，从天而降。《瑜伽经》说："非凡能力的体验可以自然发生（亦即重生时先天能力之结果）。"如果你不够幸运，没有这种天赋，服用草药（oṣadhi，包括炼金药和迷幻药）或念咒语（mantra）也能达到同样的效果。然而，更常见的是，现量是诸如苦行（tapas）或三摩地（samādhi）等精神练习的结果，这是一种专注冥想的形式，修行者会进入一种类似梦境的状态。[24]

其他学派普遍强调需要长期的精神修习。《胜论经》（Vaiśeṣika Sūtra）说："对高深圣人的认知，以及对完美圣人的看法，都源于法（dharma，正确的行为）或功德。"[25] 其中最主要的修习方式是冥想，它提供了一种超越普通认知的理解。如《奥义书》所说："冥想（dhyāna，禅定）肯定不仅是思考那么简单。"[26] 不同的学派之间有太多的差异，以至于不能对冥想的含义给出一个简单的说明，但许多学派都强调身体的动作。冥想的指导通常包括姿势和呼吸的细节。苏·汉密尔顿（Sue Hamilton）认为，这可能是印度哲学对西方人来说最为陌生的特征[27]。这一点在公元3

世纪的经典《瑜伽经》中体现得最为明显，其一般原则被众多瑜伽论学派广泛接受。

在印度以外的地区，瑜伽通常被视为一种锻炼和放松的技术。它在《瑜伽经》中的基本定义听起来让人心生平静——"一般意识功能的停止"[28]。然而，这种心灵平静的目的不仅仅是放松。它背后的基本原理是：在日常生活中，我们被感官引入歧途，头脑被日常琐事所困扰。通过停止从事这些活动，我们不仅可以恢复平静和控制，而且可以看到事物的原本面目。[29] 对我们而言，这个世界就像从高速列车车窗看出去的风景，一团模糊，而通过瑜伽练习，我们可以让时间慢下来，看看那里到底有什么。这是正统学派和非正统学派共同持有的观点。因此，一位佛教学者告诉我："一种精神状态具有非凡的内在能量。如果你清理了你的思维过程，直觉就会在你的头脑中绽放，它是对任何事物的了解的源泉。"

为了获得这种静定和洞见需要怎样的身体练习？所有这些经典都提供了一些指导。在《奥义书》中，人们探求的洞见就是梵我同一，即终极自我。这本书主张实现梵我同一可以通过"六支瑜伽"，包括"控制呼吸、收敛/摒除感官、沉思、专注、冥想、入定"[30]。《薄伽梵歌》里也明确描述了修习瑜伽的各项身体上的要求：

> 应将坐席设在洁净之处，不要太高或太低，铺上神圣的草，再依次盖上布片和鹿皮。端坐于席上，凝聚心神于一境，控制思想和感官，为净化自我而修习瑜伽。保持身躯和头颈挺直不动，凝视鼻尖，不可左右顾盼……饮食过多或弃绝进食的人确实不适宜修习瑜伽。睡眠过多或过少的人，阿周那！

也不适宜修习瑜伽。[31]

在印度，人们普遍相信瑜伽练习不仅能引导我们获取洞见，也导向各种几乎是超自然的力量。《瑜伽经》里列出了一长串通过入定可以达到的状态，并不局限于获知"精微的、隐藏的及远处的对象"。通过恰当的专注练习，你可能会获得"多重宇宙的知识"和"星辰排列的知识"，也有可能获得"大象的力量"。还有些近乎神迹的，"当你专注于对咽喉根部的综合沉思[①]，你将不再感到饥饿和口渴"。又比如，"当你专注于对耳朵和宇宙苍穹的关系的综合沉思，你将获得天上的听力"（"天耳通"[②]）。[32]这种信仰一直延续到今天，尤其是在印度偏远地区，那里的圣男圣女们常被认为拥有神奇的力量。

撇开这些特殊能力不谈，关于洞见——不管是直接获得的，还是从过往的先知书中得到的——的观念，在印度显然具有非常强的影响力，是一个活生生的理念。那么，理性在其中扮演了什么样的角色呢？一定程度上，这个答案要从历史中去寻找。尽管最早的吠陀时期和史诗时期很少有系统性哲学，一些关键教义却是在这个期间被奠定下来的。后来的很多经文注疏和经书时期的哲学著作，都试图赋予这些教义理性的含义。

这里可以对印度晚期哲学和中世纪欧洲的自然神学进行比较。这两者都将信仰和理性视为协调一致的，理性的作用不是为

---

① "综合沉思"的梵文原词samyama，是一个术语，参考黄宝生译本的《瑜伽经》，它的构词方式是sam（一起）加yama（控制），包括瑜伽入定的三支：专注、沉思和入定，三种方法合在一起即为samyama。见《瑜伽经》，3.4—3.28，黄宝生译，商务印书馆，2016年。
② "天耳通"的译法引用《瑜伽经》，3.23，黄宝生译，商务印书馆，2016年。

信仰提供基础，而只是解释信仰。哲学很大程度上是护教学，是对（宗教）启示真理的理性辩护。甚至直到17世纪，通过运用其理性得出了与教义相悖结论的哲学家仍然会被教会打压，即便他们支持基督教上帝的存在。笛卡尔的命运就是如此，他的作品被列入了罗马天主教廷的禁书名单，即1663年的《禁书目录》，直到1966年这个名单才被废止。

长期以来，护教精神在印度一直很强势。印度哲学大会上一位著名的讲席讲师C. D. 塞巴斯蒂安（C. D. Sebastian）说："吠陀哲学的主要目的是保护其揭示的真理不受所有可能的怀疑和批评，并向我们的理性展示其可能性……无论对经验的事实进行多少逻辑思考，你都无法得出否定所有事实的结论。终极实在的本质是通过经文来揭示的，并通过信仰被接受。"[33] 在印度，哲学和宗教之间没有明确的界限。（正如我们之后将看到的，在大多数其他传统中也是如此。）L. N. 夏尔马（L. N. Sharma）在向IPC发表的主席致辞中说："达生那（darśana，印度诸见）是哲学和宗教的会晤之地，因为它包含了两者。那些认为达生那不是哲学的人，只是在显示他们对达生那的真实本性一无所知。"[34] 在大会上，演讲者经常谈到宗教主题，其中一位演讲者发表的论文题为《印度哲学：哲学与宗教的理想结合》，这毫无疑问是在向皈依者讲道。

另一位讲席讲师钱德拉卡拉·帕迪亚（Chandrakala Padia）也认为，宗教和哲学在印度是不可分割的，而这就是印度思想与众不同的地方。这种融合反映了宗教在社会中更广泛的渗透。帕迪亚说："我们不能从别人那里夺走宗教感情。"这是一种根深蒂固的无意识行为。印度可能有世俗宪法，但它不像法国或美国那样将宗教和政治机构分开。相反，它在宗教事务上是不偏不倚的

（或者说，应该是不偏不倚的）。在个人法领域，包括在婚姻等问题上，每个宗教都可以在自己的法律下运作，例如，穆斯林可以在伊斯兰教法下生活。

主张哲学和宗教之间存在关联的人倾向于认为两者之间并没有矛盾或冲突，他们处于完美的和谐之中。萨瓦帕利·拉达克里希南说："理性和宗教的世界不是各自有各自的轨道。印度思想坚定地认为宗教主张应该以理性为基础。"[35]

一个发声积极的少数派——更多地来自次大陆以外的群体——对这种哲学和宗教的相互联系提出了挑战。在大会上，P. 乔治·维克托在讲话中公开表示："我们是在以哲学教学的名目传播神学。"他坚持认为，我们必须将哲学从神学中奋力抽出来，以捍卫印度哲学，使其免受"这根本不是哲学"的攻击。另一位受邀的发言者私下透露，IPC是一个反哲学会议，说它代表了一种思考印度哲学的方式，即印度哲学试图通过强调其与宗教的深层联系，与唯物主义的、非灵性的西方哲学形成反差，尽可能地与西方哲学区分开来。

对于局外人来说，要公正地表达宗教对印度哲学究竟有多重要，是非常困难的。一方面，强调其宗教性质可能会让人落入关于印度"灵性"的令人厌倦的刻板印象。然而，否认两者之间的联系，既可能与大多数印度哲学家自己的观点相矛盾，也可能迫使印度哲学陷入外国哲学的模式。不管是把印度思想置于西方意义上的哲学之外，还是让它符合西方意义上的哲学，都会被指责为一种殖民心态。有一点很清楚，宗教和哲学之间的联系在印度和西方都有其历史渊源。虽然这些联系在西方已经衰弱，但在次大陆仍然坚挺。世俗思想家仍然会对印度哲学感兴趣，正如他们对阿奎那和笛卡尔等公开的基督教哲学家的作品感兴趣一样。

印度哲学的悖论在于，尽管它植根于古代神圣经文的权威，但几个世纪以来，评论家们一直以独创性和创造性来解释这些经文，以至于哲学确实取得了巨大的进步。摩尔称这些思考者为"评论家，只是在这个词的委婉意义上"[36]。他和拉达克里希南说，评论家"声称他们的观点来自《吠陀经》的认可，并运用他们的聪明才智强制达到这种认可，即使它不是自发产生的"，"此外，《吠陀经》浩瀚无垠，作者们可以自由地从中挑选出任何一部分作为他们所依傍的权威，这给独创性的思考留出了很大空间"[37]。

IPC的一位讲席讲师R. C. 辛哈（R. C. Sinha）认为，这种对独创性的误解隐藏在对印度哲学诸多偏见的背后。他说："独创性在于诠释。"他回忆起在伦敦大学东方与非洲研究学院举行的一次国际佛教研究大会上，其中一位教授宣称印度哲学已经死亡，原因是在商羯罗之后，印度哲学全然是重复。辛哈说："我向他解释了当代印度思想的独创性。独创性并不仅仅意味着完全用原创的事物构建一个系统，它意味着对古典思想、印度思想的解释。这也是原创的。"当代印度哲学家精通西方和印度的思想，这促成了这种诠释的创造力。例如，K. C. 巴塔查里亚（K. C. Bhattacharya）创造了一种新的哲学，将康德哲学和吠檀多哲学结合起来。

商羯罗本人就是个中楷模，他的独创性在于对忠实解释的尝试。虽然他被认为是一位伟大的、有创造性的思想家，他自己却坦言只是在阐述《吠陀经》中所包含的内容，[38] 将之作为他立场的结论性论据，"因为它是直接在经文中陈述的"[39]。与此同时，他把《吠陀经》中关于创世的相互矛盾的叙述撇在一边，"因为世界的创造和类似的主题根本不是经文想要传授的东西"[40]。《吠陀经》提供了如此丰富的哲学成分列表,哲学家们几乎可以从它们中提炼出任何东西。

印度对现量的重视非常独特,但它绝不是唯一一种允许敏锐的感知和理性发挥同样作用的哲学传统。事实上,这种观点即使对西方哲学来说也并非完全陌生。西方哲学的奠基人之一亚里士多德在公元前4世纪写道,我们应该"关注经验丰富的和年长的人未经证实的断言和意见,而不仅是事实的证明;因为他们从经验中获得的洞察力使他们能够正确地看待事物"[41]。这种"实践智慧"是希腊语phronēsis的标准翻译,这是一种来自长期经验的判断技巧。("智"的概念,通常被译为"智慧",中国古典哲学家孟子也有类似的用法。[42])实践智慧这个词不是亚里士多德的发明,它很可能在古希腊得到广泛的重视。随后,西方哲学发展到强调客观且能够分解成独立步骤的推理形式的阶段,这导致实践智慧的边缘化。具有讽刺意味的是,整个逻辑哲学大厦都建立在亚里士多德的基础上,而恰恰是它阻碍了实践智慧的发展。

尽管智者的洞察力在西方哲学中没有像"量"这样官方的地位,但我认为它始终扮演着很重要且大体上未被承认的角色。我认为,西方哲学中的许多关键进展都不是说理,而是敏锐的观察。比如说,笛卡尔在17世纪得出结论,他唯一不能怀疑的一件事就是他自己的存在,这时他提出的不是一个论点,而是一个观察:"我思,故我在。"[43] 仅从"你怀疑"这个事实来看,你无法在不肯定你自身存在的同时怀疑自身的存在。

然而,这种洞见与现量的主要区别在于后者要求一种信任。当西方哲学家运用他们的洞察力时,他们会邀请你以同样的方式关注并观察你自己。正如印度哲学大会上的一位资深学者向我解释的那样，在印度哲学中，也是"任何人都可以发展自己的能力，并获得看到某些东西——尤其是那些超越性的东西——以直接感知这些现实的能力"。但在你做到这一点之前，你需要相信圣典，确保你走在正确的道路上。如果你没有看到高人所看到的，那么答案就是你的智慧发展还不足，必须更努力地练习，也许这个过程需要很多年。

从这个意义上说，印度的洞察力是厚颜无耻的精英主义，而西方的洞察力是坚定的平等主义。但哪种说法更可信并非显而易见的。有些天赋异禀、经验丰富的人比其他人有更好的洞察力，这种想法并不比有些人在演奏音乐、设计桥梁或进行科学研究方面比其他人更出色这一想法更令人震惊，因为后者难得地结合了外显学习和内隐技能两方面。认为没有人比其他人有更好的洞察力的观点，比认为有些人比其他人有更好洞察力的观点更不可信。

在其他非西方传统中，洞见更加明显地受重视。罗伯特·E.卡特（Robert E. Carter）将西方视哲学为一种"纯理性事件"的倾向与日本人的假设进行了对比。日本人认为："知识也是一种经验性事务，可以通过实践而不仅仅是理性来实现和磨砺。"[44] 武术、插花、射箭、书法、茶道等领域被赋予的历史重要性表明了以上观点，所有这些都帮助我们通过参与而不是推理获得某种启迪。[45] 即使在当今科技高度发达的日本，这种感性也在蓬勃发展。神户的白鹤酒造资料馆向参观者展示米酒的传统制作方法。在繁复的酿造程序中有一个重要步骤是蒸米，其目的是让谷物gaiko nainan：内软外硬。这段视频的解释者热情地解说道："尽管现代酿酒厂是高科技企业，但即使是今天，人们也以同样的方式来检查蒸米的状态。清酒生产不仅仅涉及科学和理论，人类的直觉和经验也起着至关重要的作用。"

许多日本哲学家都强调人类洞察力的重要性。20世纪早期的京都学派哲学家西田几多郎讨论了见性（kenshō），即看到本质（ken表示正在看或看到，而shō是事物的本性、实质、"事物的本质"）。他认为，通过纯粹的经验，人们可以直接了解现实本身："经验意味着了解事实本身，通过完全放弃自己编造出来的东西而与现实达到一致。"这是一种不掺杂任何思想的体验。[46] "这种看见的体验不是通过分析得出的思想的知识，而是对心灵直接的、当下的认识，就像眼睛在感知位于眼前的物体一样。"

这个观念与现量的相似性是显而易见的。不同之处在于，在日本哲学中，感知主要是审美的和世俗的，而不是精神的和超脱尘世的。西田写道："达至现实真正本质的是艺术家，而不是学者。"[47] 禅宗诗歌的声望反映了这一点。比如松尾芭蕉的这首俳句：

> 古池塘
> 青蛙跳入水中央
> 一声响

对于西田来说，俳句虽然没有试图实际模仿水花的声音，却能唤起对水花声音的感受。这首诗之所以取得成功，是因为它向读者传达了青蛙跳进池塘的纯粹体验，或许比缺乏足够感性的观看效果还更好。[48] 武内义范对这首诗有不同解读，他认为这首诗激发的想象不是关于水的声音，而是关于水花打破的宁静。在一首中国古诗中也能找到相似的意境："鸟鸣山更幽。"[49] 18世纪白隐慧鹤著名的禅宗公案"只手之声"背后的含义可能也是如此：这是在邀请人们去关注静寂、虚无。[50] 虽有各种不同的诠释，但这些诠释有更多的共同点：相信诗的目的是为了促进见性，即通过美学而非理性的手段来洞察自然的本来面目。正如D. T. 铃木（D. T. Suzuki）所说："我们必须接受这样一个事实，即理性有其局限性，而属于我们内心体验的事物或事实完全超出了理性的范围。"[51] 森舸澜（Edward Slingerland）说，为了打破理性对自我的控制，人们需要冥想禅，以便"给头脑松绑"[52]。

这种洞见和理性知识之间有一个重要的区别就是，它打破了被知者和认知者之间的藩篱。铃木说："要理解现实，你必须将现实掌握在自己手中，或者更进一步，你必须成为它。"[53] 西田对此的解释是："在见性经验中的看见不是二元的或二分的，因为这里的观看对象和观看主体之间没有分离，因为见者即被见，被见即见者，两者是完全相同的。"[54] 西田认为，这种消除主客体二元性的愿望是典型的日本式的。卡特说，日本人"强烈渴望"的是"与事物和事件融为一体"[55]，打破知识与行动、思想与行动之间的界限。西田在他后期的作品中通过"行动直觉"的概念探索了这个概念，"行动直觉"是一种感觉，它让我们通过行动而不是通过反思来更好地理解现实的核心。的确，完全的觉知不仅仅指的是知识，还指的是积极的经验。[56]

当代日本哲学家小林康夫（kobayashi Yasuo）将这种体验维度描述为日本思想的"美学"特征，这与中国对正确行为、礼貌、礼仪等方面的伦理关注形成了鲜明对比。"日本哲学思想的魅力"在于，它是关于因周遭事物而有所触动的思想。他告诉我："最重要的事情并不发生在远处，而是发生在这里。重要的是感觉，而不是概念化。概念总是暗示着远处的什么，它太抽象。"

时间是个很好的例子。"时间总是在我们面前，不是作为一个概念，而是一种感觉：樱花消失了，就像这样。我们在这个意义上发现时间的真相。但是我们不能把这种美学概念化。"

想要获得这种纯粹经验,就得接受理性的有限性,也接受语言本身。京都学派哲学家田边元(Tanabe Hajime)认为这就是忏悔道(metanoetics)哲学,即放弃通过自身的努力和理性去认知的可能性。他这样描述自己如何意识到这一点的重要性:"在我最痛苦的时候,我放手了,谦卑地向自己的无能低头。我突然有了新的见解!我的悔悟——忏悔——出乎意料地把我抛回了自我的内心世界,远离了外在的事物。"[57]值得注意的是,他是以自传的形式表达这一点的。在强调第一人称体验的哲学文化中,这种第一人称的叙述方式是很自然的,但在强调第三人称客观性的西方文化中,这种方式显得格格不入。

田边明确地将他的这段经历与13世纪时亲鸾(Shinran)建立净土真宗(Jōdo Shinshū)时的经历相提并论。净土真宗后来成为日本最流行的佛教教派。真宗是净土宗的一个学派,其主要教义是,只需简单地通过念佛(nembutsu)的修行,即念诵"南无阿弥陀佛",人人都可以开悟。(阿弥陀佛,或阿弥陀,是净土真宗的主佛,不是佛教的创始者乔达摩。)这种修行需要信徒放弃自我开悟的幻想。相反,人必须把自己交给"其他力量"[58]。

日本人的这种有关洞察力的观念,其根源贯穿东亚,可追溯到佛教在印度的起源。禅宗在日本的先驱是中国禅宗佛教徒,属于大乘佛教(mahāyāna)传统。汤姆·卡苏利斯说,从大乘佛教的观点来看,"智慧(prajñā)超越了识别性的理解(vikalpa)",并"表明了直接与现实互动比超然地分析现实更有价值"[59]。

以洞见作为知识的一个来源,是西方人眼中最不具哲学性的诸传统中被强调最多的理念,这大抵不是什么巧合。西方哲学的自我形象的形成,很大程度上与他们自觉地不将圣人或宗教权威当作哲学家的这类观念有关,而圣人或宗教权威往往像某种先知一样深入了解宇宙的奥秘。这种疏远使西方哲学忽略了一个显而易见的事实：即一切好的哲学都需要某种洞察力。有无数兼具聪明才智与学者气质的哲学家，他们也许非常擅长提出论点，但这却无法为他们的学科作出任何有价值的贡献。他们缺乏的不是系统分析问题的能力，而是发现问题的关键及何事重要的能力。没有分析和批判的洞察力只是凭信念获致的直觉，但缺乏洞察力的分析只是空洞的智力游戏。世界上繁复多样的哲学传统不仅提出了深刻洞见，也告诉了我们关于如何实现这些目标的想法。如果我们可以同情地接受，且批判地参与这两种不同的传统，无疑会大有裨益。

2

言语道断

"语言终止之处"

在日本神户市中心的生田（Ikuta）神社，穿着时髦的年轻人在拥挤的游客群里表演简单的神道教仪式，自从神道教于公元3世纪建立以来，一直是这里常见的景象。这些年轻人也许并不记得在经过标志着神域和俗世边界的鸟居时要鞠躬，但每个人都会驻足在水榭的净手池（手水舍）边表演"禊"（洗礼仪式），以净化身体和灵魂。他们用右手舀起一瓢水，先在左手上倒一些，然后把瓢交到左手上，再将水倒到右手上。他们并不用嘴碰勺子，而是捧起水来漱口，最后把剩下的水倒掉。这样一来，他们就洁净了，准备好去迎接住在神龛里的女神（kami，或spirit）稚日女尊。

在圣坛上，他们先向女神献上硬币，然后摇铃向她致意。仪式一般是鞠躬两次，拍手两次，以表达与神相遇的喜悦和对神的尊敬，最后鞠躬一次并祈祷。在第二次拍手之后，双手合十停留片刻，默默地表达他们的感激之情，最后再一鞠躬。

我有时候很怀疑这些信徒中到底有多少人内心真正信仰他

们表面上敬拜的神。但这也许是个错误的问题。作为一个在基督教文化中长大的人，我认为宗教信仰主要就是赞同若干条教义的问题。在小时候经常去的罗马天主教堂里，我们会在仪式上反复念诵《尼西亚信经》，以"我信唯一的天主，全能的圣父，创造天地万物，及一切有形无形之万物之主"开始，以"我期待死人的复活，并来世的生命。阿门"作为结束。然而，在神道教寺庙里，仪式全程都是静默无声的，甚至表达内心的感激（一种情感而非思想）也是一样的沉默。由于去神社的游客不要求声张自己对信仰的坚持，如果你去问他们真正的信仰是什么，反而是不得要领的。

日本宗教中，教义相对而言没那么重要，这个事实有助于解释日本宗教的融合性质。在日本，"生时为神道教，以儒家方式生活，死时转向佛教"是很常见的情况。例如，当我参观京都的清水寺时，旁边的神社"九树金家"与寺庙无缝地衔接在一起，以至于我颇费了一番功夫才意识到它们并不是同一个建筑体。而日本游客在这两处都会举行宗教仪式。

在日本，教义并不像在西方基督教那样重要，部分原因是日本人相信最纯粹的关于现实的知识来自直接经验，所以最本质的真理无法用语言来表达。它们是无法言说的，即字面意义上的不可说。这在东亚是一个很普遍的观念，在中国道家的例子中最为明显。道家在中国文化中的地位根深蒂固，至少可以追溯到公元前4世纪，据说最早的道家大师是写了道家基本原典之一《道德经》的老子。老子究竟是不是真实的历史人物已难以考证，但对于大多数道家信徒来说，这只是个微不足道的问题。道家的另一部核心典籍是《庄子》，这本书以作者的名字命名，可能写于几个世纪之后。每一个哲学流派都有其"道"，这个词最简单的含义是"道路"。道家的道与儒家的道最大的不同之处在于，它强调自然性和一种自发性，而不是规则和仪式。

在中国，道家思想家常指出，语言无法捕捉道的真正含义，这有些难以理解，而且显得有些神秘。《道德经》以一种独具特色的自相矛盾的方式来表达："明道若昧，进道若退。"[1]书中还表达了"知不知，尚矣；不知知，病也"[2]。由于道的不可言传，所以行胜于思。

> 视之不足见，听之不足闻，用之不足既。[3]

公元前3世纪的道家经典《吕氏春秋》中对道的描述是："强为之名，谓之太一。"[4]《道德经》里有一句非常相似的表述："强为之名，谓大。"[5]这两个文本都谈到了"强"，或"被迫"使用语言，暗含了最好就根本不用语言。"知者不言，言者不知。"[6]

如果说道家一些自相矛盾的话听起来有点像是笑话，这倒不是巧合。道家崇尚幽默，而且经常显得很风趣。乔尔·库珀曼说，这是有原因的："因为一个人永远不会拥有终极真理，或者对任何事情都没有最终'看法'，或曰对世界的最终适应——庄子的哲学训练似乎旨在鼓励人们嘲笑自己的能力。这一哲学的目的并不是为了达到一种舒适的'自满'。"[7]

《庄子》中有一段精彩的内容，以其典型的嘲讽的方式阐述了语言的局限性：

> 筌者所以在鱼，得鱼而忘筌；蹄者所以在兔，得兔而忘蹄；言者所以在意，得意而忘言。吾安得夫忘言之人而与之言哉！[8]

道家对语言的不信任还导致了它对古典哲学文本的怀疑，这些文本在《庄子》中被视为"糟粕"而遭到轻视。在一段故事里，一个名叫轮扁的车匠以他的技艺为例向他的主人解释了这一点：

> 斫轮，徐则甘而不固，疾则苦而不入，不徐不疾，得之于手而应于心，口不能言，有数存焉于其间。臣不能以喻臣之子，臣之子亦不能受之于臣，是以行年七十而老斫轮。[9]

轮扁的技艺既不可通过言语，也不能仅仅通过展示来传授，事实上，每一代人都必须在细致的指导下重新学习这门手艺。同样，道家认为哲学智慧也无法简单地通过文本传递。伟大的圣人终生参悟的智慧，随着他们的逝去一同消失了。"古之人与其不可传也死矣，然则君之所读者，古人之糟粕已夫！"他的故事也强调了实践重于理论：与学者大师的理论相比，轮扁在他的技艺特长上算是另辟蹊径。

比起中国其他主流本土传统，道家更为强调"不可言传"，儒学中也经常提到语言的局限性。比如，孔子曾说："天何言哉？四时行焉，百物生焉，天何言哉？"[10] 然而，孔子只建议在终极实在的问题上保持沉默，他认为我们不需要担心这个问题，也能过好此生。在很多重要问题上，他强调名正言顺的必要性。在一篇著名的论述中，他说，如果要管理一个国家，首要任务是先纠正名分，使它们回归其真正的含义和用途。一个国君应当有作为君王的本分，一个儿子要有为人子的样子，等等。人们应该去做其分内之事。虽然他只提到过一次，但"正名"已经成为儒家哲学中的一个重要思想。[11]

在日本，本土神道教形成系统哲学的传统相对微弱，部分原因就在于其难以言传的特性。18世纪神道教诗人马贺茂真渊（Kamo No Mabuchi）写道："欲以原则明定事物，乃是视之为死物。"[12] 这就是为什么我们需要诗歌的原因：它带给我们的是无法用语言去精准捕捉的感觉。因此，神道学者富士谷御杖（Fujitani Mitsue）写道："当我不能使用直接语言或隐喻来表达心中所想，也不能克制自己表达的渴望时，我就必须写一首诗。"[13]

在日本禅宗里，语言的局限性体现得淋漓尽致。禅宗最初起源于公元7世纪的中国，日本禅宗则是12世纪在日本本土兴起的禅宗派别。禅宗的创始神话是佛陀静静地拿起一朵花，在手中转动，并眨了眨眼。[14] 这是唯一一种不以某种话语开始的主流宗教或哲学传统。总的来说，佛教因其文本中常有建议人们无视佛陀的教导而闻名，其中最直白的一句是："逢佛杀佛。"至道无难（Shidō Bunan）的描述方式则没那么暴力："佛陀的教诲是很大的错误。学习它们更是多么大的错误啊。"佛陀的教导是错的，因为没有任何言语可以抓住真理，即便是佛陀的话语。所以避免犯错的最好方式就是不使用言语。公元2—3世纪的佛教哲学家龙树菩萨写道："假如我提出任何主张，那么我就会犯逻辑错误。但是如果我不提出任何主张，我就不会犯错。"[15] 言语文字就像"指向月亮的手指"。"如人以手。指月示人。彼人因指。当应看月。若复观指以为月体。此人岂唯亡失月轮。亦亡其指。何以故。以所标指为明月故。"[16] 最好的情况是，语言只是帮助我们超越语言的工具，到达一个无需语言阻隔在我与世界之间的状态，按照无难所说的方式："直接看，直接听。"[17]

在日本禅宗里，语言和理性都会束缚智慧。铃木写道："语言是智慧的产物，而智慧是我们的思维对现实的补充，或者更确切地说，是对现实的减法。"[18] 语言增加了现实，因为它在现实之上创造了额外的一层，而这反过来又通过模糊现实的丰满来减少现实。西田几多郎说："意义和判断是原始经验的抽象部分，和实际经验相比，它们在内容上很贫乏。"[19] 一些看似自相矛盾的禅宗公案，其目的之一就是要让我们看到语言的不足，表面上结构完美的句子却可能毫无意义，比如"风是什么颜色的"或者"当你什么也做不了的时候，你能做什么"。铃木说道："那些认为禅宗愚蠢的人，仍然被语言的魔力所迷惑。"[20]

尽管禅宗倡导不立文字，禅师们还是留下了许多文本。许多人认为这种矛盾是一种不完美的妥协。梦窗疏石（Musō Soseki）说："如果什么都没有被记录下来，那么引导人们的方法会失传。所以禅宗不得已要发表先人的记录，尽管这非他们所愿。"[21] 柏拉图决定写他的苏格拉底对话录，背后可能也有类似的理由。尽管苏格拉底本人拒绝着墨于羊皮纸卷，认为僵化的文字永远无法取代哲学化的实践。然而，当禅师们认真写作时，他们会非常谨慎地选择措辞。嘉指信雄（Kazashi Nobuo）认为，这既显示出对语言的尊重，也表现了怀疑。他告诉我一句源自中国的谚语："只可意会，不可言传。"伟大的禅宗哲学家道元禅师（Dōgen）在写作时，就试图以语言来建立这种心与心之间的连接。

可以说，正是因为日本人对词语的尊重，他们的诗人和思想家才会如此谨慎地使用语言。与其说这是对语言的不信任，不如说是一种对语言的敬畏。前田直子（Maeda Naoki），一位密教真言宗的初级司铎，最近说过："发表言论是一块银牌。但沉默可以得到金牌。"[22] 但是，"真言"的真正含义是"真实的语言"，因此，在真言宗，以沉默来表达对语言的漠视是没有意义的。

日本人对语言的深刻尊重体现在神道教对言灵的信仰中,言灵是言语和灵魂的合成词:言语的灵魂。在这种信仰中存在一些对听起来像是负面的、不祥的词汇的迷信。比如说"四",可以读作"yon"(よん)或"shi"(し),shi 听起来很像"死",因此数字4被认为不吉利。在东亚,处处都能发现言灵的幽魂,词语的发音充满了力量,同音字会被认为是吉利的或者不吉利的。在汉语和韩语中,数字4听起来也像一些表示死亡的词,而且经常被避免使用,比如韩国的酒店经常没有带4的房间号。在中国,sān(三)这个字是吉利的,因为听起来像生。

当然,佛教起源于印度,在佛教所反对的婆罗门传统中也可以找到不可言喻之处。在《奥义书》中,梵据说是不可思议的:

> 当你认为它不可想象时,你才有可能想象到它。
> 而当你想象到它时,你又深知它是不可想象的。
> 当你认为它不可感知时,你才有可能感知到它。
> 而当你感知到它时,你又深知它是不可感知的。[23]

终极真理不仅超越了语言,也超越了任何理性的理解。《奥义书》警告人们"不要问得太多,以免身首异处。事实上,你们对神的质疑太多了,不能再追问下去了"[24]。至高的自我是"无法理解的……无法被推理的,不可思议的。"[25]

梵的不可言说性在一个短语中体现得淋漓尽致:《奥义书》和《至尊瑜伽》都将梵描述为"不是这个,不是那个"(neti neti)。另一个《奥义书》的段落说梵是"语言终止之处"[26]。查克拉瓦蒂·拉姆-普拉萨德(Chakravarthi Ram-Prasad)说,这一点在不二论者那里得到了特别的强调,他们主张"语言不能触及梵,梵是妙不可言的"[27]。

对语言局限性的深刻理解,拒绝将世界本身与人类的概念相混淆,这是整个亚洲哲学经久不衰的优点。根据我的经验,西方往往把所有知识的局限都看作一种冒犯,一种需要跨越的边界。"未知"向我们提出了挑战:"勇敢地去以前没有人去过的地方。"但在另一些地方,人们不仅接受了人类的局限性,而且还颂扬之。在印度哲学大会上,杜万·钱德尔(Duvan Chandel)引用了现代印度最伟大的诗人拉宾德拉纳特·泰戈尔(Rabindranath Tagore)的话:"真理热爱它的极限,因为它在那里遇见了美。"[28] 这种观点在印度已经持续了几个世纪。

对"不可言说"的信奉也带出了一个价值百万的问题:在看到世界与我们对世界的语言概念描述之差异后,我们是否就能看到世界的真实面貌?许多东方传统的信奉者认为我们可以。但我对此存疑。即使我们能够感知未被概念框住的现实,它仍然会被我们的感知和认知器官框住。我们可以摘掉语言的有色眼镜,但我们对世界的体验仍有一些要透过人性的镜头。有人认为我们可以完全消除我们人类特有的经验方式,并且看到现实本身或与之合一,这种观点是没道理的。没有一种观点会产生于无名之地,或是乌有之乡:每一个观点都必须来自某个地方。完全逃离人类的视角意味着我们将不再是人类,从而不再存在,这不仅是我们所知的,也是我们所能知道的。

我对不可言说性的思考,要归功于18世纪普鲁士哲学家伊曼努尔·康德。康德和许多东方思想家一样,都在努力思考这样一个观点,即真实世界(物自体世界)和我们所感知到的世界(现象世界)是有区别的。在阅读同时代经验主义哲学家大卫·休谟的著作时,他担心,一旦我们接受了对世界的所有认识都是通过感官来获取的,就会陷入现象世界,而对物自体世界一无所知。康德并没有试图逃脱这个陷阱,而是欣然接受了它。

康德的理论出发点是认识到,我们若坚持我们的思想和概念必须符合独立于我们的对象的方式,那我们注定会失败。无论我们多么努力地去审视自然本身,我们只能观察到它呈现于我们面前的样子。即使我们认为自己正在接近自然本身,例如当我们研究宇宙的亚原子结构时,只能做到更仔细地观察世界的表面,而不是其本来面目。人类无法逃避的一点是:我们只能通过人类的眼睛、头脑、思想、模型和构造来体验这个世界。

康德的解决之道是质疑"知识必须包含什么"这一基本假设,即我们必须使我们的知识与对象的方式相一致。为什么不考虑这样一种可能性,即物体必须符合我们的本性?世界之所以是这样,是因为我们的思维以某种方式构建了它。只有当我们在三维空间方向和线性的时间里——过去、现在和未来——体验这个世界时,世界才存在于空间和时间中。换句话说,仅仅是因为我们以自己的方式感知世界,我们所知道的世界才存在。康德不是把思想者带到世界面前,而是把世界带到思想者那里。

这看起来是个站不住脚的借口:康德认为只要认识世界展现出来的样子就足够了,并可以解决我们无法真正了解世界本来面目的问题。但他的论点要比这精巧得多。他认为,物自体世界超越于我们,这并不是人类的悲剧,而对任何有意识的生物都是普遍必然。任何能够获取经验的有意识生物,都需要有一个感性和认知的框架。这些框架可能是完全不同的。蝙蝠通过回声定位来确定在空间中的位置,苍蝇的时间比人类慢四倍。[29] 我们不知道外星生命形式会如何感知宇宙,但我们知道,他们必须以某种方式看待宇宙才能有意识,这意味着他们也被困在自己的现象宇宙中，远离了本体宇宙。换句话说，对于任何有意识的生命来说，必须要有现象世界，才可能存在真实世界。这样的世界是真实的，因为对于任何我们可以想象的生命形式来说，没有什么比这更真实的了。

康德并不否认存在一个独立于人类经验之外的世界，即事物自身的物自体世界。但是他认为，盲目相信人类必定能认识物自体世界这件事是愚蠢的。从这个角度而言，康德更接近孔子和佛陀，他们都主张对形而上学的终极问题保持沉默。从康德的观点来看，所有其他宣称世界真实存在的无概念、无法言说之可能性的亚洲哲学，都执着于一个不可能实现的梦想，即能够逃离人类的认知机制。你可以脱离语言，但你无法脱离人类的心智。

我认为康德的基本见解非常有力。它向我解释了为何某些神秘的或冥想的经历不能被看成普遍知识的可靠来源。许多人相信，拥有梵我合一的体验，或拥有与虚空合一的体验，或拥有消除了过去、现在和未来的体验，就是某种证据，证明事情就是这样。康德哲学的回应是，所有这些经历仍然只是经验。它们告诉你一些事情在你看来是怎样的，但是不能告诉你事情是怎样的。感觉到梵我合一并不意味着真的梵我合一了；感觉自己摆脱了时间流，并不意味着你真的摆脱了时间流。最重要的是，虽然这样的经验对你来说可能比日常经验更真实，但这并不会使它们更真实。非常状态可能比普通状态更强大，但这并不能证明它们比普通状态更能揭示真理。"飞升"的体验可能仅仅是脚与地面失去了接触，并没有让我们更接近天堂。讽刺的是，试图超越经验去了解事物的本质，甚至更多地取决于个人经验的特殊性，而不是日常世界的普通知识，而这些知识至少可以通过客观的第三方观察得到证实。

我甚至认为，概念和语言可以帮助我们更接近现实，而不是阻碍我们获得这些知识。要理解其中的原因，我们需要更仔细地思考客观性的含义。人们往往会认为，客观知识超越了所有观点、所有概念、所有语言。客观知识不是来自某处的观点，它是"无源之见"。这种对世界的客观描述一直是大多数西方哲学家或含蓄或明确的目标。关于此最清晰的表现之一出现在18世纪的法国启蒙运动时期达朗贝尔《百科全书》的导言中。他孜孜以求一门统一的科学，在这门科学中，"对于那些知道如何从单一角度拥抱宇宙的人来说，宇宙只是一个事实和一个伟大的真理"[30]。

但正如康德所指出的，没有来源的观点根本就不是观点。因此，托马斯·内格尔（Thomas Nagel）的当代经典《本然的观点》（*The View from Nowhere*）应运而生，他在文中批评了这种客观现实的概念。但内格尔批评客观性是为了拯救客观性，而不是为了埋葬客观性。他请我们把客观性看作一种可以追求的方向，而不是不可实现的绝对目标。

人类都是从主观经验出发的。当我们是婴儿时，我们就是宇宙的中心，甚至不知道其他人有不同的视角。当我们意识到事物在我们的视线之外仍然存在时，我们就朝着更客观的理解迈出了第一步。我们开始认识到事物的本质并不完全取决于我们如何感知它们。我们知道了有些人是色盲，所以我们眼中的绿色并不对所有人都是绿色的，或者一根在水中看起来弯曲的棍子实际上是直的。这说明了对内格尔来说，客观性是一个程度问题。我们的认识变得更加客观，更少地依赖于特定观点、感觉器官或概念模式的特性。内格尔用同心圆的图像说明了这一点，最小的在中间，最主观，最大的在外面，最客观。随着越来越多的人能够分享相同的观点，圈子变得越来越大。

客观知识之巅出现在数学和科学领域，因为在这些领域，理解世界的方式并不取决于你说哪种语言，你住在哪里，甚至你的哪一种感官在充分发挥作用。但即便是这样的知识也不是完全客观的。我们无法知道外星人是否能够理解我们的科学，或者我们是否能够理解他们的科学。我们也永远不知道人类认知是否存在某种根本的局限，让我们无法获得更加客观的认识。尽管如此，在科学和数学中，我们确实达到了非常高的客观性，即超越特定视角的理解方式。然而，这种客观知识需要概念和语言的支撑。语言和概念不是客观真理的障碍，而是客观真理的推动者。

那些追求超越文字和符号的传统仍然是有价值的。这些传统所倡导的与世界联系的方式更根植于直接经验，而不考虑概念范畴。至少，它可以提醒我们自己，我们目前经历世界的方式可能无法穷尽这个世界所提供的所有可能性，这必然是有益的。也许有一些认知方式是无法用语言命题来表达的。英美哲学倾向于把专门知识和普遍知识区分开来，认为只有后者才能产生真正的知识。但这似乎是一个武断的规定。不能因为车匠轮扁无法将知识写在纸上就否认他拥有知识，这看起来像是在改变认识论的规则，以论证哲学的结论。

有趣的是，在20世纪初，最善于分析的哲学家伯特兰·罗素，一个不喜欢不可言说的东西的人，把知识区分为"亲知的知识"和"描述的知识"。我"亲知"布里斯托，这是我所居住的城市，但我只从我读过的描述中了解到的里雅斯特（Trieste）。罗素还认为，所有通过描述获得的知识都植根于亲知获得的知识，世界的经验是首要的。我所读到的描述的里雅斯特的写作者实际上对这座城市很熟悉——希望如此。然而，只有命题可以为真或为假，所以虽然这些对的里雅斯特的描述可以为真或为假,但我们不能说这些描述里对的里雅斯特的经验为真或为假。但是,如果一些经验不能被充分地翻译成语言呢?这样我们就可以通过亲知而获得知识,而不需要通过描述而获得任何相关的知识。我们难道不能把这种知识称为不可言说的吗?罗素没考虑过这种可能性,但在我看来,这个小小的转折让一种非常西方的哲学突然看起来几乎与东方哲学毫无二致。对其他传统的些许了解,让我们有可能以富有成效和引人入胜的方式来重新描述我们自己的传统。

— 3 —

神学抑或哲学?

"前提根植于启示"

在一次有关中世纪伊斯兰哲学的会议上,一位该领域的顶尖学者在听完另一位同样受人尊敬的同事发表讲话后,在衣帽间里大发雷霆。他气愤地说,他的这位同行基本上把自阿维森纳(阿拉伯名伊本·西那[①],980—1037)以来伊斯兰知识分子传统的大部分内容都当作神学,而不是哲学。正当他发泄怒气时,他的那位同行从后面过来取大衣,后者可能无意中听到了一些谩骂。那位学者非但没有因此感到尴尬,反而直接转向了他谩骂的对象继续开火。

那位同行给自己辩护说,他只是在问那些主要的思想家是在"思考哲学问题,还是只不过在重复漂亮的论证,以证实一个神话叙事"。

"你谈论的是你没读过的书",这位学者指责道,并补充说,根据他同行的标准,西方哲学史上最伟大的思想家之一圣托马

[①] 人名翻译根据金炳华等编,《哲学大辞典(修订本)》(上、下册),上海辞书出版社,2001年6月第1版,第325页。

斯·阿奎那也"不是哲学家"。

"他当然不是哲学家！"他的同行狂热地硬着头皮说。

在一旁聚集的人群围观了这场智力争斗，其中一位和事佬提出了一个折中方案："你可以说这是一种非常哲学化的神学。他很有哲理，但不是哲学家。"

但那位杰出学者对此毫无兴趣，并指责他的同行将"真正的"哲学局限于启蒙运动之后的欧洲哲学。

"看在老天的分上，回到希腊人那里去吧！"他的同行回答，"这就是我们对哲学的理解。"

"他们没有想要解释的神话吗？"学者反驳道，"你基本上是说，如果他们只是出于宗教动机而采用哲学论证，那么他们就不再是哲学家了。这相当于抛弃了启蒙运动前的整个哲学传统。"

本来争论会继续下去，但混乱的人群挤满了衣帽间，我们不得不离开大楼。晚餐也即将开始了。在一场显然会漫长而艰苦的争论中，人们心照不宣地要求暂时停战。

我很高兴目睹了这场小争论。它反映了关于伊斯兰哲学史的关键争论之一：伊斯兰哲学在何种程度上是哲学，在何种程度上是神学。这种争论几乎在任何有哲学踪迹的地方都能找到。在经典的印度传统中也是显而易见的，启示和宗教与哲学思想紧密地交织在一起。这个问题也出现在东亚，儒道有时会被认为是宗教，佛教在很多哲学传统中具有很强的影响力。许多人不把古代口头传统视为哲学体系的一个原因是，人们认为这些传统本质上是宗教性质的。

试图区分哲学和神学在伊斯兰哲学里尤其困难，正如会议衣帽间的事件。甚至你对传统的描述方式也可能存在争议。把它叫作"伊斯兰哲学"是指它具有宗教性质，所以有些人更喜欢用"伊斯兰世界的哲学"这个词。例如,我们不称勒内·笛卡尔或约翰·洛克(John Locke)为"基督教哲学家",即使他们实际上既是哲学家又是基督徒,在17世纪这两种身份并非不能并存。例如,洛克称赞宽容是"真正教会的主要特征标志",但坚称"那些否认上帝存在的人根本不能被容忍",因为"作为人类社会纽带的承诺、盟约和誓言,对无神论者是没有约束力的"[1]。然而,为了简洁起见,我将继续称它为伊斯兰哲学,但这基于这样一种理解,即这并不预先定义它在多大程度上被神学浸透。

关于伊斯兰哲学宗教本质的辩论,标准框架是把焦点放在中世纪的法勒萨法①(falsafa)和凯拉姆(kalām)之间的争夺战上。法勒萨法一般被译为"哲学",而伊尔姆-凯拉姆(*ilm al-kalām*),从其全称来看(字面意义是"言语的科学"),代表了一种更难翻译的、特定于伊斯兰教的神学哲学思想。这场历史争论的两大主角,一方是支持法勒萨法的阿维森纳和阿维罗伊,另一方是安萨里,他的书《哲学家的矛盾》攻击了缺乏启示的理性追求。这场历史争论的结局粗略来看是安萨里获胜,而法勒萨法的衰落预示着世俗哲学思想在伊斯兰世界的衰落,且这种衰落趋势至今仍未逆转。"法勒萨法"在阿拉伯世界是一个"脏词",奥马尔·赛义夫·戈巴什(Omar Saif Ghobash)最近写道:"这被看成是对保持信仰纯洁和不被问题玷污的重要性的分心,而那些问题只会分裂和分离穆斯林。"[2] 宗教主张优先于理性,这意味着很难根据当代科学重新解释伊斯兰教,也很难迫使其教导适应世俗知识。

---

① 法勒萨法,指受希腊哲学影响的阿拉伯哲学,与伊斯兰世界的凯拉姆相区别。参考金炳华等编,《哲学大辞典(修订本)》(上、下册),上海辞书出版社,2001年6月第1版,第325页。

虽然没有任何一位严肃的学者会完全赞同今天神学驱逐哲学这种简单化的叙述,但从广义上讲,它确实代表了一种仍有争议的观点。迪米特里·古塔斯(Dimitri Guttas)是国际上最受尊敬的学者之一,他的观点与这种默认情况很相似。在他的叙述中,阿维森纳代表伊斯兰哲学的巅峰。阿维森纳出生在波斯萨曼王朝(819—999)时期,当时科学和哲学正蓬勃发展。古塔斯对我说,萨曼统治者无意坚持强硬路线,即坚持伊斯兰教在《古兰经》中所表达的字面意思。"哲学家和科学家们把它比喻成几乎所有人在社会背景下都会做的事情,在这种社会背景下,政治人物不会把宗教用于政治目的。"早期伊斯兰世界的开放性与更封闭的古代基督教世界形成了鲜明对比,后者"由于极端坚持正统基督教的字面叙事,坚持希腊式的科学人生观不被允许继续存在"。

这个时期,古希腊哲学,尤其是亚里士多德哲学被翻译成阿拉伯语,对伊斯兰世界的思想产生了深远的影响。古塔斯认为,阿维森纳基本上是在从事科学活动,他所指的"对现实本质的开放式探究",也是古希腊哲学的特征:"在阿维森纳身上,我们看到了科学发展的顶峰,因为他把正在发展和创造的所有不同科学汇集在一起。(他的学说)是一个既科学又全面的综合系统。"从某种意义上说,阿维森纳太成功了,他的体系本身就"成了一种教条主义的观点"。因为他如此一贯、如此完整地把世界科学观放在一起,哲学研究的主要目的不是做更多的科学研究,而是发现问题,试图批评或捍卫科学。阿维森纳的科学体系被冻结为"唯一科学的观点",其他人则试图把它推翻。

然而,在阿维森纳之后,古塔斯认为"神学动机变得至高无上",凯拉姆开始代替法勒萨法占据主导地位。不过,我们必须小心，因为法勒萨法并不等同于现代意义上的哲学。法勒萨法是希腊"哲学"一词的音译，"大家都认为它主要代表的是亚里士多德的作品、数学家和天文学家的作品、希腊科学文献等"。换句话说，法勒萨法指的是从希腊人那里继承下来的科学，而不仅仅是我们今天所说的哲学。

古塔斯认为，与此相反，凯拉姆是"我们所谓的神学，一种试图以理性方式理解宗教的实践"。它具有"双重功能，以更加有序、系统的方式呈现宗教，并反对其他有经人，即基督徒和犹太人"。

起初，凯拉姆和法勒萨法并没有冲突，因为他们被认为从事着不同的事情。古塔斯说，这种变化既有政治原因，也有哲学原因。统治者越来越"发现赞助那些愿意打宗教牌的学者和思想家对他们有利"，部分原因是为了获得民众的支持。结果与其说凯拉姆是在消灭法勒萨法，不如说是在颠覆和吞没它。中世纪基督教世界的经院哲学也是如此。学者们"开始使用哲学家们使用的所有语言、方法和论点，但是把他们不喜欢的教义方面去除，引入他们自己的教义，所以看起来它基本上是哲学的，但它实际上并不是。辩论和教义的框架似乎是哲学的，但内容是基督教的"。同样，在伊斯兰世界中，"论点本身似乎是哲学的，但内容却是伊斯兰的"。两者不同之处在于，大约在17世纪左右，经院哲学在基督教世界开始衰落，一种更为世俗的哲学风格开始占主导地位，而在伊斯兰世界中，凯拉姆占据了上风。

在其他学者看来，这种说法存在很多问题。正如理查德·泰勒（Richard Taylor）所说，一个巅峰的过去仅仅是因为"阿维森纳太不可思议"。因此在阿维森纳之后总会有某种程度的下降。但泰勒拒绝接受帝国主义对伊斯兰教衰落和西方崛起的标准描述，即认为这种衰落是堕落的一种表现。弗兰克·格里菲尔（Frank Griffel）告诉我："衰落的说法根植于欧洲人对伊斯兰世界的看法，这种看法来源于启蒙思想和殖民背景。""如果你要寻找衰退的证据，在战场上可以找到。从1798年开始，伊斯兰军队经常被击败，增强了欧洲对这个文明衰落的印象。"从开罗地区人们的角度来看，这与其说是西方文明优越性的广告，不如说反映了"欧洲是一种侵略文化，旨在征服其他文化"。

例如，在印度和中东，都曾有非常强大的教育机构以及对知识的高度重视。格里菲尔说："如果你要成为莫卧尔帝国的国务官员，你得熟读阿维森纳。这被视为一种智力必须的锻炼，而不是一种必须遵守的规则。"屡次三番，正是西方扼杀了这些机构。例如，在1857年至1858年的印度起义之后，"英国人实质上取消了这些机构的拨款，3年后它们都消亡了"。学校提供唯一真正的教育，它是一所能让你为英国殖民服务做好准备的学校。

关于衰落的看法产生的另一根源是，启蒙运动催生了一个强大的观点，即哲学"需要成为一门世俗学科"，而神学"其前提植根于启示。在启蒙运动的话语中，哲学显得更为强大。在法国哲学家中也有这种思想，比如无神论者伏尔泰。这就形成了对哲学是什么的预期，所以当19世纪欧洲观察家在研究伊斯兰世界时，他们没有发现伏尔泰，也没有发现哲学家"。但他们确实看到，在古典传统中，有一些思想家如阿维森纳和法拉比（al-Farabi），很少公开谈论宗教。他们自称为"哲学家"，格里菲尔说："所以这个词也是存在的。所有一切都是匹配的。我们看到这些社会正在衰退，他们比我们穷，比我们弱。把这一切结合起来，就会得到这样一种看法：一旦你拥有了伊斯兰世界的伟大文化，那么它们当然就会衰落，因为这一文化放弃了法勒萨法，即哲学。"

格里菲尔认为，他之所以纠结于这种说法，是因为在某种意义上，18世纪和19世纪的伊斯兰文明似乎确实在某种程度上衰落了，因为伊斯兰社会不像西方社会那样多产或创新。"进步、创新、物质财富、物质财富的产物、海外军事力量的投射——所有这些都是我们会把它与成功社会联系在一起的东西。"但这是衡量成功的真正标准吗？"衰落？"格里菲尔问道，"这取决于你如何看待它。如果你认为一个成功的社会是一个积极谋求帝国事业的社会，那么答案是肯定的。"

其他人对此更加直言不讳。叶海亚·麦科特（Yahya Michot）说，当我们评价西方世界和伊斯兰世界近几个世纪的相对繁荣时，"现在来进行比较还为时过早。你会死，我也会死。50年后，在气候变化摧毁地球上所有文明之后，我们就有足够的时间来看看什么对人类更有用，所谓的西方现代化，还是那些没有促成或引发那类气候变化的更传统的文明。"

他坚持认为，伊斯兰世界的问题更多地来自外部而非内部。"我谈的不是衰落，而是一种神奇的存活能力。罗马帝国的灭亡过程比穆斯林世界从蒙古入侵开始的13世纪和随后几个世纪所经历的少得多。他警告称，近年来，西方变得更加活跃，但不要认为这是一件好事。当生物体内患有普通癌症时，我们确实可以合理地描述癌细胞的活力，但其结果我们都知道了。所以你可以说，与癌细胞相比，那些无法抵抗的健康细胞正在衰败、衰退，等等。"

在会议上，当我听到知名学者与我以及他们相互之间的辩论时，我突然意识到，关于这些问题的分歧并不像起初看上去那样两极分化。争论的焦点在于伊斯兰思想到底真正是哲学的，还是一种神学。这常被认为是一种固有的价值观分歧：伊斯兰思想是

"正确的"哲学（好）或"仅仅"只是神学（坏）。当然，正确的哲学必须清除所有来自神学的污染，这一信念本身就是一种价值的表达，并不是每个人都同意这种价值。换句话说，我们可以认为伊斯兰思想没有像西方哲学那样被世俗化，并认为这样对它更有好处。

"谁说哲学家不能被教会和上帝所激励呢？"格里菲尔问道。"在英国传统中有很多重要人物，我们认为他们是哲学家，是非常虔诚的人，他们的著作无关自己的信仰，但他们理解和解释世界的动机仍然是神学的。阿拉伯思想家对神学动机持开放态度。"同样，路易斯·泽维尔·洛佩斯-法尔杰特（Luis Xavier Lopez-Farjeat）说，如果你坚持认为哲学必须符合启蒙运动强烈的世俗特征，"你的哲学概念就会非常狭隘"。

所有专家学者都同意，在伊斯兰思想和历史上大多数其他知识传统中，神学和哲学并没有明确的界限。比如，在谈到开罗学术活力的鼎盛时期时，格里菲尔说："1798年的人们根本不认为神学和哲学之间有什么区别。"

理查德·泰勒对此表示赞同，他表示，在伊斯兰世界，神学和世俗哲学之间存在着"反复的互相吸收"，"平行的学术轨迹经常会走到一起或分崩离析，它们在某种程度上是相互观察的"。安萨里就是一个例子，他常被指控攻击阿维森纳和法勒萨法，从而会毁了哲学。泰勒说，从一个更好的角度来看待，他对阿维森纳的研究是"将哲学引入了神学"。

彼得·亚当森（Peter Adamson）也认为，把法勒萨法和凯拉姆的区别看成是信仰和理性之间的战斗，这是毫无用处的。"相反，在凯拉姆内部，对穆罕默德所带来的启示的理解，存在着一种或多或少的理性主义倾向。"[3] 真正的区别并不在于这是两种不同的思维方式。更确切的说法是，这是伊斯兰—哲学—神学思想这个单一主体中的分支。凯拉姆的代表人物安萨里，不仅从哲学角度论证，而且诉诸柏拉图和盖伦的观点，认为法拉希法派[①]误解了他们。[4] 同样，法拉希法派肯迪（al-Kindī）在其哲学论著的开篇写道："啊，尊贵的领主和虔诚的领袖之子，愿上帝赐予你在最幸福的状态和最纯洁的行为中长寿。信仰的灯塔，珍贵的宝石，两个世界的精华！"[5] 即使他基于新柏拉图学说得出结论，他也用宗教术语来解释："因此，没有那么多的主体（agent）[②]，只有一个没有任何多重性的主体（他比异教徒的描述更加光荣和高尚！）。"[6]

阿维罗伊（伊本·鲁西德）也热衷于建立法勒萨法的神学正当性，认为这是《古兰经》的旨意。他以"有神示者，你当反思"[7]等诗句，作为《古兰经》对哲学方法的正当性授权。[8] 他同样清楚的是，哲学不能没有虔敬，其终极目的也是虔敬：

> 由此可见，研究古人的书是律法规定的义务，因为他们书中的目标和目的正是律法所敦促我们达到的；只要是结合了这两种品质（即：1.自然智慧；2.宗教诚信和道德美德）的人，就是适合研究古人之书的人，任何禁止这样的人研究古书的人都是阻碍了律法将他们自己引向真主知识的大门，引向真主最真实知识的理论研究之门。[9]

阿维森纳也在他的论点中引用了经书，用以反对那些相信在真主创造现在的存在和时间之前，没有存在或时间的人。他说：

[①] 法拉希法，指受希腊哲学影响的穆斯林学者。
[②] 推动者，主体，动因，结合新柏拉图主义的流溢说，此处当指创造主体。

"这些关于世界的观点不符合经书显而易见的含义。"而且"经书中没有说除了真主其他什么都没有:这样的经文是找不到的"[10]。他还声称:"经书的目的就是教授真正的科学和正确的实践。"[11]

今天,整个伊斯兰世界仍努力在启示和理性之间找到正确的平衡。在某个时代和某些地方,神学对理性的限制也曾放宽,世俗的观点也开始获得认可。例如,克里斯托弗·德·贝莱格(Christopher de Bellaigue)曾用编年史的体裁记载了他所谓的19世纪的"伊斯兰启蒙运动",当时穆斯林的创造性思维在开罗、伊斯坦布尔和德黑兰蓬勃发展。然而,虽然德·贝莱格否认伊斯兰教和开放哲学之间是不相容的这一观点,他也承认,在这之前的几个世纪里,自由的探索几乎是不可能的,近几十年来的大部分旅行指南也是这么说的。

他提出了质疑:"如果伊斯兰教在第一次世界大战之前就如此成功地融入了现代性,那么,自那之后,为什么反动的复兴主义能够在穆斯林世界的更大范围内推行呢?"[12] 大部分其他国家都不耐烦冷静地回答这个问题,要求伊斯兰启蒙运动能像欧洲启蒙运动一样得到更广泛的发展(忽略了启蒙运动曾花了很长时间才获得妇女解放、种族平等以及同性恋者的平等权利)。然而,我们现在应该知道,敦促伊斯兰世界走与西方相同的道路更可能引发的是抵抗,而不是热情。在西方,世俗知识一直在与宗教权威进行一场持续的斗争,这是一种零和博弈。正如德·贝莱格所警告的那样,我们不应落入"进步主义者"和"反动派"所共同推崇的谬论中,认为"现代性是一个固定的价值,只有两种可能的回应——接受或拒绝以维持现状"[13]。伊斯兰哲学的历史表明,穆斯林世界对世俗知识的适应必须是自成一格的。《古兰经》的绝对真理或一种不考虑宗教因素的哲学真理,几乎不可能遭到完全拒绝。然而，通过与神学兼容的方式，对世俗知识持开放、宽容和接受态度的独特伊斯兰哲学是完全有希望的。这在过去已经发生过，而且很可能再次发生。那些声称我们不可避免地要走向文明冲突的人，历史没有站在他们这一边。

无论怎样去解决伊斯兰哲学的争论，在将神学与哲学分离的问题上，现代西方确实是全球的例外，而不是通用规则。正如我们所见，同样的信仰和理性交织在印度哲学中，这在许多方面与中世纪欧洲的自然神学相呼应。但我们应该记住，这种思维方式在今天的基督教中仍然是主流。一位印度天主教牧师何赛·南迪卡拉（Jose Nandhikkara）在印度哲学大会上向我指出了这些相似之处："教皇若望·保禄二世说，信仰和理性就像人类在沉思真理时升起的两只翅膀，它们都是上帝的礼物。因此，你们应该越来越多地寻找互补性，而不应该只受信仰或理性单方面的指引。所有的知识分支都是重要的，因为它们有助于生命的和谐。"

在东亚，由于传统词汇不能像欧洲语言那样区分宗教和哲学概念，情况变得更加复杂。例如，直到19世纪末，日本才出现区分宗教和迷信的词语。研究日本哲学的学者经常提到卡特（Carter）所说的"哲学与宗教之间没有明显的分离"。[14] 田边元写道："宗教和哲学彼此不同，但又相互影响。"[15] 据武内义范所说：

> 在佛教中，宗教和哲学就像一棵树，从根部叉成两部分。二者同根同源，并由相同的树液滋养……在佛教的悠久历史中，有时修剪哲学枝条有助于主干繁盛；有时哲学枝条盛开，而主干却被挖空了。[16]

日本的宗教与西方的宗教有着不同的特点。卡特说："总的来说，日本的宗教不是关于信仰的。相反，日本的宗教是关于意识转变的。"[17] 它试图帮助人们以不同的方式体验这个世界，而不是改变他们对这个世界的看法。这种信仰与意识转变的区别在佛教中也更为普遍。武内说："佛陀本人经常告诫弟子们，不要将宗教探索、'崇高追求'与哲学和形而上学的问题混为一谈。"[18] 因此，哲学与宗教之间存在着某种矛盾的关系，"不可分割却又截然不同，相辅相成却又相互对立，或者用西田的话来说，自相矛盾却又完全同一"[19]。

对于西方哲学家来说，要处理其他传统中广泛的神学分支是非常困难的。在我看来，他们常常发现自己夹在一种对陌生事物的世界性热情和一种对用信仰稀释纯哲学的狭隘蔑视之间。其结果是，他们经常淡化甚至否认他们所研究观点的宗教性质。利亚·卡尔曼森意识到了这一点。她说："有些哲学家倾向于从文本中读到所有关于超自然现象的内容。"正如我之前提到的，我在印度哲学大会上也看到了这种趋势。有些人认为，为了捍卫印度哲学，有必要宣称它与宗教不同，尽管其他人把他们哲学与宗教的融合视为一件值得骄傲的事情。

对于那些接受世俗哲学教育的人而言，要充分承认其他传统的哲学价值，并接纳其宗教或精神层面，并以这种方式来回应其他传统是一个不小的挑战。然而，如果我们要在不同的传统之间进行开放的对话，我们就必须找到一种方法来做到这一点。我们必须承认，严格的哲学世俗化本身就是一种需要辩护的哲学立场。简单地规定信仰会将你与哲学分离，就像规定一篇神圣的经文必须有最终定论一样，这是非常不哲学的。这两个立场都需要作为共同哲学事业的一部分被加以论证。

— 4 —

逻 辑

"在事物及其矛盾之间没有第三条路"

1789—1799年的法国大革命是以自由、平等、博爱的名义进行的。站在它们旁边的无名将军——或者说从底层支撑它们的——是这场战役的主旨：理性。革命者们希望建立的新社会将会是一个更好的社会，因为它将建立在理性的基础上。

这从他们一开始的工作方式中就可以明显地看出来。在取得胜利之后，他们的首要任务并不是简单地赋予人民权力，以及推翻旧政权。他们怀着革命的热忱，设法使社会摆脱其不合逻辑的怪癖，而并没有考虑这些措施会怎样影响普通公民的困境。十进制改革比国有化更重要。哲学家孔多塞（Condorcet）说："公制系统（度量衡）在任何时候都适用于所有人。"他所使用的修辞更符合社会改革，而非度量制改革。

在1795年，有1,000多年历史的货币单位里弗尔（livre）退出了市场，这种货币单位被不合逻辑地细分为20苏（sous，或sols，索尔），而每个苏又被分为12个旦尼尔。取代里弗尔进场的是十进制的法郎（franc），令人满意的是，它由10角

（décimes）或100生丁（centimes）组成。在同一年，5种十进制的计量单位也被创建：代表长度的米（mètre），代表面积的公亩（are），代表干货体积的立方米（stère），代表液体体积的公升（litre）与代表质量的克（gramme）。这些单位可以通过添加前缀得到放大或缩小，例如kilo（1,000倍）、hecta（100倍）、deci（十分之一）或centi（百分之一）。1795年它们在全国范围被采纳。

新历法的推行更为激进但持续时间并不长。按新历法，一周有十天，每天由20小时构成，每小时包含100十进制分钟，每分钟包含100十进制秒。自从1793年推出，革命日历只被使用了12年，甚至大多数人在革命时期的两年后就放弃了。

这些改革反映了革命者对理性的普遍重视，特别是对逻辑的重视。《百科全书》是法国启蒙运动的定义性文本，由丹尼斯·狄德罗（Denis Diderot）和让-巴蒂斯特·勒隆德·达朗贝尔（Jean-Baptiste le Rond d'Alembert）在1751—1772年编辑并撰写，本书雄心勃勃的目标是："收集在全球传播的知识；要将律法的总则传给那些与我们同住的人，又传给将来那些要跟从我们的人。"[1]

在其介绍性的"初步论述"中，达朗贝尔写道，逻辑对于获得知识而言是多么重要。

[逻辑]教你如何以最自然的顺序排列想法，如何以最直接的序列将它们联系在一起，如何分解那些包含太多简单思考的思想，如何从各个方面看待思想，最后，如何以一种易于掌握的形式将它们呈现给他人。这就是推理科学的组成部分，它如其所是地被视为我们所有知识的关键。[2]

法国启蒙运动时期的哲学家们几乎都认为逻辑的运用是不可改进的。例如,在写标点符号时,狄德罗发现"话语中的停顿和写作中的标点符号总是相对应的,它们同样能很好地表明思想之间的联系或分离,并补全了无数的表达方式"。因此,他认为,根据逻辑规则来确定它们的数量,并通过实例来确定它们的价值是很有效的做法。[3]

在法国启蒙运动和大革命期间,人们对逻辑和理性力量的信心或许从未如此强烈过。然而,可以说,强调逻辑一直是西方哲学史上最鲜明的特征,且塑造了整个西方文化。逻辑奠基于这样一种理念之上:推理应当通过严格的演绎步骤进行,从而使论证具有一种准数学的严谨性。亚里士多德第一次提出了逻辑的基本原则,并将其一直沿用到19世纪符号逻辑的出现之后。西方哲学的捍卫者认为,它对逻辑的强调赋予了它一种独特的稳健性,而批评者则说,它把西方的思维困在粗糙、僵化、二分法、非此即彼的思维方式中。具有讽刺意味的是,有时这种批评本身就流露出原始的二元思维。例如,汤姆·卡苏利斯曾听一位日本学者说:"我们日本人不像你们西方人,我们日本人不是二元论者。"[4] 显然,西方哲学家并不是唯一喜欢做鲜明区分的人。

"逻辑"看起来像是一个艰深的专业术语,但它的本质非常简单。逻辑就是系统地分析真实陈述的含义。它最没有争议的原则是排中律。简单地说,这就是17世纪哲学家莱布尼茨的"矛盾原则",即"命题非真即假",因此没有折衷的第三种选择。[5] 它的第一个明确表达可能是在亚里士多德著作中。他写道:"如果'人'不仅代表一个主体的某些东西,而且具有某种意义,那么'为人'就不可能意味着'不为人'。""它不可能是这样又不是这样,除非是由于模棱两可。"[6]

这就是现代符号表示法中可以表示为"¬（p&¬p）或（pv¬p）"的直白含义。这里的"p"代表任何可以为真或为假的陈述（任何带有"真值"的"命题"）。符号"¬"是一个否定，而"v"是一个排他的"或"（一个"分裂"），它必须是非此即彼而不能两者都是。因此，¬（p&¬p）表达了一个命题不能同时为真和假的原则，而（pv¬p）则是另一种方式表述，即一个命题必须为真或假，不能同时为真和假。这种符号表示法的普遍使用使许多潜在的和实际的逻辑学学生望而却步，同时也吸引了那些更倾向于数学的学生。

尽管我说过排中律毫无争议，但许多人发现自己对它有抵触情绪，认为世界比这更复杂。例如，有些人既聪明又愚蠢，而雌雄同体者则既是男性也是女性。但排中律并不否认这一点。亚里士多德非常明确地指出，要使"非此即彼"的逻辑起作用，没有歧义是至关重要的，而且定义必须是精确的，只有"一种意义"。当我们口头上说某物为真或不为真时，这些条件是不满足的。一个既聪明又愚蠢的人在某些方面或环境中是聪明的，而在另一些方面则是愚蠢的。他们并不同时聪明又愚蠢。例如，一个人可以是一个天才小说家和一个彻头彻尾的爱情傻瓜。即使是完全相同的行为，也可能在某些方面聪明，在另一些方面愚蠢。一场战术上辉煌的军事胜利可能是一场战略灾难，比如成功地推翻一个独裁者却制造了一个有害的权力真空。

我敢打赌，在经过更仔细的考察，既不涉及歧义（意思不清楚），也不涉及含糊其辞（意思可能不止一个）的情况下，要举出一个与排中律相矛盾的例子是不可能的。考虑到这个世界经常是模棱两可或模糊不清的，这项法则唯一真正的争议在于它的用处究竟有多大。这就是某些表面上可能会拒绝这一原则的传统力量。例如，道家和禅宗都充满了明显的悖论，这些悖论认为某件事既真实又不真实。例如，《道德经》说："故物或损之而益，或益之而损。"[7] 你可以把这句话理解为，损失不是损失，收益不是收益。但很快就能看出这里没有逻辑上的矛盾。有两种可能的解释。首先，最初看起来像是损失的东西，实际上可以变成收益。（正如婚礼致辞中新娘疲惫的老父亲说的那样，"与其说我失去了一个女儿，不如说我得到了一个儿子"。）其次，损失可能是带来收益的一个过程。（如果我没有失去那份工作，我就不会得到这份好得多的工作。）这两种解释都不是在说损失实际上根本不是损失。

或者以禅宗的话说："菩提本无树，明镜亦非台。"这里的核心观点是，终极现实和感知现实之间存在着差异。从某种意义上说，菩提树是存在的，但由于没有任何事物具有固定的本质，从另一种意义上说，也没有任何事物使它成为一棵树。同样，我们并没有违反排中律，但在有意运用这一原则时，我们注意到"存在"的不同含义。

还记得不二论对梵的描述是"不是这个，不是那个"。从表面上看，这可能又是一种"某物既存在又不存在"的断言。但重点是要表明语言无法捕捉梵的本质。当我们试图描述无法形容的事物时，我们最终会陷入一种悖论，不是因为终极现实是矛盾的，而是因为它违背了我们有限的词汇和概念的简单分类。印度哲学并不包含真正的矛盾，甚至在"限制"（Vipratisedha）这个概念中也有一些接近排中律的东西，公元前3世纪的语法学家帕坦伽利将其定义为"相互禁止"。[8]

西方哲学和亚洲主流思维方式的不同之处并不在于西方接受了一种被东方所拒绝的排中律。恰恰相反，它们的不同之处在于这一原则在多大程度上被预先确定，并被视为具有实际重要性。例如，中国哲学中有很多可以被视为逻辑论证的东西，但在古典传统中，逻辑作为一门特定的学科并没有得到发展。也许我们能看到的最接近逻辑学的东西是公孙龙的"白马悖论"，它认为白马非马，因为"马"命名的是形状，而"白"命名的是颜色，"什么名字的颜色不等于什么名字的形状（命色者，非命形也）"[9]。在这篇文章中似乎没有提出任何实质性的观点，而拉姆-普拉萨德认为最好把它理解为一个"文雅的笑话"[10]。

东方倾向于强调，试图从排他性的非此即彼或分类的角度来理解事物的努力往往会失败，而欧美地区则强调，通过用具备逻辑一致性的新特征来取代在常识思维方式中产生的矛盾，我们可以获得进步。尼古拉斯·瑞舍（Nicholas Rescher）将此描述为哲学的"置疑（aporetic）"本质。一个疑难（apory）指的是"一组争论观点，它们各自看似有理，但整体上却不一致"[11]。哲学之所以存在，是因为我们对世界的前哲学理解不断地产生这样的疑难。例如，在伦理学上，公正的原则似乎很有说服力，但把家庭放在首位的责任明显也同样重要。这两条原则"单独看上去似乎都合理，但作为整体来说不一致"。在认识论中，我们似乎拥有知识，而知识意味着确定性，但当我们寻找确定性的依据时，似乎没有任何依据。同样，我们有知识，和我们没有知识似乎都是合理的，但两者不可能都是真的。最后一个例子是，自由意志似乎存在，但我们又拥有关于自然界的一切都是根据严格的因果律来运作的信念。我们都有自由意志，和我们不能拥有它，这两种说法似乎都是可信的，但只有一个是正确的。

当面对一组疑难时，我们可以举起双手投降，说这超出了我们的理解范围。西方哲学建立在认为这是失败主义的基础之上。

我们不能确定是否能够解决这个问题,事实上,哲学中存在的许多问题几千年来一直顽固地拒绝得到解决。但我们必须试一试。即使我们不能完全消除这个矛盾,我们至少可以更清楚地理解它,或者化解它的一部分。

然后,你可以把西方哲学的运作方式总结为,试图尽可能多地将对排中律的违反从这个世界上消除掉,以便我们能够清楚地区分真假命题。这就是西方哲学是"二元的"或"二分的"这一说法的真相,这种说法是基于"非此即彼"的思维,而不是"兼而有之"的思维。这种思维方式显然已经渗透到文化中,在许多政治结构中尤其明显。精英们接受的教育是成为强硬的辩手,采取明确的支持或反对的立场,善于揭露对手论点中的缺陷。因此,议会的组织方式相当类似于大学辩论会,法律的辩论就像多数人投票通过的议案和决策。

对西方人来说,这似乎是很自然的,很难想象还有其他的选择,尤其是在西方模式已经被许多其他国家采用之后。但无论它的哲学价值是什么,这种方法都有几个缺点。互相敌对的探究精神与合作、妥协、求同存异是对立的。它也更注重赢得争论,而不是取得最佳结果。这种相互作用的方式在文化的各个角落都可以看到,它常常带来负面的后果。例如,作为一个法律程序,离婚往往比它所需的更具对抗性,因为它是以对抗性的方式进行的,其中一方必须提出离婚诉讼,并将责任归于对方。直到最近,"无过错"离婚(通过调解而非诉讼)的观念才变得流行起来。

这种两分法的思维方式也表现在最近的政治问题之中。在英国、美国和其他几个国家,我们看到了一种新的极化,自由主义者,主要是都市世界主义者与保守的社群主义者在小城镇和乡村展开了较量。这种分歧在2016年希拉里·克林顿(Hillary

Clinton）和唐纳德·特朗普（Donald Trump）之间的美国总统大选以及英国脱欧公投中表现得最为明显。在每一个案例中，胜出方的优势都很小，但在二选一的全民公投中，一切都给多数人的一方，而少数人那方得不到任何东西，即使他们在票数上非常接近。投票暴露了二元对立文化的局限，因为它只允许真或假，以及输或赢的存在。

考虑到西方文明及其民主的成功程度，直到最近，这一制度的缺陷似乎还只是次要的或理论上的。丘吉尔关于民主的调侃可以适用于整个文化："除了所有那些偶尔被尝试过的其他形式，西方思维是最糟糕的哲学形式。"其他模式也并没有产生繁荣、稳定、和平的文明。如果富裕且幸福的欧洲、北美和大洋洲是我们从"粗糙的二分法思维"中得到的东西，那么它就不可能有那么糟糕。

如今，整个西方民主世界的政治不稳定让这种态度显得有些自以为是。事实证明，只有一种心照不宣的妥协精神才能缓和两党政治的二元选择所造成的紧张局势。几十年来，双方都有一种默契，即任何一方都不会无限期地掌权，也不会撤销其前任所做的一切。在英国，这是以"战后共识"的形式出现的，即从1945年到1979年的撒切尔政府，左派和右派都支持福利国家，支持国有和私营企业及公用事业的混合经济。一旦这种共识破裂，政治极化就不可避免了。

西方民主问题是对西方哲学问题的一种隐喻。它对真假之间作明确区分的追求，造成了一种默认的非此即彼的心态。当只有一件事可以是真实的，并且我们能知道它是什么时，这种区别才有效。例如，如果没有排中律，科学就不可能存在。然而，当我们面对不同的价值观和偏好，不同的美好生活愿景时，即使在某种终极意义上只有一种观点是正确的,在实践中我们也不能确定有且只有一个赢家。如果一种二元论的文化能在两个对立面之间保持一种平衡,给予其中一方和另一方同样多的权利,那么它就能绕开这个问题。但总是存在这样一种风险,即无法达到这种均衡,"非此即彼"的逻辑就会变成"零和博弈"的逻辑,即只有一方能赢。当同时存在几种可信的观点时,二元思维就会很难处理由此产生的复杂性。

当然,完全抛弃非此即彼的逻辑显然是错误的。排中律隐含在所有哲学思想中,唯一的区别是它受到多大程度的强调。尽管西方最重视逻辑,但在印度古典传统中,逻辑也扮演着非常重要的角色。10世纪的逻辑学家邬陀衍那(Udayana)甚至在《正理花束》(Nyāya kusumāñjali)一书中,对排中律进行了精确的类比:"在事物及其矛盾之间没有第三条路。而且也不可能有两种矛盾的统一,因为仅仅是它们的陈述就会互相抵消。"[12]

邬陀衍那继承了足目仙人(Akṣapāda Gautama,又称乔达摩)的思想,后者是对印度逻辑学的发展贡献最大的思想家,据说是正理学派核心著作《正理经》的作者。《正理经》是一部内容丰富、详尽的著作,论述推理形式及其有效性。它最有趣的特点之一是以其出色的词库对各种争议进行分类。例如,讨论是一种真诚的研究形式,辩论者从对立的两方中选择一方,"借助任何正确的知识手段"为他们辩护,"通过不偏离既定原则的反驳"[13]来攻击对方。相反,争吵仅仅是为了获得胜利,"通过吹毛求疵、空谈以及对对方的指责"[14]。争吵也有各种形式。例如,"吹毛求疵"是一种争吵,只不过是对对方的攻击。吹毛求疵者不试图建立任何东西,而只局限于挑剔对方的论点。[15]我们都知道那种人的特点。

这些定义中的每一个术语本身都有精确的说明。诡辩是一种非常具体的谬论，指的是"故意误解说话者想要表达的某个词的含义，当对方碰巧含糊其辞使用了它的时候"。如果我说一本书很长，而你说它不长，因为它只有20厘米长，你这就是在诡辩。你也可以在隐喻方面诡辩，故意将隐喻用法的词作字面意思理解，反之亦然。[16]

写于公元前6世纪至公元前2世纪的《正理经》，因为以五元三段论的形式分析了合理论证的结构而闻名。一个常见的典型例子如下：

山上有火。（pratijñā，命题）
因为山上有烟。（hetu，理由）
哪里有烟，哪里就有火；比如厨房的壁炉而非湖泊。（udāharaṇa，一般规则）
这座山上有烟。（upanaya，规则的应用）
因此，这座山上有火。（nigamana，结论）[17]

根据《正理经》，所有其他有效的推论都有相同的一般形式。你首先陈述要建立的观点（pratijña）。然后陈述你相信这个论点正确的理由（hetu）。然而，仅凭有理由还不足以证明这一论点的正确性。为此，你必须说明一般规则（udāharaṇa），如果你把它应用到理由，就会产生结论，即尼伽摩那（nigamana）。再举一个非传统的例子：

这个盘子里的提拉米苏让人发胖。（命题）
因为它含有大量的脂肪和糖。（理由）

所有含有大量的脂肪和糖的东西都使人发胖，比如甜甜圈而非胡萝卜。(一般规则)
提拉米苏也含有大量的脂肪和糖。(规则的应用)
因此，这盘提拉米苏使人发胖。(结论)

这与古希腊逻辑有惊人的相似之处，尽管两者似乎是独立发展的。亚里士多德引入了三段论的概念，这是一个从前提到结论的演绎论证。前提被认为是真实的陈述，要么是因为它们通过观察显而易见，要么是因为它们以某种其他方式被证明是真的。一个成功的推论需要前提，并从中得出必然的结论。标准的例子是故意平庸无奇的，因此很容易从中看出从前提到结论的推论。例如：

约翰·科特利是一名天气预报员。
所有的天气预报员都是会死的。
因此约翰·科特利会死。

这比五元三段论更简洁，相比之下，五元三段论可能显得有些不必要的弯弯绕绕。在亚里士多德逻辑中，烟与火的论证可以用更简单的三行论证来表达：

哪里有烟，哪里就有火。
这座山上有烟。
因此，这座山上有火。

亚里士多德式的逻辑以分析论证的结构来创建一个包含全部

有效推论的列表。这个形式叫作假言推理或肯定前件：

如果P，那么Q。
因为P，
所以Q。

虽然这确实比五元三段论更简洁，但在实践中，印度逻辑经常使用类似的三步过程，这一过程与亚里士多德三段论的基本步骤相同，只是顺序不同。结构是：

A符合S的条件，
因为A符合T的条件，
符合T的条件的都符合S的条件，如（Tb & Sb）。

我们可以把这个应用到例子中，并指出它与亚里士多德三段论中的相似之处：

这座山着火了（这座山符合有火的条件）。
［所以Q］
因为它在冒烟（符合有烟的条件）。［因为P］
哪里有烟，哪里就有火（符合有烟的条件的都符合有火的条件），比如厨房的壁炉而非湖泊。［如果P，那么Q］

五元三段论的优点在于它结合了西方逻辑在传统上分离的两种论证形式。亚里士多德三段论是演绎的一个典型，其中，结论被认为是绝对确定地从前提得出来的：如果x，那么y就是必然的。这就是逻辑与数学的关系。然而,在实践中,大多数时候我们不能这样肯定地推理。当我们试图理解这个世界时,我们必须从经验中归纳出不具有演绎意义的东西。如果面包在过去一直是有营养的,而且这是一片面包,严格说来,这片面包并不一定能给我营养。只有当我们把面包在过去、现在和未来总是有营养的这一事实作为前提时,我们才能得出这个结论。但我们无法确定这一点,因为我们不知道未来会发生什么,也不知道这片面包是有毒的还是掺假的。当然,我们都认为,假定它会滋养我们是完全合理的,事实也是如此。但这种形式的"合理"并不等同于严格的逻辑。我们的推理不是通过从前提到结论的无可辩驳的步骤来演绎的,而是从过去的经验到一般情况的归纳。这一事实不能用逻辑术语来证明,这就产生了所谓的"归纳问题"。

印度哲学家当然也意识到了这个问题,这个问题的版本是由14世纪顺世论派思想家摩陀婆阿阇黎(mādhavācarya)提出的。[18] 他指出,一般规则(udāharaṇa)包含一个"回转"(vyāpti①),可以作为推断的依据:例如,"哪里有烟,哪里就有火"。但这永远不能通过感官来建立,在顺世论中,感官是建立任何真理的唯一途径。这只是因为感觉只观察到烟和火相伴的特殊情况,但回转认为这是一种普遍的相伴。

五元三段论结合了推理的两种形式。正如拉姆-普拉萨德所说的那样:"印度逻辑将必然的演绎确定性与不可避免的归纳需要结合起来。"[19] 它的结构是演绎的,但在某种程度上明确承认归纳元素。特别是人们诉诸的普遍规则显然是一个观察到的经验,不能算作绝对的真理。这个老套的例子似乎意在强调这一

---

① vyāpti,梵文,意为回转,表示大词与中词之间的普遍必然关系。

点,因为"无风不起浪"这句话我们一般认为未必正确。对我们来说,对存在火灾作一个暂时的假设是可以的,但不能确定是否真的有火灾。

规则的应用(upanaya)也具有内在的归纳性,因为规则本身只有在规则所指的事物有真实实例的情况下才适用。我们不是通过纯粹的逻辑,而是通过观察和判断来确立这一点的。当我们说"这座山也同样烟雾缭绕"时,我们可能错了:我们看到的可能是蒸汽或"烟雾"机器合成的产物。因此,在五元三段论中看似不必要的笨拙之处,实际上可能反映出它真正的力量,它把论点的两个特征——观察的概括和严格的演绎结合在一起,而西方逻辑则把它们分开。

然而,印度和西方逻辑的不同之处在于它们如何融入更广泛的哲学体系。尽管强调逻辑,除了推理(anumāna)和类比推理(upamāna),正理派还接受感知(pratyakṣa)和先知证词作为合法知识的来源。因此,"吠陀就像咒语和医学一样可靠,因为它们的作者是可靠的……圣贤们本身是可靠的,因为他们对真理有直觉的感知"[20]。这就是为什么正理派抱怨说,与佛教徒的讨论"被大大延长了",不是因为他的推理能力太差,而是因为他"不承认经文的权威,认为没有永恒的东西,等等"[21]。

在这里带有敌意地提到佛教徒可能不是偶然的。古典印度哲学始于《吠陀经》的神话和宗教教义,其中基本上没有逻辑论证。在经书时期和经院时期,这一传统面临着更多的挑战,尤其是来自佛教的挑战,佛教更加强调理性和论证。例如,龙树经常使用逻辑,来表示位置的不一致性。举个例子,有一种观点认为,不可能有最终的证据证明一个知识来源是可靠的,因为你必须证明你的证明方法本身是可靠的,如此这般,无穷无尽。"如果一个知识来源的存在,需要用别的知识来源来证明——那将是一种无限的倒退。"[22] 主流学派不得不反击,用理性捍卫传统教义。

因为正理派维护经文的权威,逻辑经常被当作一种护教工具来证明《吠陀经》,而不是用于质疑它们。以《正理经》对"《吠陀经》是不可靠的,因为它包含了不真实、矛盾和同义反复的错误"这一异议的回应为例。例如,《吠陀经》断言,当人为求一个儿子供奉适当的祭品时,就会得到一个儿子。但人们常看到的结果是,即便供奉了祭品,也没有生儿子。这看起来是相当确凿的证据,证明祭祀不起作用,所以吠陀是有缺陷的。然而,如果你从《吠陀经》不可能有缺陷的假设出发,那就不是。如果你这样做,逻辑上就会得出"《吠陀经》中所谓的不真实来自于行为、操作或牺牲材料的某种缺陷"。按照这一逻辑,如果"儿子肯定会因献祭而生",而儿子却没有被生出来,那么只能说明献祭没有正确地进行,不管它看起来有多正确地被执行了。通过这样的论证,《正理经》可以有把握地得出这样的结论,"因此《吠陀经》中没有谬误"[23]。

从西方哲学的角度来看,这种让逻辑为启示真理服务的愿望是一个弱点。但如我们所见,哲学应当不受任何神学约束的假设,这是现代西方所特有的。正如拉姆-普拉萨德所说,在西方哲学中,"逻辑应该是原原本本的理性结构,不管是谁拥有它;它可以独立于人类的思维"。这是一个崇高的理想,但不一定是现实的。它也可以被认为是人类傲慢的幻想,他们相信他们可以使用逻辑来超越人类的思维局限。相比之下,在印度的传统中,逻辑在很大程度上是人类的一种工具,"与人们的实际思想和认知有关"。这一传统"主要通过辩论和说服来运用逻辑以获得对世界的认识"[24]。

当我们思考作为一个人意味着什么时，强调重点的不同可能是最明显的。对于亚里士多德和他同时代的大多数人及其后继者来说，人类因为理性而与其他事物相区分。在印度思想中，人们的差异在于领悟佛法的能力，区分是非并据此生活的能力。一句经常被引用的诗句是："饥饿、睡眠、恐惧、性是所有动物的共同点，无论是人类还是非人类。正是佛法的附加属性使人与兽区别开来。没有了法，人就如同野兽。"[25]

理性是西方人性观念的核心。人是理性的、自主的个体，而正是"理性"将这三个特征结合在一起。正因为我们每个人都具备独立思考的能力和义务，我们才可以被看作独立的个体，才可以自由地选择自己的生活。这是许多西方价值观和实践的基础：法律面前的个人责任；对自我发展的信念，即使这会让你远离家人和家乡；坚信西方价值观是普世价值观，因为它们基于理性；对选择的盲目崇拜，给个人提供了尽可能多的机会去使用他们的理性能力。

西方的自我形象正受到威胁。许多心理学家认为，我们的行为并不像自己以为的那样理性。我们远非理性的和自主的，我们是直觉的、情绪化的，深受他人和环境的影响。捍卫理性重要性的最佳方式不是否认这些发现，而是重新审视理性的含义。比较哲学可以帮助西方认识到其理性概念过多地依赖逻辑。当心理学家指出我们的行为不像有逻辑的计算机时，我们不应对此感到惊讶。但如果我们假设理性和逻辑或多或少是同义的，那么这个真理就会对我们的理性构成威胁。如果理性使用更广泛的认知工具，也许包括洞察力和微妙的感知，我们可能会发现我们本质上仍然是理性的。

— 5 —

世俗理性

"科学和进步将带给所有人幸福的世界"

在西方，巴黎的先贤祠（The Panthéon）通常被人们视为理性崛起和信仰衰落的象征。1791年，伟大的建筑师苏夫洛（Soufflot）建成了这座基督教堂，仅仅一年之后，它就被法国革命者改造成了法国伟人的纪念堂。同年晚些时候，神职人员的死敌伏尔泰的遗骸被转移到这里，随后还有其他许多人的遗骸，包括1794年的让-雅克·卢梭（Jean-Jacque Rousseau）。这座教堂被颠覆，成了一座世俗的圣堂。

然而，即使是最粗略地看一下事实，也掩盖不了这个简单的宗教与理性的故事。大多数启蒙思想家的思想都曾有助于先贤祠的建造，其中一些人就被安葬在那里。他们不是无神论者，而是泛神论者，信仰着一个造物主上帝，但这个上帝没有参与世界的运行管理。这座建筑的宗教元素也从未被完全清除过。在它的圆顶的顶部仍然坐落着一个十字架，建筑内部描绘了圣吉纳维亚（Sainte Geneviève）的神化，原来的教堂就是专门为她而建的。她的其他画像和其他宗教壁画覆盖在教堂的几面墙上。这座建筑曾两次被恢复成教堂，直到1885年才正式被确认其世俗地位，当时维克多·雨果（Victor Hugo）的葬礼就在这里举行。

先贤祠的真正意义在它穹顶下方67米的科学论证中得以体现。1851年，物理学家莱昂·傅科（Léon Foucault）将一个重物悬挂在连接于穹顶下方的金属丝上。在它下面的地板上，有一个圆圈，像日晷一样被划分成一天中的各个小时，每个小时相隔11.3度。摆锤被释放后，开始从任意时间的位置摆动。一天下来，钟摆的摆动似乎是沿着表盘移动的，好像它的摆动是逐渐顺时针移动的。事实上，钟摆根本不会改变它摆动的角度。移动的是它下面的地球。通常无法被人察觉的地球自转就这样被呈现为可见的形式。

傅科摆抓住了启蒙运动的精神，而它产生的更广泛的哲学文化，以世俗主义为特征，并不需要排斥所有的宗教。确切地说，它需要的是对人类独立智慧能力的认可。在这座圣堂里，人类是第一位的，而不是上帝。然而，在1英里[①]外的圣日耳曼天主教堂，到处都是上帝和耶稣的图像，而笛卡尔的坟墓甚至很难找到。在这里，伟大凡人的纪念物独领风骚。上帝也许死了，也许没有，但是对于获取知识的事业而言，他是多余的。人类的思想在没有超自然帮助的情况下运作，以表达对世界和人类自身的理解。

我称之为对世俗理性力量的信仰。这是几乎所有现代西方哲学流派所认同的，无论是含蓄还是明确的认同。比起这些流派之间的分歧，这种信仰将他们更深刻地联系在了一起。世俗理性建立在古希腊哲学的基石之上。古希腊哲学将逻辑发展为一门独立的学科，不依赖于顿悟、经文或宗教权威。在这种世界观中，自

---

① 英制长度单位，1英里约为1.61千米。

然世界是可解读的，它的运作可以用一定的法则来描述，而这些法则无需假定有神圣力量的参与。

对世俗理性力量的信仰隐藏在一种信念的背后，这种信念认为不存在科学不应试图去破解的人类奥秘。1990—2003年，人类基因组计划绘制了我们的完整DNA图谱。人类大脑计划和人脑连接组计划也都试图提供一个完整的大脑地图，揭示我们思考、体验和感觉背后的机制。物理学寻求一个完整的"万物理论"，物理学家斯蒂芬·霍金（Stephen Hawking）说这将让我们"了解上帝的思想"[1]。在21世纪，我们从三个父母那里创造了新的人类，创造转基因生物，研究如何从惰性物质中创造生命，尝试冷冻死者，使他们在未来复活，并开始在实验室里培育肉类。

这一切都不是自然的。在许多时候和许多地区，人类应该学习的东西都被严格地限制。神圣的事物受到保护。伊斯兰世界曾经有世界上最先进的医学教育，现在被超越，这其中部分原因是伊斯兰世界禁止解剖尸体。天文学在那里也被禁止。1580年在伊斯坦布尔，伊斯兰世界仅存的一个天文台被夷为平地，因为人们认为肆虐这座城市的瘟疫是上帝为了回应天文学的亵渎行为而降下的。[2] 基督教世界也好不到哪儿去。伽利略获准研究星星，但在他报告太阳是宇宙的中心后，1633年被罗马天主教宗教法庭判处无限期监禁。即便在今天，几乎任何挑战科学理解界限的事情都会带来恐惧和怀疑。

世俗理性是西方克服这些限制，引领世界科学这么多个世纪的原因之一。现代科学是西方的产物，诞生于1620年，弗朗西斯·培根（Francis Bacon）在其开创性的《新工具》（Novum Organum）中阐述了现代科学的基本原理。其他社会也有支持科学探究的物质资源，因此单凭国家财富无法解释西方的进步。事实上，在许多个世纪里，中国大部分地区都比西方富裕。这其中的差异至少在一定程度上被解释为因为西方思想的本质，只有在西方哲学的角度才能得到正确的理解。

在西方，无论人们是否有宗教信仰，世俗理性普遍被认为是有效的。最虔诚的科学家相信的是证据和实验，从不通过神的启示寻求科学突破。证明和概率的标准是公开的，所有人都可以评估。所有的人类头脑都能理解现实。世俗理性中没有先知的立足之地。对于人类心灵所能理解的事物，也不像东方的许多地方那样，西方从不强调人类理解力的局限性。例如，尽管中国思想基本上是世俗的，但它通常只局限于生活问题，对终极现实的本质持不可知论。西方世俗理性的目标是对宇宙及其运作方式进行全面描述。在历史上，赋予人类独立的理性如此强大的地位是一种例外，而非常态。

世俗理性诞生于古希腊，但许多个世纪过去之后，它才成为西方默认的思维倾向。直到中世纪晚期，基督教教义一直是所有学术的重心。学术很大程度上是对《圣经》的阐释，而且仅限于修道院内，在被逐出教会甚至死亡的风险下，所有的哲学都必须遵守教会的教义。然而，渐渐地，通过文艺复兴，尤其是17—18世纪的启蒙运动，哲学变得更加独立于神学。当时被称为"自然哲学"的科学优先重视实验和观察，而不是经文和信条。这种新出现的世俗理性并非天然反对宗教，而是独立于宗教。这个时代的许多哲学家都信奉宗教，相信世俗的理性会且只能证实教会的教义。《圣经》被解读为神学，而不是科学，甚至也不总是历史。

在漫长的孕育过程中，世俗理性发展出两翼。一种是经验主义，考察世界本身，并根据精细的观察得出结论。经验主义者的推理大体上是科学的。另一派是理性主义者,他们只考虑理性的需求,并假设世界必须服从理性。理性主义者被讽刺为"纸上谈兵的思想家",但对他们的这一描述是挺准确的,因为他们认为没有必要走出去研究这个世界的实际运转方式。人们很容易夸大说两者之间存在绝对的区别,将西方哲学家分为经验主义者(亚里士多德、洛克、贝克莱、休谟)和理性主义者(柏拉图、笛卡尔、斯宾诺莎、莱布尼茨),而这正是无数教科书划分的经典方式。这种划分是有些道理的。那些相信仅仅凭理性而无须借助经验就能发现世界真相的人,和那些相信纯理性只能告诉我们抽象的数学和概念之间的关系,而关于现实世界的知识必须根植于经验的人之间,似乎确实有着根本的区别。这两类知识的术语名称巧妙地表达了这一区别:知识可以在经验之前获得(先验),或在经验之后获得(后验)。

拿因果关系来说,理性主义者斯宾诺莎认为,我们可以先验地知道,每一个事件都是某种原因的结果。他的《伦理学》一书中的第3个公理是:"如果有确定原因,则必定有结果相随;反之,如果无确定的原因,则无结果相随。"从这些不言而喻的真理中,他很快就对宇宙的基本性质得出了实质性的结论,因此,在第8个命题中,他声称已经证明了这一非凡的论断:"每一个实体必然是无限的。"[3] 同样地,笛卡尔认为:"凭自然的光明可以看出,在动力的、总的原因里一定至少比在它的结果里有更多的实在性:因为结果如果不从它的原因里,那么能从哪里取得它的实在性呢?"[4] 这听起来像是常识,但实际上,仅仅通过纸面上的推理就能了解物理宇宙的基本规律,是一种大胆的主张。

经验主义者不相信这样的论据能奏效。用大卫·休谟的术语来说,斯宾诺莎和笛卡尔只是在分析"思想的关系"。原因的概念里暗含着一种结果，但这并不能告诉我们什么是在现实世界中所认为的因果。就我们所知的一切而言，有些事情的发生没有任何原因，或者是只有带来随机结果的原因。因此，先验理性不能给我们提供现实世界的知识。为此，我们需要基于经验的后验知识。

这也有其局限性。休谟认为，我们甚至无法观察到作用中的因果关系："当我们环顾四周，面对外部物体，思考原因的运作时，我们永远无法在单一的例证中发现任何力量或必然的联系；永远无法发现任何一种性质可以把结果和原因结合在一起，使一个成为另一个的必然结果。"[5] 我们所能观察到的只是一件接着一件的事情，而不是它们之间的因果关系。

理性主义和经验主义方法之间的区别是真实且重要的。然而，如果认为这种划分是明确的，那是一种误导。所谓的理性主义者也会利用大量的经验数据，而所谓的经验主义者也诉诸逻辑和论证的原则，这是通过理性而不是通过观察建立起来的。最好的做法是设想一个经验主义-理性主义的光谱，不同的哲学家分别赋予观察和推理更多的权重。

纵观西方哲学史，经验主义处在缓慢而不均衡的上升过程中，理性主义则处在同样缓慢而不均衡的下降过程中。在西方哲学的早期，经验方法并没有延伸到日常观察之外。最早的科学形式不过是纸上谈兵的推测，泰勒斯提出万物由水构成，德谟克利特提出万物由分立的原子构成。很久以后，许多哲学家认为先验推理更为重要，即使他们接受经验方法。同样，一些最理性的哲学家也花了大量时间进行实证研究。例如，笛卡尔是一个热衷于解剖尸体的实验家，莱布尼茨写了化学、医学、植物学、地质学和技术方面的著作，而斯宾诺莎不仅是一个透镜研磨专家，还是实验流体力学和冶金学的先驱。

然而，随着时间的推移，世俗理性的经验主义分支从亚里士多德观察莱斯博斯岛一个环礁湖上的动植物开始，逐渐变得更为重要。到了20世纪，世俗理性已经确立了其作为常识的地位，科学占据了主导位置。举个例子，查理·卓别林的代表作《大独裁者》（1940年）结尾的激动人心的演讲。卓别林的角色是一个犹太理发师，他发现自己被人误认为是一个希特勒式的独裁者阿登奈特·海克尔（也由卓别林饰演），并被要求发表演讲。在电影中，他抨击"贪婪"，因为"它毒害了人们的灵魂""让我们一步步走向苦难"。他的演讲在很多方面是对现代性弊端的攻击。他说："我们发展了更快的速度，但把自己封闭起来。机器使我们极度富足，也让我们陷入贫乏。我们需要的不仅仅是机器，还有人性。"然而，卓别林最后重申了他对现代性赖以建立的世俗理性之基石的信念。"让我们为一个理性的世界而战吧，"他恳求道，"一个科学和进步将带给所有人幸福的世界。"

这句话包含了让现代世俗理性脱颖而出的三个要素．对科学的信仰，理性以及如果我们同时遵循前两者就必然会取得的进步。人们常把科学和理性"相提并论"，因此人们很容易认为，要么它们总是联系在一起，要么它们就是一样的意思。事实上，在历史的绝大部分时间里，理性都绝对不是科学的。然而，在今天的西方，任何建立在顿悟、逻辑、传统、权威或启示的任意组合基础上的东西，很少有人会接受它们是真理。我们要求基于观察和实验的事实，可以检验的经验证据。

当然，其他传统也并未对观察的益处视若无睹。与亚里士多德差不多同时期的印度足目仙人乔达摩在《正理经》中主张，知识必须以观察为基础，我们不应该把时间浪费在数学逻辑等抽象概念上。他的逻辑结合了归纳和演绎的方法：没有证据的逻辑是空的。并且，他的经验主义得到《吠陀经》作者的圣言量的高度称赞，认为它是一种有效的现量。

在中国，公元前4世纪的哲学家墨子也以倡导一种基于"先例、证据和应用的尺度"之上的经验主义而闻名。"上本之于古者圣王之事……下原察百姓耳目之实。"最后，"废（发）以为刑政，观其中国家百姓人民之利"。虽然墨家对中国思想的发展有着强烈的影响，但他们的思想却从未占据主导地位。

尽管亚里士多德、乔达摩和墨子都有强烈的经验主义倾向，但他们的理论与现代的观点并不相同，即认为自然应该并且能够为了自然本身而被研究，而不仅仅是为了帮助我们更好地生活。[6] 这种"理性的自主性"可以说是世俗理性最显著的特征。哲学和科学不仅挣脱了宗教和文化的束缚，也挣脱了一切。除了自我保护的要求，任何事情都不能阻碍理性的探究。

知识本身就是好的，这一观点在西方是作为科学发展的一部分形成的。直到19世纪末，科学仍被称为自然哲学。例如，亨利·庞加莱（Henri Poincaré）主张"科学本身即目的"，他说："科学有很好的应用，但是那些只考虑应用的科学将不再是科学——它们不过是厨房。如果科学不是无利害地得到考虑的，那就不叫科学。"他认为，科学家们所有的努力都是"为了观察或者至少是为了让别人有一天能看到"。庞加莱自觉唤起的西方思想"知识本身即目的"的传统，可能被他错误地以为是在古代完全成形的。"使科学工作者充满活力的那种精神应当是希腊的古老气息孕育出诗人和思想家的那种精神。"[7]

相信科学的自主性意味着科学家属于实验室，而如何最好地利用科学的发现则由社会来决定。科学家兼节目主持人雅各布·布朗诺夫斯基（Jacob Bronowski）说："即使面对长崎的废墟，科学也没有什么值得羞愧的地方。可耻的是那些诉诸科学发展所带来的人类创造力之外的其他价值的人。如果我们不让科学成为我们世界的一部分，那才将是我们的耻辱。"

对有些人来说，科学的力量在于它只关注真理，不受伦理和意识形态的约束。对另一些人来说，这就是问题所在。当代伊斯兰哲学家赛义德·侯赛因·纳斯尔（Seyyed Hossein Nasr）认为，建立在"世俗化的宇宙观"基础上的现代科学对其成果是好是坏毫不在意，这是一种偏差。它绝不是文明的荣耀，而是堕落和不道德，需要为灾难性的气候变化、污染和大规模杀伤性武器负责。他写道："最后，人们不再问为什么伊斯兰教和中国有悠久而丰富的科学传统，却没有产生笛卡尔或伽利略了，而应该问为什么在欧洲却产生了他们。"[8]

纳斯尔对西方持强烈批判态度，但很多西方传统中的人对科学的道德中立性也心存疑虑。1925年斯科普斯猴子案的律师威廉·詹宁斯·布莱恩（William Jennings Bryan）说："科学是一股强大的力量，但它不是道德的老师。"大多数科学家都同意这一点，并认为这没有问题。对布莱恩来说，这是个败笔。他反对教授进化论，他说科学

> 可以使机器完美运转，但它没有附加任何道德约束，以保护社会免受机器滥用的危害。它也能建造巨大的智慧之船，但它无法建造道德之舵来控制被风暴掀翻的人类之船。它不仅无法提供人类所需的精神元素，而且它的一些未经证实的假设抢去了船只的指南针，从而危及船只的安全。[9]

甚至温斯顿·丘吉尔也曾说过："人类是否从蒸汽机带来的科学进步中真正获益，这是个有争议的问题。"考虑到"把原子弹这样可怕的力量，交到那些跟所谓野蛮时代的前辈差异甚微的人类手中的后果"，他恳求道，"还是给我马吧。"[10]

物理学家弗里特霍夫·卡普拉（Fritjof Capra）反对科学和伦理必须分开的观点。他说："科学家不仅要在智力上，也要在道德上对他们的研究负责。"在他自己领域里的发现"可能会引导我们——用极端的说法——走向佛陀或原子弹，而选择哪条道路则取决于我们每个人。"[11] 同样，科幻小说作家阿瑟·C.克拉克（Arthur C. Clarke）也认为科学需要道德的指南针。他写道："正如我们人类正在证明的那样，一个人不能同时拥有卓越的科技和低劣的道德。这种组合是不稳定的，也是自我毁灭。"[12] 关于科学与伦理之间正确关系的争论揭示了世俗理性中的一种张力。一方面，理性的自主性意味着我们应跟随思想所到之处，而不考虑实际的用途。另一方面，它假定了科学、理性和进步之间存在联系。但如果世俗理性在道德上是中立的，我们如何能确定它会对我们有益呢？为什么要假设"科学本身即目的"会有益于人类呢？

认为自主理性将必然带来进步的假设也助长了学者们危险的自满情绪，当被问及他们的工作将如何更广泛地造福社会时，他们往往会退缩。按照世俗理性的逻辑来回答，可以说如果知识没有实际效用，那也没关系，因为探究本身就是好的。如果它确实有效用，那它一定是好的，因为知识带来进步。但是，质疑是否有合适的人在以正确的方式学习正确的东西，这肯定是有道理的。除非我们对什么是"正确"有所定义，否则我们无法回答这个问题。例如，如果学术界产生了一种压制不同意见的共识，这是正确的吗？对世俗理性自主性的过度信仰使我们无法提出这些问题，并引出了学术"审查"的幽灵。

世俗理性一直是科学和智力发展的有力工具。但是，对它的自满情绪需要受到挑战，或许正需要那些认为哲学和科学的存在只为人类繁荣服务的传统去挑战。如果我们的最终目标是人类的福祉，那么理性的自主性不可能是绝对的。谁会想去建造和充实哪怕是世界上最好的图书馆呢，如果它的周围尽是荒凉破败的街道？

— 6 —

实用主义

"解决人类问题的方法"

在宗教信仰方面，美国是个奇特的异类。其他发达国家的模式是随着经济的发展和教育的普及，宗教信仰逐渐衰落。尽管有一些证据表明这一现象在美国也开始姗姗来迟地出现了，但宗教信仰在美国仍异常活跃。最近的一项调查显示，56%的美国人自称有宗教信仰，而英国、瑞典和西班牙的这一比例分别为27%、22%和37%。美国只有7%的人相信无神论，而法国、德国和英国的这一比例分别为21%、14%和11%。[1]

关于这一现象的原因有很多推论。最可信的观点之一是，宗教信仰与平均财富水平的相关性要小于与经济安全的相关性。美国是世界上最富裕的国家，但它缺少欧洲的福利制度。许多人觉得自己在经济上很脆弱，离贫困只有一步之遥。

无视这些证据是愚蠢的，但忽视那些塑造了美国人思维的价值观和信仰同样过于简单。如果我们想知道为什么美国人更倾向于宗教，我们可以从他们本土的哲学传统——实用主义——窥见一斑。

实用主义的哲学渊源可以追溯到英国的经验主义。19世纪的哲学家和心理学家威廉·詹姆斯（William James）明确地将实用主义与"伟大的英国式概念探究法"联系在一起。"这种方法就是马上问自己：'它被人们称作什么？它将产生什么结果？'"[2]

詹姆斯的定义呼应了实用主义的另外两位伟大创始人，约翰·杜威（John Dewey）和查尔斯·桑德斯·皮尔士（Charles Sanders Peirce）的观点。皮尔士将实用主义的核心原则定义为："人们应当考虑从这个概念的真理必然产生什么可能的、实际的效果，而这些效果的总和将构成这个概念的全部意义。"[3] 同样地，杜威写道："知识就是由经验的自然事件所构成的效用。"[4] "认知是一种利用经验事件来增加力量，以引导事物产生结果的方法。"[5]

信仰的真理和意义都不是以抽象的思想或心灵的内部活动来理解的，而是从它们所产生的实际差异来理解的。詹姆斯说，"要承认一个想法或信念是真实的"，实用主义会问："它的真实性会对任何人的实际生活产生什么样的具体影响？真实性将如何被实现？如果这个信念是错误的，哪些经验会因此变得有所不同？简而言之，从经验角度看，真理的现金价值（cash-value）是什么？"[6]

实用主义将真理和意义等抽象的概念与人类行为关联起来。"信念的本质在于一种习惯的建立，"皮尔士写道，"不同的信念是通过它们所引起的不同的行为方式加以区分的……任何与一种思想联系在一起的东西，只要与思想的这个目的无关，就只是思想的附加物，而不是它的一部分……一件事的意义仅在于它所涉及的习惯。"[7]

詹姆斯表达得更为清晰："简而言之，信念实际上是行动的规则；而思考的全部功能只是制造行为习惯的一个步骤。如果思想的任一部分对这个思想的实际结果没有任何影响，那么这个部分就不构成思想的真正意义。"[8]

采纳实用主义观点的一个后果是，许多哲学问题与其说是被"解决"了，不如说是被"消解"了。皮尔士写道："知识的进步通常是通过完全放弃问题和他们所设想的两种选择而产生的——这种放弃是由于其生命力的下降和迫切利益的改变。我们没有解决它们（哲学问题），我们克服了它们。"[9] 詹姆斯更形象地表达了同样的观点："哲学进步的真正路线，在我看来，与其说是经由（through）康德，不如说是绕着（round）他走到我们现在所处的位置。"[10] 一旦你理解了任何一种信仰的实际含义，剩下的就没有什么需要理解的了。古老的哲学问题被视为思维方式混乱的产物被简单地抛弃了，就像问燃素是由什么制成的，或者需要多少水蛭来治疗水肿一样多余。

因此，很多关于时间、存在或心灵的本质等传统的形而上学问题，就直接消失了。它们被证明是伪问题，它们之所以出现，只是因为哲学家们错误地脱离了生活经验的世界，而迷失在概念所带来的混乱尘雾之中。寻找终极原因和解释是徒劳的。例如，皮尔士写道："在最近的一篇备受推崇的分析力学著作中，作者说我们准确地理解了力的作用，但我们却不知道力是什么！这完全就是自相矛盾。"[11]

正如杜威所写的："当哲学不再是一种解决哲学家问题的工具，而是一种哲学家培养出来以解决人类问题的方法时，它才恢复到自己的本原。"[12] 关于前一种，也许没有比激进的怀疑主义更清楚的例子了：它质疑客观世界是否真实存在。这可以作为一种哲学游戏来玩，但代价是将"世界"和"存在"等词语与它们在实际应用中的意思分离开来。"我们不能从完全怀疑开始，"皮尔士写道:"当我们开始研究哲学时,我们必须从我们实际持有的偏见开始。让我们不要假装在哲学上怀疑我们内心本不怀疑的东西。"[13]

实用主义者对他们转变哲学的能力充满信心,但对这项任务的难度却抱着现实的态度:"旧观念的退让是缓慢的,因为它们不仅仅是抽象的逻辑形式和范畴。"[14] 杜威知道,告诉哲学家他们一生中所做的大部分工作都是在浪费时间和空间,这样很难赢得朋友和影响他人。

实用主义的非形而上学倾向或许可以解释为何它在中国和日本产生了一些影响。在中国,实用主义的仰慕者包括19世纪末20世纪初的改革派君主主义者康有为和1912年就职的中华民国首任总统孙中山,他的哲学与实用主义者一样,强调行动。中国传统哲学普遍关注生活中的实际问题,而很多人认为佛教过多地关注精神问题,造成了不良影响。因此,师从杜威的胡适回到了自己的国家,开始批判"东方灵性"(eastern spirituality)。他在20世纪20年代写道:"一个老乞丐死时嘴里还念叨着佛祖的名字,但这里有什么灵性可言呢?"

在日本,西田几多郎受到詹姆斯的《宗教经验种种》(Varieties of Religious Experience)一书的影响,他被激励遵循一种经验方法,以经验现象学为材料,这也符合禅宗传统。在西田的哲学中,实用主义对经验的强调与日本人对语言局限性的强调是相关联的。他写道:"意义和判断是原初经验的抽象部分,与实际经验相比,它们是内容贫乏的。"[15]

许多批评者对实用主义的看法是,它似乎过于务实了。也就是说,它放弃了绝对真理的传统理念,代之以"有用就行"的模式。负面影响肯定是存在的。杜威反对这样一种观点,即哲学认知涉及"一种所谓的对至高无上、终极、真实的现实的特殊、密切的关注",他认为这一假设是西方主流传统的核心。它无处不在,即便是像与杜威同时代的亨利·柏格森(Henri Bergson)那样激进的思想家"也不会在内心放弃……对真实世界的探索"[16]。

詹姆斯说,我们最接近"绝对"的地方是"我们想象中的所有暂时的真理总有一天会汇合在一起的那个理想的灭点"。他认为这个关于真理的观点与皮尔士不谋而合。皮尔士写道:"最终被所有研究人员认同的观点,就是我们所说的真理,而这个观点所代表的客体是真实的。"[17] 因此,真理的仲裁者是集体,而不是个人。皮尔士说:"让一个人对真理做出绝对的判断是最有害的。"[18] 20世纪的实用主义者理查德·罗蒂重申了这一点,他认为:"对于实用主义者来说,对客观性的渴望并不是渴望摆脱群体的限制,而恰恰是想要尽可能多地达成主体间的共识,想要尽可能地扩大'我们'的所指范围。"[19]

鉴于大多数对真理的汇合都发生在假想的未来,这实际上意味着我们现在所说的真理多少是暂时且相对的。"我们当下必须按照当下能得到的真理生活,并做好明天就把它叫作谎言的准备。"皮尔士写道。[20] 令人担忧的是,如果我们认真地对待这一观点,我们就会陷入一种危险的相对主义,无论谁碰巧发现什么有用的东西,都可以宣称它是正确的。真理变成了权宜之计,因此无论他人的真理主张多么疯狂,我们都无法对其提出异议。罗蒂说,对于实用主义者来说,"知识就像'真理'一样,只不过是对我们认为非常合理的信念的一种恭维,它暂时还不需要进一步的证明"[21]。

然而,如果我们正确地理解实用主义,就会发现它并不像乍看起来那么宽容。它与经验主义一样,坚持对证据进行仔细审查,并尊重那一证据对我们的要求。皮尔士写道:"真正有价值的想法只能用密切关注来换得。但我知道，在思想方面，公众更喜欢廉价和低劣的东西。"[22]

罗蒂认为，实用主义不赞同那种认为"对我们来说正确的就是正确的"的相对主义："实用主义者没有真理理论，更不用说相对的真理论了。"罗蒂的实用主义由团结这一价值所驱动，这意味着"人类合作探究的价值只有伦理基础，没有认识论或形而上学的基础"[23]。信念的作用是把我们团结在一起，使集体努力成为可能。而这些信念是否符合某些绝对现实根本不重要。

将实用主义归结为"只要对你来说有用就行"的误解，来自于对詹姆斯类似言论的恐慌性解读："你可以这样说，'它之所以有用，是因为它是真的'，或者'它之所以是真的，是因为它有用'，这两个说法的意思完全一样……"这听起来太放任了，以至于读者没有注意到最后一个逗号后面的句子是如何结尾的："也就是说，这是一个可以被实现和验证的想法。"[24] "有用"的实用概念不仅仅是局部的权宜之计，而且是与我们更广泛的理解和证据最充分地结合在一起的东西。詹姆斯的限制条件经常被漏掉。正如杜威所言："詹姆斯所说的那种一定'能够兑现'的普遍观念已经被（尤其是欧洲的批评者们）理解为智慧的目的和衡量标准在于它所产生的狭隘和粗糙的效用。"[25] 詹姆斯实际上主张的是"真正的思想是那些我们可以吸收、确认、确证和验证的思想。错误的思想就是我们无法对其这样做的思想"[26]。例如，我们可以说，詹姆斯的批评者错误地描述了他的观点，因为他们对他所说的话的看法根本无法通过仔细观察他实际上写了什么来进行确认、证实和验证。

鉴于实用主义的英国经验主义根源，我们可能会问，为什么它会成为一场独特的美国运动。认为成熟的哲学实用主义反映了更普遍的文化实用主义,这似乎并不稀奇。皮尔士、杜威和詹姆斯似乎在几个方面与他们的同胞步调一致。英国人以他们的"常识"和对知识分子化的不信任而闻名,但在美国,这一点更为严重。美国人经常赞美普通人,他们似乎对普通人更有信心,而不是对专家和精英。毕竟,民粹主义者对精英阶层的不满是整个西方世界的一种现象,但只有美国让一个粗俗的房地产开发商当上了他们的总统。

实用主义似乎也与美国历史上的确定感相吻合,这种确定感在最极端的情况下表现为相信自己作为自由世界领袖的"天命"。鉴于实用主义对绝对真理缺乏兴趣,这种说法听起来可能有些奇怪。但是,正是通过消除提供绝对正当理由的义务,才能获得信念。因此,杜威关于哲学确定性的主张似乎同样适用于社会确定性:"(共识)达成后,确定性的问题就变得无关紧要了,因为没有人会怀疑它。"[27]

如果实用主义与更广泛的文化有所关联,那也不可能是因为它的原则得到了明确的认可。大多数人希望他们的信仰是真实的,并且坚信它是真实的。然而,如果我们去看人们实际上做了什么,而不是当被要求为自己的信仰辩护时,他们可能会说些什么,我们就可以在美国人的头脑中发现一种强烈的实用主义特征。正如卡林·罗马诺(Carlin Romano)所言,我们应该记住,实用主义哲学家对美国人民的持久影响"主要在于他们用来与我们交流的大字标题,而不是脚注"[28]。这一点在宗教方面可能最为明显。詹姆斯说:"让宗教持续发展的不是抽象的定义和逻辑上串联的形容词体系,而是与神学院及其所教授的内容不同的东西。"[29] "所有这些都是事后的效果,是对大量具体宗教经验的二次积累,它们将自己与情感和行为联系起来,使他们永永远远地在卑微的私人生活中更新自己。"[30] 换句话说，比起任何神学或科学的论点，人们更相信自己对神的感觉。考虑到在大城市的外围，大多数社区都是宗教团体，这些感受因融合的务实理由而受到尊重。

更重要的是，有一个宗教信仰似乎是有用的。它在赋予人们意义、目的、价值和归属感方面具有实际价值。詹姆斯写道："宗教本质上说了两件事。首先，它说最好的东西是那些更永恒的东西，那些重叠的东西，那些在宇宙中扔出最后一块石头，可谓是说出了最后一个字的东西。"这是"一个显然还不能被科学证实的肯定"，但这并不重要，因为"宗教的第二个肯定是，即使是现在，如果我们开始相信她的第一个肯定是正确的，我们也会过得更好"。换句话说，宗教之所以为真，是因为它是有用的，这和说它有用是因为它为真是一样的。

我并不是说，严格地应用实用主义哲学能够证明数百万美国人的日常宗教信仰是正确的。杜威认为，传统宗教正被我们日益增长的科学世界观所排挤，而皮尔士和詹姆斯都不是在为基督教原教旨主义辩护。他们只是在说这样一件简单的事情：更广泛的实用主义观念可以帮助我们解释宗教信仰的持续性。

对于许多学术实用主义者来说，更难以接受的事实是，近年来政界许多最臭名昭著的言论都太过于接近实用主义，以至于不能忽视两者之间的联系。例如，当时未透露姓名的布什总统助理卡尔·罗夫（Karl Rove），在2004年告诉罗恩·苏斯金德（Ron Suskind），像他这样的记者属于"以现实为基础的社群"，属于这个群体的人"相信解决方案是从对可识别现实的审慎研究中产生的"。这听起来像是常识，但"这不再是世界真正的运转方式了。我们现在是一个帝国，当我们行动的时候，我们创造了自己的现实。当你在审慎地研究这个我们创造出来的现实时，正如你所做的那样，我们将再次采取行动，创造出其他新的现实，您也可以研究这些新现实，事情就是这样运行的"。

对许多人来说，这是不可容忍的，但你并不需要对实用主义做太多的扭曲，就能到达这样的信念。罗蒂认为，我们应该"利用制造而不是发现的意象"，拒绝仅仅研究"可识别的现实"的想法，并建议我们用我们的概念创造现实[31]。如果没有绝对的现实，只有我们互相趋同形成的真理，那么为什么不把这种趋同引向我们想要相信的真理呢？实用主义的拥护者会认为这是对他们哲学的严重扭曲，但这忽略了一点，那就是美国人的心理中有一些东西，如果仔细而理性地思考，就会产生哲学实用主义，但如果任其松散、随意地表达，就会产生不那么严谨的、机会主义的东西。与其说民间实用主义是对学术实用主义的滥用，不如说学术实用主义是对民间实用主义的提纯。

这种民间实用主义在许多方面都对美国大有裨益。它"能用就行"的态度最清楚地表达了一种不关心知识细节，而专注于解决问题的心态。更危险的是，它会导致人们对"可识别的事实"失去应有的兴趣。民间实用主义的阴暗面最令人震惊的一面无疑体现在特朗普总统身上。举无数例子中的两个。他的第一任新闻秘书肖恩·斯派塞（Sean Spicer）不顾一切客观事实，声称特朗普拥有"出席就职典礼最多的观众"，而特朗普本人在推特上写道："任何负面的民意调查都是假新闻。"世界各地和美国国内的许多人都对这些无耻地拒绝接受现实的行为感到目瞪口呆。为什么那么多特朗普的支持者没有同样感到厌恶？部分原因肯定是美国根深蒂固的权术实用主义，它更重视效率和团结，而非更客观地衡量真理。解决之道不是让美国人不再像美国人那样思考，而是让他们更好地领会他们本土实用主义哲学家的美德。

— 7 —
传　统

"述而不作，信而好古"

我们觉得讨论不同的哲学传统是很自然的一件事。然而，这话听起来似乎有些奇怪：虽然哲学是有历史的，但其合理性当然需要通过非历史的手段来证成不是吗？你会被圣人的洞察力、逻辑的力量、经验的证据所吸引，但却无法相信信念属于传统这一单纯的事实。然而，在实践中，传统对所有文化都产生了强烈的影响，包括哲学文化。这种情况在中国表现得最为明显。去上海市博物馆参观中国最著名的古代艺术收藏，你就会发现这个文明有多么古老。在那里，我非常欣赏一件华丽的青铜方罍（一种盛酒器皿），它被制作于公元前11世纪的周朝初期。周朝统治过现代中国的一大片区域，它的文化非常发达，当时的书面汉语已经接近其现代形式。相比之下，同时代的北欧还处于未开化的部落铁器时代。

我对此印象深刻，很快发现这些藏品都可以追溯到更久远的过去。我偶然看到一个同样出色的青铜猪形尊（另一种酒器），来自商代晚期（公元前13—前11世纪），这是另一个有着高度发达的文化与书面文字的王朝。我所见到最古老的物件是夏朝（公元前18—前16世纪）的一件镶有彩色鳞片状图案的钺（一种斧头武器）。

无论怎么高估中国悠久历史意识的深度和力量都不过分。我在雅典看到的文物和在上海看到的文物一样古老，但在欧洲，希腊人只是一个例外。欧洲大多数的民族国家只有几百年的历史，很少有人会觉得自己与遥远的古代有什么联系。相比之下，在孔子的故乡曲阜，不仅有很多人是这位哲学家的直系后裔，而且他们清楚地知道这种亲缘关系有多密切。例如，一位酒店女服务员告诉我，她是孔子的第74代后人。我的向导，英文名叫弗兰克，是孔子第75代传人。过去的时光在当代中国人的生活中仍然生动地在场，外国人难免对此惊叹不已。1972年，中国总理周恩来曾对理查德·尼克松（Richard Nixon）说，现在要判断1789年法国大革命的影响"还为时过早"，这个故事未必是真的，但它之所以站得住脚，是因为它准确地反映了中国的历史观。

传统的力量在哲学上也同它在其他方面一样很强大。温海明对我说："对中国人来说，古代哲学经典是中国思想、思维范式、中国理解世界的方式和行为方式的基础。中国有着悠久的历史文化，有3,000多年的传统。我们今天所拥有的一切并不是凭空而来，而是源于一种深刻的、深思熟虑的传统。"

就连中国最古老的哲学家，也认为自己不过是在记录祖先的智慧。查尔斯·摩尔说："与印度一样，中国思想的倾向是后世思想家认为自己仅仅是主要古典学派或伟大早期思想家的评论者或追随者。"[1] 孔子曾多次表示，他所做的一切都是在传承和保护古代圣王的原则。他说自己是"述而不作，信而好古"[2]。

然而，这种对过去的崇敬不应被误认成对过去的奴性的、盲目的信仰。陈荣捷强调说:"我从未发现任何一个哲学家声称阅读经典是获得知识的唯一或主要方式,或者一件事是真的,仅仅是因为经典这么说。知识总是一个人自己的冒险之旅。"[3] 这就是为什么在印度,古典文本的"诠释"往往具有高度的独创性和创新性。

对传统的强调本质上并不是保守和反理性的。正如陈荣捷所阐释的那样,接受"真理不被认为是上天的启示或抽象的原则,无论它们在逻辑上多么一致,而是可发现和可证明的人类事物原则。换句话说,真正检验真理的是人类历史[4]"这一观点,是合乎逻辑的结果。

传统在不断发展,但根植于一种文化中几百年甚至上千年的思维方式,仍然在持续塑造着今天世界各地人们的思维方式。小林康夫和所有人一样清楚西化对日本的影响,但他仍然相信"思维和感性一百年也不会改变"。

这在西方和东方都是事实。自启蒙运动以来,西方已经停止了对传统的崇敬,转而反对传统。这个趋势在法国人革命期间达到顶峰,正如我们所见,当时对传统的攻击是西方之前或之后都从未有过的。法国革命的复辟和其他地方改革不太成功的尝试表明,旧传统比许多人预想的还要持久。然而,对传统的尊重再未恢复到启蒙运动前的水平。

也许是受基督教末世论的影响,西方的想象的构建基于向着最终目标前进的理念。西方崇尚进步、创新和新奇。正如吴经熊(John C. H. Wu)指出的:"东方通常把黄金时代放在开端,而西方则放在末尾。"[5] 这就是为什么在西方人看来,中国和印度的哲学传统往往显得原始,固守过去。但因为这些理由而对传统不加理睬是错误的。正如我们所见,传统并不妨碍创新,甚至会引发创新的可能。"获得创新的方式不是摈弃旧传统，而是与之共存，"下村湖人（Shimomura Torararō）写道，"对于我们所见的西方那种批判、决断的思维来说，这种心态可能很难理解。"[6]

公然把一个思想体系斥为"只是传统"而已，最明显的案例就是由非洲原始人或毛利民族口头传承的哲学思想，他们没有伟大思想家撰写权威著作的深厚历史。从历史角度看，甚至没人承认这些文化拥有可以称之为哲学的东西。沃尔特·翁（Walter Ong）认为，只有书面语言才使得分析性和逻辑性更强的话语得以出现，而这些话语反过来又加强了创新和客观性。相比之下，口头文化的概念更加具体，传播方式更为保守。正如埃里克·哈夫洛克（Eric Havelock）所说："没有现代文化，也就是希腊文化，我们就不会有科学、哲学、成文法律或文学，也不会有汽车或飞机。"[7] 这种观点盛行，让口头文化的信仰体系被单纯地以人类学研究方法定义为类似原始宗教的"民间信仰"，缺乏复杂性或严密性。

现在我们应该明白，把哲学局限于西方哲学的范围是极其狭隘的。"否认非洲哲学的存在，也就是否认哲学概念本身。"莫格比·B.罗莫斯写道："这是提早关闭了与未知事物交流的大门。"[8] 然而，我们很难克服对哲学看上去应该是什么样子的先入之见。正如希里尼·卡亚（Hirini Kaa）所说，即便去探讨毛利哲学是什么，"也只不过是试图把这个三角形融入欧洲哲学的矩形框架之中"。就非洲哲学而言，一些人认为它需要与大陆哲学传统进行接触，而另一些人则坚持认为，当今任何从事哲学研究的非洲人所做的研究都属于非洲哲学。对于彼得·博埃尔·范·汉斯布鲁克（Pieter Boele Van Hensbroek）来说，这种争论是愚蠢的。既然欧洲哲学的各个流派不是整齐划一的，那为什么非洲哲学应该有所不同呢?

非洲哲学可以有多种形式。其中之一是人种学,它分析哲学如何嵌入到一个民族的共同信仰、价值观、类别和假设中去,这些都隐含在非洲文化的语言、实践和信仰中。一个有趣的推论是,种族哲学假设在这样的文化中,"哲学家"不是一个个体,而是作为一个集体进行推理的[9]。另一种形式是诠释学哲学。正如塔鲁沙里拉所说:"研究非洲人说的语言,从他们的说话方式中提炼哲学思想和概念。"这其中的关键思想是,哲学隐含地存在于人们说话的方式中,只要留心观察,这些隐藏的思想就可以显现。

谈论人种哲学的一个危险是,它通常会把土著思想"翻译"成西方哲学的话语。这一点被早期人种哲学家明确承认了。普莱西德·坦普尔斯(Placide Tempels)写道:"当然,我们并不认为班图人能够有足够的词汇写出一部哲学著作。做出这种系统性的发展是我们的工作。只有我们才能用准确的术语告诉他们,他们对存在的最本质观念是什么。"[10]

意料之中的是,许多人对这件事明显的殖民主义色彩表示反对。保林·胡顿吉认为,在人种哲学中,"黑人仍然不是一个对话者;他仍是一个话题,一张收到私人调查的无声的脸,一个被定义的对象,而不是潜在的讨论主体"[11]。塔鲁沙里拉说,结果之一是,"即使是在非洲学者自己内部,研究非洲哲学的人也采用了西方传统中的范畴,并开始使用它们来工作"。例如,当研究非洲的宗教哲学时,他们从基督教或希腊的角度思考上帝,然后在非洲寻找这一类型的上帝。还有一个现在已经众人皆知的问题,在非洲,"在宗教和世俗之间作出划分没有多大意义"。

肯尼亚的亨利·奥德拉·奥鲁卡(Henry Odera Oruka)提

出了另一个反对人种哲学的观点,他认为,人种哲学"并非源自批判,而是源自非洲传统中不批判的部分",而"正确的哲学总是出现在批判中"。要找到这一关键部分,我们必须寻找"任何给定社群中的明智者表达的想法"。它们揭示了"一种思考和解释世界的方式,这种方式在大众智慧(众所周知的公共格言、警句和一般常识真理)和说教智慧(社群中某些特定个体的一种阐明的智慧和理性思考)之间摇摆"[12]。奥鲁卡试图捕捉这种他称之为"圣人哲学"的东西,他把录音机带进村庄,和那些被社群公认为明智的人交谈。他并非不加批判地把所听到的一切都记录为哲思。只有那些能够理性地回答问题和提出反对意见的人才被认为是真正的圣人,而那些只是简单地重复观点而不能分析它们的人则被归类为仅仅是大众智慧的容器。

无论是用圣人哲学的工具,还是用人种哲学的工具,那些严肃对待非洲哲学的人都应该从非洲哲学自己的角度去看待它,而不是用西方的范畴和观念去看待它。彼得·博埃尔·范·汉斯布鲁克说,解决这个问题的一种方法是关注非洲语言是如何"在某些问题上以不同,甚至更好的方式构建现实"。他回忆起加纳哲学家夸西·韦里杜(Kwasi Wiredu)曾建议过的,要从一个新的角度看待一个哲学问题,一个好办法是把它翻译成你的母语,然后试着用那门语言处理它,然后再把它翻译回来。

西方哲学家虽然并不将自己说成只是在传承其先辈的思想,但事实上,他们和世界其他地方的思想家一样,都是在传统中工作。任何一个进入西方大学哲学系的人都会被那里所教授的历史知识所震惊。本科生学习古希腊哲学——古希腊人是公认的哲学学科奠基人。许多院系的墙上都装饰着拉斐尔《雅典学派》的复制品,而苏格拉底的"未经审视的人生不值得过"这句名言仍然是他们招生最常用的营销工具。在整个西方，如果没有对柏拉图、亚里士多德、笛卡尔和康德的研究，任何哲学教育都是不完整的。在这个列表之外再辅以略有不同的一群20世纪以前的现代思想家，这取决于谁被视为当代哲学的先驱。是主要以英语为母语的"分析学派"哲学家，还是欧洲的"大陆学派"思想家？与世界其他地方的哲学相比，当代西方哲学受传统影响较小，这种观点既可悲又可笑。

事实上，显而易见的是，非西方传统对西方哲学的开放程度高于西方哲学对非西方传统的开放程度。印度哲学综合了许多西方的影响——印度哲学大会的议程中充斥着对威廉·詹姆斯、维特根斯坦、约翰·帕斯莫尔（John Passmore）、G. E. 摩尔（G. E. Moore）、康德、笛卡尔和黑格尔等人的提及——但美国哲学协会会议的议程却很少涉及西方传统以外的内容。日本哲学也吸收了大陆现象学和美国实用主义的许多东西。西方哲学在形式上是最蔑视传统价值的，但可以说它在所有哲学中，是最沙文主义和最以传统为基础的哲学。

8

结　语

佛陀说:"想象有一个人被一支涂满了毒药的箭射中了……这个人可能会说'我不要拔除这箭,除非我知道射我的那个人是婆罗门、王族、商人还是仆役的种姓……是高个、矮个还是中等个子……是黑皮肤、棕皮肤还是浅色皮肤……'"这个问题的清单还可以列得更长。正如这些问题是毫无意义的一样,那些要求知道关于终极现实本质的形而上学问题答案的人的询问也是毫无意义的,这些问题"与灵性生活无关",并且不会带来"醒悟、冷静、停止、和平,直接知识,完全觉醒和涅槃"。无论人们对宇宙是有限的还是无限的这类问题持何种观点,"生、老、病、死、悲伤、绝望、痛苦和不幸仍然存在着——而我在此时此地就要宣告这些东西的毁灭"[1]。

正如我们所见,佛陀和孔子一样,明确地不关心形而上学的终极问题,这反映出贯穿世界哲学各传统之间的一条断层线。郝大维(David Hall)和安乐哲(Roger Ames)将其描述为"真理追寻者"和"道路追寻者"之间的区别。西方哲学的特点是追求真理。它试图描述现实、逻辑、语言和思想的基本结构。其中一个例子是，西方强调科学是为了科学本身。对真理追寻者来说，客观公正的知识是最好的一种，而对道路追寻者来说，追寻无关利害的知识就像开车不知道目的地一样荒谬。

"中国人主要是寻路者，"李晨阳说，"他们通常不认为世界的真理与客观事实相对应。相反，他们把真理更多地理解为成为一个好人、好父亲或好儿子的方式。对他们来说，真理不是刻在石头上的，世界上也不存在终极的固定秩序。"西方的真理是"绝对的、永恒的、终极的真理"，而中国的道则"不是现成的，它必须通过人类活动来生成"。[2]

道路追寻的观点与王蓉蓉（Robin Wang）的观点一致，她认为阴、阳、气的概念与其说是对终极现实的描述，不如说是"术"的一部分，"一种使人在任何给定环境下都能有效运作的策略或技术"。[3] 思想方面的技术或策略的中心体现为当代汉语中的"学术"一词，即"研究"或"学习"的"术"。"所有哲学都被假定为一门技艺——'术'。"[4] "术"的这个翻译之所以有用，是因为追寻道路和追寻真理的区别，反映了视哲学为一门技艺还是一门科学的区别。西方哲学一直渴望成为一门更科学的学科：严谨、精确、实事求是。在东方，它更多地是一种生活艺术。

哲学从根本上讲是要精确地描述和定义世界，还是试图在其中寻找道路？当然，这两个课题是相关的。你了解这个世界至少在一定程度上是为了在其中行动，如果你不了解它的本来面目，你就不会有兴趣到各处游历。但侧重点的不同是很重要的。如果你是一个执着于正确理解世界的真理追寻者，你就不会满足于概念上的模糊、不清晰或模棱两可。如果你是一个更关心自己如何生活的道路追寻者，你可能不仅会接受这些限制，还会欣然拥抱它们。你可能会发现，在这个世界上更少地依赖概念或语言，会有助于你感觉和它更接近，更投入其中。

"真理追寻者"和"道路追寻者"都有各自的缺陷。对于寻求真理的人来说，其风险在于对知识的追求纯粹是因知识本身而变得有价值，而不考虑知识的实际效果或好处。可以说，这就是许多西方哲学的命运，欧文·弗拉纳根（Owen Flanagan）生动地指出，这类哲学吸引了许多具有"拉比克魔方式思维"的人[5]。然而，追求真理在科学技术方面取得了显著的成果。关于为什么现代科学出现在西方而不是中国，学术界有很多思考和猜测。在很长一段时间内，中国的教育水平、富裕程度和先进程度都高于西方。森舸澜认为：一个可能合理的原因是中国"对于因其本身存在的抽象思维怀着根深蒂固的怀疑，以及未能对世界相应地形成一种脱离现实的、工具性立场"[6]。

道路/真理追寻者的区别是在考虑中国和西方的语境里被提出的。但是印度要如何进入这个框架呢？也许它并不需要进入。查克拉瓦蒂·拉姆-普拉萨德提出了一种不同的方法来区分全球传统，区分那些将语言作为指导的人和将语言作为指称的人。他认为，在印度，就像在西方一样，语言主要被理解为具有指称意义：语言能反映现实。而在中国，语言主要是一种指导。它告诉我们如何生活，而不是世界上存在什么。[7] 他举例说："墨子似乎从来没有用语言来指代世界上的事物，他把自己局限在以语言为指南的范围里。在这一点上，他与孔子没有什么不同。"[8]

拉姆-普拉萨德的区分方式似乎将印度描绘成具有寻求真理的传统，尽管在许多其他方面，印度哲学比西方哲学更具有寻求道路的传统。查尔斯·摩尔总结了一种普遍认同的观点，即哲学与生活的亲密关系："印度哲学与生活的亲密关系对整个印度观念来说是如此重要。"[9] 看起来，尽管印度哲学中有一股强烈的追求真理的动力，但追求的真理总是与我们应该如何生活有关。换句话说，印度哲学以语言为参照，以哲学为生活指导。如果我们把道路和真理看作光谱上的两极，而不是非此即彼的对立面，那么印度似乎处于中间位置，但更接近于寻求道路者。相应地，至少在自我概念上，它平衡了艺术和科学的各个方面。例如，瑜伽练习在一定程度上是一种精神练习，它可以保证如果遵循它就能得到结果，但它只能通过一种来自实践的技能来实行，而不能简单地通过指令来传达。寻求真理与寻求道路，语言作为指导或作为参考，艺术和科学，这三组区别都是不明确的，所有文化都是两个方面兼而有之。"在某种程度上，任何哲学传统都会同时寻求知识本身和作为术的知识，"拉姆-普拉萨德说，"但侧重点有所不同。"[10] 我们应该记住，"寻求道路"与"寻求真理"并非难以相容。我们应该能够同时看到两者的长处，并给予它们应有的重视。只有你愿意独立于价值去看待这个世界，你才有更大的可能找到正确道路。如果你不断地尝试把这些真理应用到对人类生活最重要的事情上，你就有更大的机会去充分利用你发现的真理。真理如果不能让我们前进，就是无用的；而除非真理照亮道路，否则我们无法前进。

　　这些方法上的广泛差异警示我们，世界不同哲学传统之间的差异是很深层的。我们很容易假设，每一种传统为同一个问题提供了不同的答案，但实际上它们通常问出的就是不同的问题。例如，我们如何认知、如何定义知识的问题之本质，这在不同的传统中发生了变化，因为不同哲学传统中的人对这个问题的兴趣是不同的。对有些人来说，"我们如何认知"总是意味着"我们如何认知我们为了更好地生活所需要知道的东西"。对另一些人来说，这个问题本质上是"我们如何才能通过神或先知的启示最好地理解我们认定的真理"。对还有一些人来说，这是关于我们如何建立客观事实的问题。有些人认为知识总是能被表达的，另一些人则认为不是。并不是每个人都相信，人类理性凭借自身就有很大的几率能告诉我们世界上任何重要的事情，或该如何在其中生活。在所有的传统中，所有这些版本的"我们如何认知？"的问题都会被提出，但有些版本比其他的更被重视。

我希望现在读者能够明了，为何我以"世界是如何认知的？"这一问题作为本书的开端。乍一看，这可能是一个抽象的问题，但如果我们想了解世界的思维方式，这就是一个基本的问题。它帮助我们更好地去理解关于"世界是怎样的"的思考，这也是我们下面将讨论的问题。

第二部分

世界是怎样的

位于印度北部菩提伽耶的大菩提寺建筑群，是静谧与灵性活动结合的奇特产物。在建筑群周围，人们坐着冥想和祈祷，通常是一大群穿着相似衣服的人，反映着世界各地佛教的多样性。在不绝于耳的吟诵声中夹杂着些微的交谈声，人们成群结队地从一处移动到另一处，在佛陀获得正觉的菩提树的后代前面祈祷，或者在寺庙中心55米高的佛像前排队祈祷和献祭。

沿着蜿蜒的小路，一群穿着栗色僧袍的信徒和僧侣用手拨动着一长排垂直旋转的圆筒，使它们按顺时针方向旋转。这些是用咒语包裹的祈祷轮。圆筒的每次转动都和念咒有同样的功德效果。

这里发生的一切都反映了一种理解现实的基本性质和结构的特殊方式——形而上学。对祈祷轮、圣歌和供品功效的信仰反映了一种信念，即宇宙中存在着比物理定律所揭示的更多的东西。除了物理因果之外，还有业力因果。行动和意图都有后果，不仅对今生，而且对轮回的重生也有影响，而只有通过开悟正觉才能摆脱轮回。

对于在这一传统之外的人来说，这种形而上学的图景是古怪而奇异的，但对于这一传统之内的人来说，它往往不过是关于世界如何运转的一种常识性假设。任何形而上学的图景都是如此。事实上,如果被要求阐明自己的形而上学框架,大多数人会感到困惑,甚至不自知有这样一个框架。我们所有最深刻的假设也一样,我们没有意识到这些假设是怎么产生的,更无法察觉它们是如何被几个世纪以来的哲学思想所塑造的。通过让这些假设浮出水面,我们可以更好地理解我们和其他人如何看待这个世界,这反过来又帮助我们理解为什么要在这个世界上做这些事情。

— 9 —

时　间

"如同圆轮日夜不停旋转"

太初有终。当今,全世界的时间都是线性的,按照过去、现在和未来的顺序排列。我们的日子是由时钟的进程来安排的,从短期到中期由日历和日记来安排,历史则是由向过去延伸千年的时间线来安排的。所有的文化都有一种对过去、现在和未来的感觉,但在人类历史的大部分时间里,这种感觉背后一直是由一种更基本的循环时间意识所支撑的。过去也是未来,未来也是过去,开始也是结束。

线性时间的主导地位符合末世论世界观,在这种世界观中,人类历史的所有部分都在逐渐走向一个最终审判。这也许就是为什么在以基督教为主导的西方,线性时间已成为一种常识性的时间观。当上帝创造世界时,他就开启了一个有开始、有中间、有结尾的故事。正如《启示录》所说,在预言末日时,耶稣就是这部史诗的"阿尔法和欧米伽(alpha 和 omega 是希腊字母的首末),是首先的,是末后的,是初,是终"[1]。

循环时间提供了另一种视角:阿尔法和欧米伽,开始和结束，它们是并且一直是相同的，因为时间本质上是循环的。这是对永恒最直观合理的思考方式。当我们把时间想象成一条直线时，我们最终困惑不解：在时间开始之前发生了什么？一条线怎么能没有终点呢？而一个圆让我们可以想象永远向前或向后走，而不会遇到一个最终的开始或结束。在前现代社会，把时间看作循环的尤其有意义。在前现代社会，几代人之间几乎没有什么创新，人们的生活与他们祖父母、曾祖父母的生活非常相似，可以追溯到很多代以前。没有变化，进步是不可想象的。因此，只有在拥抱生与死的循环，并尽你所能在其中发挥你的作用时，人才能找到意义。

也许这就是循环时间观看上去成了人类默认的时间观之缘由。玛雅人、印加人和霍皮人都是这样看待时间的。许多非西方传统都包含了对时间的循环思考的元素，这在印度古典哲学中可能最为明显。萨瓦帕利·拉达克里希南说："所有［正统］体系都接受宏大的世界节律观念。巨大的创造、维持和解散的时期是一个接一个的无穷无尽的过程。"[2] 例如，在《梨俱吠陀》中，有一段对天和地的论述是："前者是谁，后者是谁？是如何诞生的？圣人啊，谁能辨别？他们承载一切存在的东西。如同圆轮日夜不停旋转。"[3]

东亚哲学深深植根于季节的更迭轮回，季节轮回是更大的万物轮回的一部分。这一点在道家思想中表现得尤为明显，庄子在大家都以为他应该为他妻子哀悼时，表现出令人惊讶的轻松愉悦，这个例子生动地说明了这一点。他解释说，起初他和其他人一样痛苦。然后，他回想起她出生之前的时间之初："杂乎芒芴之间，变而有气，气变而有形，形变而有生，今又变而之死，是相与为春秋冬夏四时行也①。"4

在中国思想中,智慧和真理是永恒的,我们不需要前进,学习新事物,只需要坚守已有的古训。正如19世纪苏格兰汉学家理雅各(James Legge)所说:"孔子认为他的目的不是'宣扬任何新的真理,或开创任何新的秩序。只是为了防止以前所知的东西丢失。'"5 孟子同样批评他那个时代的王公,"今有仁心仁闻,而民不被其泽,不可法于后世者,不行先王之道也②"6。在他的同名对话集倒数第二章,差不多是全书结论的部分,他说:"君子反经而已矣。经正,则庶民兴;庶民兴,斯无邪慝矣。"7 最后一章则描绘了伟大的君王和圣人之间的时代。

在伊斯兰思想中盛行的是一种循环时间和线性时间的混合体。赛义德·侯赛因·纳斯尔说:"伊斯兰的时间观念本质上建立在通过各种先知的出现实现人类历史的周期性复兴的基础之上。"然而,每一个循环也推动着人类向前发展,每一个启示都建立在前一个之上——《古兰经》对穆罕默德的口述是真主最后的、完整的见证——直到最后,这一系列循环在"最终随着马赫迪(救世主)出现的末世事件中结束"8。

因此,线性时间和循环时间之间的区别并不总是清晰的。"非此即彼"的假设导致许多人假定口传哲学传统有着坚定的循环时间概念。现实情况更加复杂。以澳大利亚土著哲学为例。澳大利亚原住民内部并没有一个共同的文化,但从全国范围来看有足够多的相似点,可以对共同或占主导地位的思想进行一些初步

---

① 本书《庄子》相关段落翻译,参考《庄子集释》,(清)郭庆藩,中华书局,2012年2月。
② 本书《孟子》相关段落翻译,参考《四书章句集注》,(宋)朱熹,中华书局,1983年10月。

的概括。大卫·梅伯里·刘易斯（David Maybury Lewis）指出，在土著文化中时间既不是周期性的也不是线性的；相反，它类似于现代物理学中的时空概念。在他所谓的"梦幻时间"中，时间与地点紧密相连，"过去、现在、未来都在此处"。[9]

史蒂芬·穆克（Stephen Muecke）说："人不仅活在时间之中，更活在一个地点中。"[10] 比线性时间和循环时间之间的区别更重要的是，时间与地点是相互分离还是紧密相连。以我们如何看待死亡为例。在当代西方，死亡主要被视为个人的死亡，以身体为中心，身体所在的位置则无关紧要。相比之下，穆克说："许多土著民关于个体死亡的本土描述与其说是有关身体的死亡，不如说是关于能量返回到它重新肯认的化身之处。"[11]

这种思维方式与现代西方尤其格格不入，现代西方对客观性的追求系统地淡化了特定的、具体的位置。穆克有一句发人深省的话："我认为，欧洲哲学的高瞻远瞩其实是近视的一种表现，而其他版本的哲学，或许是土著民族哲学，与人类社会以及人们谈论自己的方式有着更密切的联系。"[12]

穆克引用了托尼·斯温的观点，即线性时间的概念是一种空间概念的降落。他告诉我："我有一种预感，现代物理学将这些维度分离出来并加以研究，因此我们通过大量的实验和理论活动创造了我们所知道的时间。""如果你不从概念上和实验上分离这些维度，它们就会倾向于流动到一起。"他的土著朋友很少单独谈论时间或地点，更多地是谈论在一定地点发生的事件。关键的时间问题不是"这是什么时候发生的？"，而是"这是怎样和其他事件关联在一起的？"。

"关联"这个词很重要。时间和空间在现代物理学中已成为理论的抽象，但在人类文化中，它们是具体的现实。没有任何事物是纯粹作为地图上的一个点或时间上的一个时刻而存在的：所有事物都与其他事物相关。因此，要理解口传哲学传统中的时间和空间，我们必须尽量少把它们看成形而上学理论中的抽象概念，而更多地把它们看成是活的观念，是更广泛地理解世界方式的重要部分，一种根植于关联性的方式。希里尼·卡亚说："毛利思想的关键基础是亲属关系，是人类之间、人与人之间、自然环境之间的联系。"他认为这是精神性的一种形式。"海洋不仅仅是水，它不是令我们感到害怕的东西，也不是我们可以用来作为商品的东西，而成了我们祖先的神，唐加罗瓦（Tangaroa，毛利海神）。"每一个生物都是有生命力量的。

来自西澳大利亚的恩加林因族人大卫·莫瓦尔贾莱（David Mowaljarlai）称这种关联性原则为"模式思维"[13]。模式思维充斥着自然世界和社会世界，毕竟在这种思维方式下，它们是同一事物的一部分。正如穆克所说："当然，关联性的概念是所有亲属关系体系的基础……在这种情况下，结婚不只是配对，而是以某种方式分享彼此。"[14]

对关联性和位置的强调指向了一种思维方式，并在一定程度上与所有伟大书写哲学传统中发展起来的抽象普遍主义背道而驰。穆克将其描述为"持久的土著原则"之一，即"一种生存方式特定于一个时间和地点的资源和需求，一个人的行为将取决于特定于该地点的责任"[15]。这不是一种"什么都可以"的相对主义，而是承认权利、义务和价值只存在于实际的人类文化中，它们的确切形态和形式将取决于这些情境的性质。

这一点应该已经足够清楚了。但是，西方哲学传统尤其努力追求一种掩盖时间和地点差异的普遍性。例如，西方的大学（university）甚至与"普遍"（"universal"）这个词有相同的词源。正如一位评论员通常所说的那样,在这样的机构中,"对真理的追求是不分国界的"[16]。地点在西方哲学中是如此无足轻重,以至于当我发现上面这句话就是五年一度的东西方哲学家大会(East-West philosophers' Conference)的主题时,我很认真地想到底能给这个会议带去点什么。(最终我确定,西方哲学缺少对"位置"的研究,这本身值得考虑。)

普遍主义的观点有许多优点。拒绝接受任何一种习俗为合法习俗的做法滋生了一种对西方本身野蛮和不公正的传统做法的不容忍形式,这是很好的现象。如果没有这种不容忍,我们今天仍然会有奴隶制、酷刑,妇女和同性恋者享有更少的权利,还会有封建领主及未经选举的议会。普遍主义的愿望使西方超越了自己的偏见。但与此同时,它也将一些偏见误认成普遍真理,使其合法化。夸梅·安东尼·阿皮亚认为,反普遍主义者抱怨的并非普遍主义,而是"伪普遍主义",即"冒充普遍主义的欧洲中心霸权"[17]。当这种情况发生时,对站不住脚的事物的不宽容,就变成了对任何不同事物的不宽容。对普遍性的渴望变成了对整齐划一的粗暴坚持。在不同的时间和地点,对不同文化的不同需求失去了敏感性。

这种"姿态"很普遍,而且常常是隐含的,西方的观念被认为放之四海而皆准,但印度的观念仍然是印度的,中国的观念仍然是中国的,诸如此类。杰伊·L. 加菲尔德(Jay L. Garfield)和万百安(Bryan W. Van Norden)提出,为了结束这种伪装,那些拒绝教授一切非西方传统知识的哲学系,至少应该要有称自己为"西方"哲学系的体面。[18]

毛利人和土著哲学的"模式思维"可以纠正这样一种假设,即我们的价值观是普遍的价值观,其他价值观则是偏离常轨的。它使人们相信和理解这样一种观点,哲学从来就不是没有地点的的，思想从任何土地上被连根拔起很快就会枯萎和消亡。

然而，对普遍主义愿望的不信任可能会走得太远。至少，说没有普遍真理这是矛盾的，因为这句话本身就是关于真理本质的一种普遍主张[19]。正确的观点可能介于天真的普遍主义者和目中无人的地方主义者的主张之间。似乎有一种看法是，即便是普遍主义的愿望也必须植根于某种更特定的东西。T. S. 艾略特（T. S. Eliot）应该说过："尽管作家很容易没有普遍性且独具地方特色，但我非常怀疑诗人或小说家在不具有地方特色的情况下还能否具有普遍性。"[20] 要获得纯粹普遍，就得居住在一个脱离现实世界的抽象宇宙中。但是，正如小说家可以通过几个人物的细节和一个具体的故事来触及人类处境的普遍性一样，我们不同的、区域性的哲学传统也可以阐明更为普遍的哲学真理，尽管它们是从各自的特定角度来探讨这些真理的。

我们不应害怕坚守自己的传统，但也不应受它们的束缚。甘地以一种诗意的语言这样写道："我不希望我的房子四面被墙围起来，窗户都被塞得满满的。我希望所有国家的文化都能在我的房子里自由地传播。但我拒绝被任何人吹倒。我拒绝以闯入者、乞丐或奴隶的身份住在别人的房子里。"[21]

在西方，线性时间的优势与在启蒙运动中达到顶峰的进步思想相关联。安东尼·肯尼（Anthony Kenny）认为，在此之前，"寻找理想的人会回溯到过去，无论是原始教会，还是古典时期，或是某个神话般的伊甸园时期。启蒙运动的一个重要信条是，人类并未从最初的显赫地位跌落，而是向着一个更幸福的未来前进"[22]。肯尼表达的是一种流行的观点，但许多人认为进步的信仰之根源在基督教末世论的宗教世界观中发展得更深。约翰·格雷（John Gray）说："对进步的信仰是基督教将历史视为一种普世叙事的遗存。"他说,世俗思想家"拒绝天命的观念,但他们仍然认为人类正朝着一个普遍的目标前进",尽管"历史进步的观念是人们出于对意义的需求而创造的神话"[23]。

对进步的信仰无论是一项发明还是一种对启蒙运动的改造,世俗的人道主义者天真地相信人类正走在一条不可逆转的、线性的进步道路上。在我看来,这似乎是对他们更有节制的希望的一种讽刺,基于历史,进步已经发生,而且未来有更多可能。历史学家乔纳森·伊斯雷尔说,启蒙运动中的进步思想"通常和强烈的悲观主义倾向,即对人类境遇所面临的危险和挑战的感知"调和在一起。他驳斥了"启蒙思想家培育了一种对人的可完善性的天真信仰"的观点,认为这是一个"20世纪初学者们对其主张毫无同情地虚构出来的完整神话"[24]。然而,格雷正确地指出,线性进步是现代西方看待历史的一种默认方式,这可能会使我们对失去收益、倒退的方式视而不见。它还培养了一种当今时代对比它更早、更不"先进"时代的辉格式的优越感。最后,它掩盖了"历史不会重演,但总是惊人地相似"的程度。(这句格言常被认为是马克·吐温说的。事实上,这与他说过的话并非完全重合,但它确实与之"押韵":"历史从不重复自己,但现实图景中千变万化的组合往往是由古老传说的碎片构建而成的。"[25])

哲学传统对时间的不同构想方式,远远不只是形而上的好奇心。它们塑造了我们思考我们在历史中所处的时间位置以及我们与所居住的物理位置之间关系的方式。它提供了一个最简单、最明晰的例子,说明借用另一种思维方式可以为我们的世界带来新的视角。有时候,仅仅只是改变框架,整个画面看起来就会变得全然不同。

— 10 —
业　力

> "如一人言行带有邪恶之心，
> 不幸将如影随形，有如车轮紧跟拉车之牛蹄。"

菩提伽耶位于印度最贫穷的地区之一比哈尔邦。我此前从未涉足过印度次大陆，去之前想象着这个国家早已远离了贫穷、肮脏的老套印象。可悲的是，印入我眼帘的一切都太符合人们的刻板印象了。从巴特那机场坐出租车过来，我坐在汽车前排看到这片贫瘠的地区，并且有足够的时间好好观察，因为路况太糟糕了，115千米的路程花了3个半小时。统计数据告诉我们，印度的中产阶级在不断壮大，但我一离开机场停车场就完全看不到他们的踪迹。我所见的房子从破旧的砖房到混凝土的小棚屋，再到临时搭建的棚户区。最豪华的商店就是些小型混凝土单元格，而大多数商贩都在棚屋或蹲在路边做生意。瘦骨嶙峋的小鸡至多不过随意地被关在笼子里。鱼被放在地上，没有冰也没有冷藏。我们经过时，人们从手摇水泵里取水、洗衣服，还有很多看起来像是在拾荒的人。被太阳晒干的扁平牛粪盘被拿来作燃料，这是很常见的景象。到处都是死水和垃圾，在农村的道路上更是如此。

我去过东非至少跟这里一样贫穷的地方，但没有一个地方像这里一样脏乱。

有人认为这是拥有"灵性"的印度人享受的，更简单的生活方式，这种想法过于浪漫主义了，至少无数的学校海报和公告牌广告不是这么说的：这些公告大都强调他们在数学教育方面的优势，强调为学生去银行工作或是在学校里教书做准备。人们普遍希望下一代能过上物质丰盈的舒适生活。

我很快发现，在这里，汽车最重要的部件是喇叭，因为它可以用来告诉其他司机你正要通过，不管他们高不高兴，他们都需要避让你。不经常按喇叭反而比按喇叭更粗鲁：印度卡车几乎都在背上挂着"请按喇叭"的牌子。在这里驾驶遵循的是比赛的逻辑，唯一要考虑的就是怎么超车。但奇怪的是，这并不可怕，因为坑坑洼洼的道路天然给汽车限速，并且显然每个人都知道规则。最危险的人群是那些骑自行车和摩托车的人。

这世上当然还有很多被神遗弃的地方，但是有哪个地方被这么多的神遗弃过呢？《吠陀经》提到了33位神，印度人普遍相信实际上有3.3亿个神。如果这些神是真的，你大概会认为他们总该为崇拜他们的这个10亿人民的国家提供更多神助。然而，从另一个角度来说，这里的人们信仰神明是完全有道理的。当生活艰难的时候，那么多人希冀在来世中寻求救赎也不足为奇。

稍后我将再次回到救赎问题上，但首先我们需要了解使救赎成为必要和可能的基本机制：业力。这是人类历史上最早的哲学概念之一，至今仍有很强的影响。业力的原则早在公元前5世纪就出现在婆罗门教传统中。本义是正确地履行宗教仪式，从而使它们起作用。业力没有道德的内涵。[1]然而，它很快就演变成这样一种观点：所有的行为都不仅有结果，还有道德后果。根据宇宙的某种法则，这意味着随着时间推移，人们的行为会得到报应：善有善报，恶有恶报。业力以各种方式发展，在今天的印度教、锡克教、耆那教和佛教世界它仍然很重要。"虽然不同的思想流派对它的解释不同，"苏·汉密尔顿说，"但它仍然是整个印度世界观的基本组成部分"。[2]

有趣的是，在印度古典哲学中，即便是排斥《吠陀经》的异端学派，除了顺世论派都接受业力，包括耆那教，他们相信每个灵魂个体（有情众生）是无所不知的、纯粹的，但被累积的业力所腐蚀。通过摆脱这些业力，人们可以回到完全知（kevala）的纯状态（无限和绝对的知识）。[3]

佛教几乎完全引入了业力的概念，但又增加了一个转折，这一点在《法句经》(*Dhammapada*)这部最早的、也最广为流传的佛法典籍之一的开头就很明显："[心]本质是我们思想的结果，是我们思想的主宰，是我们思想的组成部分。如一人言行带有邪恶之心，不幸将如影随形（这是结果），有如车轮跟随拉车之牛的足蹄。"[4] 值得注意的是业力是思想的结果，而不仅仅是行动的结果。意图、心灵和精神上的纯洁，比行为更重要。

业力带来的最重要后果之一就是转世后的本质。古印度论著《摩奴法典》中写道："因身体带着[许多]有罪的行为，这人[转世后]将变成无生命的东西；因有罪的言语，将变成鸟、兽；所犯的罪，因心灵的恶，将转世为低种姓。"[5]

虽然业力的概念是印度的宗教和哲学所特有的，但在其他地方也发现了类似的原则，甚至可以被认为是一种常识。西方人在20世纪60年代才开始说"万事皆有报"，这是嬉皮士从佛教中随意借来的。但在近两千年前，圣保罗在给加拉太人的书信中就写道："人种的是什么，收的也是什么。"[6]

在中国古典哲学中起作用的似乎是某种宇宙调节性原则，其中也有一些业力因果的迹象。那就是"天"，这个词通常翻译为"heaven"，但在中国哲学中并不是神居住的或是我们注定要去的那种超验的地方。它更像是一种神圣的力量，我们应该努力效仿它，但如果我们不这样做，就会遭到反噬。

我们可以从《墨子》的一段话中看到这种机制是怎么运作的："昔三代圣王禹、汤、文、武，此顺天意而得赏也；昔三代之暴王桀、纣、幽、厉，此反天意而得罚者也。"[①] [7] 圣王敬天，崇神，爱民。于是，上天使他们富有天下，统治帝国万代。相反，暴君亵渎上天和神灵，压迫人民。天的旨意是要"故使不得终其寿，不殁其世"[8]。

业力不同于这些泛泛的因果观念，因为它跨越轮回，不只在此生发挥作用。它将我们的行为置于一个更大的时间尺度上，从而使它们产生更多的后果。因此，这影响了人们对当前不幸的看法也就不足为奇。我一直对业力让人们对自身的问题更加乐观这一观点持怀疑态度，但印度哲学家米拉·班杜尔认为，这其中有一定道理。然而，和以往一样，我们必须认识到，完整的哲学概念与流行的相似概念之间是有区别的。她说，印度街头的人所信仰的业力是"一种淡化的、普遍的、流行的版本"，就像人们到处随意引用尼采一样。

流行的业力概念更强调外在宇宙机制的作用，而较少强调我们的选择和动机的内在影响。因此，它比起真正的业力更具宿命论色彩。班杜尔说："人们有时生病也不去看医生，因为他们认为这是业力。"同样，她说，与美国等国家相比，印度人更容易

---

① 本书《墨子》相关段落翻译，参考《墨子闲诂》，（清）孙诒让，中华书局，2001年4月。

把责任归咎于政府或外部环境。"是外部条件使人遭遇一切，而不是人的内在动机。"班杜尔认为。这可以作为一种心理应对机制，但"它也让人有点懒散"。例如，"当你看到一个受苦的人，你会产生同理心，但你也可以说'这只是业力'"。当你被太多的痛苦包围着，无法去完全理解别人的感受而不被负面情绪压垮时，你会发现这可能很有帮助。

在我看来，对业力的信仰所产生的那种听天由命的宿命论有点过于接近印度人那种"精神上"安慰性的"穷并快乐着"的刻板印象了。宿命论阻碍了社会正义的发展。例如，S. K. 萨克塞纳就表示印度哲学是非常实用的，但西方人误解了"实用"在这个语境中的含义。它关注的是："人的内在转变，而不是生活方式的任何社会化转变。"[9] 这听起来很值得称赞，但它可能会滋生人们对现状听天由命的想法，这会让人们忍受各种无稽之谈。班杜尔也有同样的担忧，但她指出："那些处于无稽之谈中的人并不认为这是在忍受。"只有当业力的乐观被用作人们深陷困境时的借口时，它才会成为一个问题。拿日益严重的印度农民自杀问题来举例，每年有1.2万例农民自杀案例。"农民自杀不是因为他们的作物不生长，而是因为他们无法偿还贷款，因为他们购买的种子是转基因种子，无法再生。这与你的业力无关，而是与经济有关。"

业力世界观最有害的影响可能是它被用于论证印度严格的种姓制度。今天的大多数学者都同意，种姓从来就不是封闭的，种姓之间的流动是可能的。《吠陀经》提到四个瓦尔纳等级（印度人自己不使用"种姓"这个词）：婆罗门（牧师）、刹帝利（统治者、管理者和战士）、吠舍（工匠、商人、商人和农民）和首陀罗（体力劳动者）。虽然有明确的说法不存在第五个瓦尔纳，但有一个隐含的类别不属于这四个中的任何一个：达利特或"不可接触的贱民"[10]。

几个世纪以来，这些种姓被"分配了不同的职责和职业"，一直受到不同的对待。《吠陀经》明确提倡种姓之间严格的分离。《摩奴法典》警告说："通奸是由不同种姓的人混合造成的。"[11] 然而，很明显种姓之间的流动是可能的，而最终的决定因素应该是德性，而不是出身。《摩奴法典》中说："一个再生族人（婆罗门），没有学习过《吠陀经》，却致力于其他［世俗的学习］，即使还在活着，也很快就会堕落到首陀罗的境遇中去，连同［在他之后］他的后代也是如此。""一个首陀罗可能达到婆罗门的级别，并且［以类似的方式］一个婆罗门也可能下降到首陀罗的级别；但是要知道，这对刹帝利或吠舍的后代来说也是一样的。"[12]

然而，在某种程度上，瓦尔纳变成了一个更加细分的等级森严的种姓制度。不同的学者将这归于不同的因素。有一位学者告诉我，瓦尔纳本来是流动的，直到英国人统治时，印度人必须在身份证上注明自己的种姓。但这不可能是种姓僵化的开始，一些有趣的遗传学研究表明僵化早在70代人之前就开始了。位于西孟加拉邦格利亚尼的国家生物医学基因组学研究所（NIBMG）的研究人员发现，如今绝大多数印度人来自五个不同的古老族群，他们自由地混合和杂交了数千年，直到公元6世纪的某个时间点，一项禁止跨种姓婚姻的禁令突然叫停了这种融合，设立了今天仍然存在的种姓壁垒，在有选择性的经文解读约束之下，这一种姓壁垒变得根深蒂固[13]。

印度获得独立后，其宪法禁止基于种姓的歧视，但很少有人会否认，种姓仍发挥着巨大的影响，许多偏见仍然存在。我很惊讶地注意到，甚至《印度时报》上的相亲广告也是按种姓分类的，这表明许多受过教育的印度中产阶级仍然希望与自己的同类结婚。

印度正在发生变化，索米尼·森古普塔（Somini Sengupta）在《业力的终结：印度年轻人的希望与愤怒》（The End of Karma: Hope and Fury Among India's Young）一书中指出，年轻人不再相信业力，取而代之的是自由意志和抱负。考虑到印度现在的年龄中位数是17岁，这可能意味着巨大的转变。但就连森古普塔的故事呈现的也是一幅喜忧参半的图景。莫妮卡和库尔迪普是一对来自不同种姓，反抗家庭而结婚的夫妇。虽然一切似乎进展顺利，但在他们结婚三年后，莫妮卡的哥哥朝他们两人的头部各开了一枪[14]。

班杜尔让我有理由相信，旧观念在年轻一代中依然存在。我在夏威夷召开的东西方哲学家会议上与她进行了交谈。知道她要去那里，她的学生会说她很幸运。她说："他们可能没有注意到，我非常非常努力地写论文，并且是自费参加，还住在青年旅社里。用'幸运'这个词，他们是在说'你是受益于业力的果报，我们没法像你一样'。"

班杜尔确实看到了一种转变，从默认的接受转变为争取更多东西，但这并不总是好事："不幸的是，对事物的渴望不是本来就有的，而是逐渐产生的。它正在到来，它正在改变着一切。这滋生了更多的不满足。人们被告知他们应该买车，应该拥有自己的房子。"

在菩提伽耶，我个人的不满足和渴望驱使我到"咖啡师"这家镇上唯一的西式咖啡馆里去。进去那里就像穿过一个通往英国郊区商业街的传送门。我和其他六名顾客一起用餐：三名佛教僧人和一名亚洲女子，另一名僧人和一名单身的日本年轻男子，他们先吃了一大块蛋糕，然后是鸡肉三明治，然后是鸡肉汉堡，最后配上两杯冰咖啡。顾客们认为，在精神和世俗价值之间作出选择，并不像许多浪漫化印度精神或妖魔化西方物质主义的人所认为的那么非此即彼。业力、咖啡和蛋糕可以共存。业力的信仰在印度根深蒂固，但我们可以预期，随着人们接受西方的一些观点，即在此世而不是来世就可以实现个人潜能的可能性，宿命论在印度将会失去一些市场。

— 11 —
空

"一叶之中有乾坤"

  日本美学以其简约和纯粹而闻名。因此，在抽象极简主义于西方兴起的一个多世纪以前，禅宗方丈、艺术家仙崖义梵（Gibon Sengai）就在绘制仅有简单形状的画作，这也不足为奇。他最著名的作品是《圆，三角形，正方形》。圆代表无限，从无限中生出形，是为三角形。两个三角形合在一起，制造出了一个正方形，从而开始了充满可感知宇宙形状的倍增过程。这幅画是日本式智识与美学结合的优美典范。

  我第一次见到仙崖的作品是在东京的出光美术博物馆，我在那里被他的《恩索》（《一圆相画赞》）画作所吸引：一个看起来像一笔画成的圆圈，一边有两行书法，除了艺术家的签名章是红色的，其他都是黑白的。一个西方人在看到《恩索》时，可能会很容易地看出圆以其完整性和对称性代表宇宙和觉悟。然而，更令人困惑的当数它的第三个象征意义：空。

  空性是一个与西方哲学格格不入的概念，但却是许多东亚传统的核心。这不仅仅是一些晦涩的学术观点。西方思想专注于事物之上，而东亚则天然地同时注重事物"之间"的空间。心理学家理查德·尼斯贝特（Richard Nisbett）进行了一项记忆测试，要求美国人和东亚人看一幅鱼缸的图片，然后收回第一张照片，换另一张相似的照片给他们，试着找出其中的任何变化。美国人往往只注意到鱼的变化，而东亚人对背景的变化很敏感。这与其他测试和文化观察得到的结论也相符，表明东亚人（出于文化原因，而不是基因原因）更适应事物与其"背景"之间的关系。

不难看出这与观赏《恩索》画作之间的关联。西方人首先看到的是一个圆，即圆形的线条。日本人至少会同时看到圆圈内的空间。这并不是说西方人不注意空的空间。这只是注意力的主次问题。

一旦明白了这一点，就会用另一种眼光看待日本艺术了。当我向小林康夫问起日本的极简主义美学时，他提醒了我这一点。这似乎是一个自然而然的说法，但小林纠正了我，或者至少补充了一个必要的说明。他说："这不仅仅是极简主义，对'之间'的敏感性是一个核心理念。"例如，在一幅画中，可能有一个很大的白色空间，但只有一朵花，"但重要的是这个空间和花之间的力量或能量的张力。你要欣赏的不是花本身，而是空间和花之间的关系。插花也是一样的。重点不是每朵花的美，而是它们的布局"。

你会在每种日本艺术形式中发现这种"两者之间"的美学。"间（ま）"这个日本人关于空间之间的概念，在传统的雅乐中非常重要。一位评论家写道，对于西方人来说，"间"被认为"只是静默而已"。然而，在当代合奏团体伶乐舍（伶楽舎）的演奏中，"静默是为了表达意义"[1]。

这种"间"在俳句中表现很明显。俳句是另一种艺术形式，我们认为它本质上是极简主义的，却没有注意到其中"间"的重要性。小林说："俳句必须完全地被分为两部分。你必须有一个间隔。这个间隔是关键。第一部分的最后一个字是切字（kireji）。通常是'哦''啊'这种词。"这有双重含义。切字的实际发音是"哦"或"啊"，但其意图也是在与读者建立联系时唤起他们一种"哦"或"啊"的状态。举例来说，这是17世纪诗人松尾芭蕉的俳句：

寂静似幽冥
蝉声尖厉不稍停
钻透石中鸣

这里的切字是第四个字符や，发音为"ya"。它并没有什么特别的含义，但是它出现在英文音译的第一行末尾，标志着在寂静和惊扰它的蝉鸣之间的间隔。俳句不仅引起了对比，也唤起了两者之间的过渡，在这个"啊！"的瞬间，你的注意力就突然从静寂转移到了动物身上。

日本文化中"间"的重要性体现在日语中的"人"（ningen）一词，由"nin"和"gen"组成，"nin"的意思是"人类"或"人"，"gen"的意思是"空间"或"间隔"。20世纪京都学派的哲学家和辻哲郎（Watsuji Tetsurō）在他的著作中强调了这个词源，他认为人类本质上是由他们与他人的关系来定义的。人既是个体又是相互依存的。正如小林所说，在日本，"内在性和外在性之间没有分离，一切都在两者之间。这是一种亲密关系，构成了一个非常亲密的世界"。正如汤姆·卡苏利斯所说，这种"亲密感"对小林来说是"整个日本文化的土壤"。

卡苏利斯的"亲密"概念包含了这样一种观念，即在日本人的思想中，每一个部分都包含着整体。许多思想家都表达过类似的观点。西田说："在一幅画或一段旋律中，每一笔或一个音符都能直接表达整体的精神。"[2] 道元说："在整个空间中有无数种形态和数百种草叶，但你也应该意识到，空间的整体存在于每一片草叶、每一种形式中。"[3] 泽庵宗彭写道："如果你的思想不停留在任何一片叶子上，你就能看到成千上万的叶子。能达到这个境界的人，就像有千手千眼的观音一样。"[4]

正如我们所见，"间"是一种将空既视为存在，也视为缺失的方式。这种积极的空性观念悠久而深刻地根植于佛教和古印度。来看看《奥义书》中这个引人入胜的段落："然后他们对他说：'梵是生命（prāṇa），梵是快乐。虚空中的梵……喜悦（ka）。'——的确，这与虚空（kha）是一样的。虚空——实在地，那和快乐是一样的。"[5]

在印度六大正统派之一的胜论派（Vaiśeṣika）中，某种虚空观也占据核心地位。胜论派认为，现实有七个范畴：实体、质、行为、普遍性、特殊性、内在关系、无或否定。无又分为五种："这儿没有玫瑰（缺失）；玫瑰不是牛（不同）；玫瑰丛上还没有花（不存在先于存在）；玫瑰不再存在（不存在跟随存在）；在牛身上从来没有发现玫瑰性（一种根本不存在的东西）。"[6] 这种高度发达的对"无"的分类，显示出对虚无和虚空的兴趣，这种兴趣远高于西方。

同样地，六量——"量"即知识的来源——的一种是无体量，通常被称为非知觉、消极或非认知证据。无体量的关键特征是，它假定我们既能感知存在，也能感知不存在。当你往冰箱里看的时候，冰箱里没有黄油这一事实和冰箱里有奶酪的事实一样显而易见[7]。西方常说的证据的不在场并不等于没有证据,但事实上,对于不在场的最好的证据往往是观察不到证据。

在印度哲学中,空出现于佛教,特别是出现在历史上最有影响力的佛教哲学家之一龙树的著作中。公元2世纪至3世纪,龙树创立了中观（Madhyamaka）学派,它属于大乘佛教的一部分,如今大多数佛教徒都信奉大乘佛教的某一个分支。大乘佛教的教义说,觉悟可以在人世间实现,那些获得觉悟的人选择留在世间而非摆脱轮回,以帮助他人开悟,这些人会成为菩萨。

然而,龙树的主要哲学贡献是他对"缘生"概念的发展,建立在所有佛教思想的中心思想之上。因缘的本质是"一切现象都缺乏内在存在,都是空"[8]。这里的"内在存在"指的是一种不依赖于任何其他东西的存在。对于龙树而言,任何事物要内在地存在都需要一个永恒的、不变的实在："如果行为要有内在存在,那么它们就不会是无常的,而会具有永恒的本质。"[9] 这里用来表示永久的单词（mi 'gyur）字面意思是"不变的"或"不可改变的"[10]。

一旦以这种方式去定义,龙树很容易就证明没有什么事物具备这种完全的自主性。比如说"时间本身并不存在,因为三个时期（过去、现在和未来）本身并不保持连续性,而是相互依赖"[11]。同样,颜色和形状也没有内在的存在,因为如果它们存在,我们就能独立地想象它们。然而,我们能想象的每一种颜色都有一个形状,每一种形状都有一种颜色。[12] 一切事物都是这样：依赖其他事物来维持自身的存在。这种存在事物的"依赖性"被龙树称为空[13]。现在应该很明白,这种空并不是不存在。事物没有内在的存在,但它们不是不存在的。

佛教内部对"缘起"和"内在存在"的确切含义有很多争

论，但这些概念试图解释的更宽泛的真理很容易让人接受：一切皆无常。正如一个早期小乘佛教文本所说："它的所有组成部分都是短暂易逝的，这是一个事实，是不变的和必要的存在构成。"[14] 在佛教中，这不仅仅是一个理论上的观点，而且是人世所有苦难的根源。因为没有什么是永恒的，所以我们的存在状态包含了"苦"（dukkha），这个词最恰当的翻译是"不满足"，但经常被翻译成"受苦"。看到现实的本来面目，没有内在的存在，是通往觉悟之路。它使我们看到，抓住一个空的存在是徒劳无益的。"随着错误观念的消除，"龙树写道，"他们将放弃迷恋、心胸开阔和放下仇恨，从而在不被错误观念支持的情况下获得涅槃。"[15]

无常是所有佛教思想的一个中心主题，它也是中国哲学的核心。《易经》是中国文化的一个深层部分，可能出现于公元前9世纪。虽然经常被外国人视为与占卜有关的神秘主义作品，但它也是一部哲学著作。《易经》的第一篇评论据说是孔子写的，在某种程度上，几乎之后所有的儒家学者都对孔子的这部著作进行了解读。[16] 在道家思想中，变化是一个更宏大的主题。老子在其著作中反复强调万物皆逝的意思，其核心思想是"顺其自然"。

空性的思想在20世纪初随着日本京都学派对空性的两个方面（空和无）的诠释而达到发展的顶峰。学派的每一位思想家（从来都非正式团体）都有自己独特的观点，但让他们归为一派的是一种信念，即空和无都不代表存在的缺失。正如铃木所说："说现实是'空的'意味着它超出了可定义的范围，不能被限定为这样或那样。它超越了普遍和特殊这些范畴。但它不能因此被认为没有任何内容，或者是相对意义上的虚无。相反，它是事物的完满，包含着所有的可能性。"[17]

同样，尽管这看起来似乎很令人惊讶，但它确实反映了日本日常文化的一些面向。约翰·克鲁梅尔（John Krummel）在日本长大，他告诉我："你可以在日本文化的多个领域找到这种'空'的概念，比如体育和武术。举个例子，我在一所武术学校学习的时候，我们会冥想，老师会说'将你的思想投入到虚无中去'，不去想任何事情，他会用禅宗佛教徒使用的术语：无、无心（无思想）。他们会说：'当你用剑练习动作的时候，不要思考，把你的思想归于无心'。"即使在现代体育运动中，他们对待高中棒球的方式也常像禅宗佛教徒。他们会冥想，教练告诉球员："不要想棒球这件事，把你的心思归于无。"

"虚无是存在的中心"这个观念可能听起来很荒谬，但在某种意义上，它是极其理性和科学的。铃木把"虚无"说成是"世界的开始"，是基于这样的观点：如果我们假设世界产生于某样东西，那么你就必须追问这个东西是从哪里来的，如此这般，无限倒推。在我看来，虚无作为一切存在的基础，可以理解为简单的唯物主义常识，即宇宙只依赖于自身。这不是神秘的，而是理性的和经验的。[18]

作为万物之源的虚无不是一种惰性的缺失，而是一种生成性的力量。在京都学派的思想中，嘉指信雄强调了虚无的动态、创造的特征。他引用道元最受欢迎的一句话："你不应该把时间飞逝当作它唯一的活动。这句话还有一层含义，如果时间完全取决于流逝，那么（时间和自我）之间就会有空隙。"佛教关于万物无常的观念，并不仅仅是对没有不变本质的否定。因为一切都是相关的，所以就有了创造。嘉指信雄说："因为一切都是空，一些新的、创造性的东西可以从这些关联网络和关系中产生。"

这部分解释了日本人强调无常的一个悖论，因为它也涉及对永恒的认识。嘉指信雄以季节为例向我解释了这一点。季节的不断变化是无常的标志，但季节当然会往复轮转。这个轮转过程具有永久性，而它的各个部分却没有。

关于变化和连续的一个例子是诗人松尾芭蕉的作品《奥之细道》，出版于1694年。他在书中写到，他在一川市偶然发现了一座建于714年、碑文上布满青苔的古老遗迹——壶碑（Tsubo-no-ishibumi）①。这是一个短暂、衰败、无常的景象，但也是一种联系，让过去的一切保持鲜活。"过去仍然隐藏在记忆的云里。它仍然让我们回想起一千年前的往事。这样的时刻是朝圣的理由：被遗忘的病痛，被古人铭记的往事，喜悦的泪水在我的眼中颤抖。"[19]

嘉指信雄还谈到最近流行丧葬在樱花树下而不是传统石柱下的趋势。这在一定程度上是由于传统殡葬费用的增加，因为寺庙需要每年支付费用，否则尸体就会被挖出来。樱花是转瞬即逝的民族象征。和辻哲郎说："它是深刻的，意义也是非常适当的……日本人应该以樱花为象征，因为樱花开得突然、艳丽，而且几乎是不适当的匆忙，但樱花没有韧性——它们像盛开时一样突然、无私地凋落。"[20] 没有什么比这更能象征生命短暂的本质了。同时，嘉指信雄说："人们想把家人的骨灰埋在樱花树下，因为樱花的美丽年复一年地回来。人们相信自然的重现。这并不是彻底的转瞬即逝。"

在歌舞伎剧院，我看到了一些关于无常态度的复杂性和矛盾性。我看的歌舞伎剧《男女道成寺》（Meoto Dojiji）充满了转瞬即逝的意味。在某一时刻，歌舞队唱到了爱的浮躁，把它比作樱

---

① 也叫多贺城碑，是位于宫城县多贺城市大字市川的奈良时代的石碑。

花飘落,赞美它的美丽,同时也哀叹它的短暂。这就是侘寂美学原则的苦乐惆怅。但我们需要小心不要把它浪漫化。苦味和甜味一样突出。在戏剧一开始,歌舞队就唱出了对寺庙钟声的憎恨,因为这让他们想起了无常。人们天然会对那些不会长久的东西产生依恋,也没有一种文化能让乐观接受完全成为第二天性。对我来说,这出戏的动作似乎提供了一种宣泄。在他们对彼此的渴望中,这两个相爱的人拥抱着依恋,而我们对他们的激情感同身受。但最终,这个故事强化了正统的观点,即我们不应该执着于那些不会持久的东西,因为爱情和恋人都是命中注定的。在艺术和哲学方面,日本给我们上了一课,让我们懂得如何在存在的空虚中珍惜短暂的财富。

— 12 —

自然主义

"未能事人，焉能事鬼"

漫步于以时间为顺序布置其展品的西方艺术博物馆，你会发现，除了伟人和那些（事后被证明）不怎么样的人的画像外，许多世纪以来的代表性作品都是以宗教场景为主的。直到19世纪，风景画才开始真正流行起来，在那之后，世俗题材就日益占据了主导地位。

然而，在中国，最受欢迎的主题一直是自然。这个自然不是西方浪漫主义那种理想化、原封不动的本质的自然，而总有一些人类的痕迹存在，比如常被藏在角落里的茅屋或农夫[1]。在上海博物馆，我看到了明代艺术家戴进（1388—1462）的一幅画《春山积翠图》，画中春山染绿，山势险峻，绿树成荫，左下角有两个小小的身影沿着小路走着，树梢上方茅舍屋顶隐约可见。在元代画家王蒙（约1308—1385年）的《青卞隐居图》中，如果不仔细观察，人们很容易会忽略画中一个小小的隐士小屋。

西方倾向于将自然与人造相对，而在中国，人类并没有脱离自然，而完全是自然的一部分，尽管与山脉和森林相比只是很小的一部分。

对于任何熟悉中国古典哲学的人来说,这一点都不足为奇。至少从孔子时代开始,中国就没有"上帝",也没有对来世的关注。"对中国人来说,哲学取代了宗教"[2],查尔斯·摩尔说。所有重要的问题都是关于此时和此地,关于我们在人世的责任,因此中国哲学常常被描述为实用主义和人文主义的。在思想和精神、天堂和人世之间,没有我们在许多其他思想传统中所发现的那种严格的划分。孟子说:"天下之言性也,则故而已矣,故者以利为本。"[3] 中国哲学是深刻的非二元论:阴阳代表着同一整体的两个方面,而不是需要调和的两种事物。

这一说法似乎与中国思想中反复出现的"天"这一核心概念相矛盾。儒家讲的是"天道",而合法的皇帝则被称为"天命"统治。但是英文的"天堂"(heaven)是对"天"的一个模糊且有误导性的翻译,虽然是因为没有更好的选择,它已经成为一种标准的翻译。正如艾文贺(Philip Ivanhoe)和万百安所解释的那样:"天并不主要被认为是一个地方,也与任何有关来世的明确看法无关。"它似乎是一种"更高的力量",但它通常不是人格的或有目的的。"天"的字面意思是"天空"(sky),是整个世界的一部分,天地即"天空"和"大地"。姚新中说:"在中国古代哲学中,天地是万物的起源,是人类、人的知识、人的法律、人的道德,一切的起源。"[4] 在轴心时代,只有墨家才把"天"说成是一个具有意志和情感的个体存在,但墨家哲学对后世的发展影响不大。

遵循天道更像是顺应自然地生活,而不是遵从某种超自然的目的。[5]《论语》(最主要的一本对孔子教诲的整理记录)中有一段话很好地说明了这一点。孔子说:"故君子居易以俟命,小人行险以徼幸。"[①]⁶ 不同之处并不在于一个人看的是人世之外，而另一个人看的是人世以内，而在于君子遵循世界的规律，寻找适时的天命征兆，而小人则漫无目的地游荡，看不到自然的运行模式，只是随机地做出反应。

要准确描述中国人对自然世界的强调有一个困难，即"自然"和"超自然"这两个范畴不太符合中国哲学。在西方的思维模式中，中国人的思维有很多方面都会被描述为超自然的。例如，天需要被尊重，如果你冒犯了天，就会受到惩罚。这不是西方科学中无情冷漠的自然观念，也不是西方有神论宗教的有目的、有意识的意志的神。天在本质上是一种自然力量，但它也有道德维度。

儒家思想也强调祖先崇拜的重要性。对于儒家来说，似乎死去的祖先不仅是后人的榜样，而且在某种意义上继续存在着，影响着人世间。从西方唯物主义的观点来看，这是超自然的，但在中国传统上，这被认为是完全自然的。然而，人们究竟该如何看待其祖先的能力还不清楚。公元前3世纪的儒家荀子认为，我们所说的许多"超自然"礼仪的目的是赋予生活形状和秩序，而不是真正影响世界的运作方式。他说："雩而雨，何也？曰：无何也，犹不雩而雨也……卜筮然后决大事，非以为得求也，以文之也。"⁷

如果认为中国人的"自然主义"是指中国人总是对现世的一切感到完全满意，那也是错误的。许多人认为，佛教在中国的部分吸引力在于它提供了对来生的许诺，以及在本土传统中缺位的、另一个更高的世界。然而，在中国和日本最流行的佛

[①] 本书《论语》相关段落翻译，参考《四书章句集注》，(宋) 朱熹，中华书局，1983年10月。

教形式，都是关注现实世界的。20世纪早期的佛教大师太虚强调了在现世成佛的可能性。陈荣捷认为，中国最受欢迎的佛教神明是观音，中国的观音比日本和印度的版本更加人性化，自唐朝（618—907）以后她被描绘成一个母亲的形象。关于观音的画作一般描绘她给人们带来世俗的祝福，健康、财富、长寿和子嗣，而不是超验的涅槃。[8] 这与道家的长生不老和隐居深山而非天堂的理想更为吻合。也与中国人"流芳百世"的共同愿望相呼应。[9]

因此，中国的思想并不是典型的西方意义上的自然主义的。相反，它不区分自然和超自然，而是关注此时此地人们的需求。这并不是说它有一个自然主义的形而上学——一个关于终极实在本质的理论——而是说它根本不关心形而上学。正如理雅各所言，孔子"没有对事物的创造或终结进行思索。他无意解释人类的起源，也不寻求了解他的来世。他既不干涉物理学，也不干涉形而上学"[10]。《论语》中的子贡说："夫子之言性与天道，不可得而闻也。"[11] 同样，当子路问他服侍鬼神的时候，孔子回答说："未能事人，焉能事鬼？"门徒问："敢问死？"孔子回答："未知生，焉知死？"[12]

荀子更为坚定地抛弃了终极问题，他说："唯圣人为不求知天。①"[13] 对他来说，人类唯一真正的道路就是人类的道路："道者，非天之道，非地之道，人之所以道也，君子之所道也。"[14] "故错人而思天，则失万物之情。"[15]

查克拉瓦蒂·拉姆-普拉萨德对此表示赞同，他将中国古典思想描述为"隐性形而上学"（ametaphysical）。它根本不关

---

① 本书《荀子》相关段落翻译，参考《荀子集解》，（清）王先谦，中华书局，1988年9月。

心终极现实；但它确实提出了一些最根本的问题。它提出了终极问题，却从未涉及终极现实。即便后来新儒家发展出一种更为公开的形而上学"模式"，这也只是为了理解善和美德的本质。[16] 此处可见，中国哲学与印度哲学、西方哲学形成了对比，印度和西方哲学都是"宇宙演化学"的〔来自希腊的宇宙/秩序（cosmos），以及创造（gonia）〕。"在宇宙演化论中，了解世界需要对其结构背后的第一原则进行解释。"[17] 宇宙论的传统往往"最初由'什么（真实地）存在'这个问题驱动"。而"中国哲学倾向于问'应该做什么？'"[18]。

中国自然主义的独特性质在道家学派中可能更为明显。一方面，没有任何一种主要的普遍哲学比道家与自然的联系更为紧密；另一方面，它的许多学说似乎都在提及超越自然的力量，最明显的就是"道"本身。来看看这段文字：

> 夫道，有情有信，无为无形；可传而不可受，可得而不可见；自本自根，未有天地，自古以固存；神鬼神帝，生天生地；在太极之上而不为高，在六极之下而不为深，先天地生而不为久，长于上古而不为老。[19]

这里的"道"据说存在于天或地之前，因此看起来是在自然之外。然而，它与自然的联系比这更为密切。毕竟，这是关于自然如何运作的原则，而不是用来凌驾于自然之上的东西。它不是在自然之前或之下，而是一种创造和维持自然的生命力。很难作出比这更精确的描述，因为"道"的终极本质是超越语言的。

这种对"道"的思考方式与我们对"气"的思考方式有相似之处。"气"通常被视为一种鬼魂般的力量或能量，是真实的，但无法被科学测量，是一种与物理定律所描述的力量相抗衡的力量。从这种描述来看，"气"是现代西方自然主义形而上学之外的一部分。正因如此，它现在只能被当作是对现实终极本质的一种过时的、前科学的猜想而不被理会。

然而，即使在当代的科学范式中，仍然有一些有意义的理解"气"的方式。"气"指的是王蓉蓉所说的现实的"根本上是动态的"本质，这是中国哲学家在实证科学之前就认识到的东西，它更全面地描述了现实的实际结构。[20] 从"气"的角度看世界，并不是让自己相信基本力量或现实的基石，而是从世界的动态相互关系的角度看世界。例如，王蓉蓉说："在艺术中，'气'的运动是将画家、绘画和观看者编织在一个统一的体验里的'东西'。"这并不要求我们认为"气"是某种无形的物质。相反，它让我们把注意力集中在审美体验上，这种体验将观者、创作者和艺术品以一种既非超自然，又不能仅用科学术语概括的方式结合在一起。

从"气"的角度来思考问题的价值在于它对我们生活方式的影响，而不是对我们形而上学信仰的影响。这一点在那些达到"无为"境界的人身上得到了体现，这是当我们与自然节奏实现了完美和谐时，一种毫不费力的做法。在《庄子》中，一个叫丁的屠夫（庖丁）熟练地挥舞着他的切肉刀，当刀刃碰到骨头时，肉似乎立刻从骨头上掉了下来。庖丁说："方今之时，臣以神遇而不以目视，官知止而神欲行。依乎天理，批大郤，导大窾，因其固然。"[21] 通过实践，庖丁已经超越了智性的知识，掌握了直觉。他能看能听，但不像那些技艺不精的屠夫那样看和听。正如庄子在后面的章节所说："无听之以耳而听之以心，无听之以心而听之以气。"[22] 这听起来很神秘，但从自然主义的角度来说，这种感知是全面的。想象一个顶尖的网球运动员。通过理性和有意识地思考问题，不可能做出足够快的反应并选择正确的时机。相反，通过多年的努力和练习，我们的目标是凭直觉知道应该在哪里以及如何击球。用你的"气"去感知，你对局面的动态会变得非常敏感，你可以完美地调节到和谐的状态。

道学与儒学共享对形而上的不可知论。这就是著名的庄周梦蝶这个故事的寓意。庄子从梦中醒来，却不知道"是庄子梦见了蝴蝶，还是蝴蝶梦见了庄子"。据传为《庄子》作者的庄子还说："周与胡蝶，则必有分矣。"[23]这意味着即使两者间存在差异，也没有关系。早些时候，他曾说过："万世之后而一遇大圣，知其解者，是旦暮遇之也。"[24]重要的是我们如何面对存在，而不是它的最终真实是什么样子，因为后者无论如何都超出了我们的理解。自然是我们唯一需要考虑的现实，不管它事实上是否是唯一存在的现实。

日本的自然主义与中国的自然主义非常接近。它的艺术和中国的艺术一样，总是以自然为其主要题材。其中最著名的日本风格之一是室町时代（1392—1573）的大和绘四季画。一个非凡的例子是被认为是雪舟所作的《四季山水图》，卷轴超过10米长，在京都国家博物馆展出。与中国的道家画一样，它也包含了人类生活的迹象，但这些场景却是以自然为主导的。禅宗水墨画也大多以自然为主，佛像的描绘也比较少见。《中峰明本坐禅图》关注的是树的细节，而非坐在树下的人，只用寥寥几笔勾勒出人形。相比之下，许多其他佛教艺术传统几乎只关注佛像。自然无处不在，尽管一些日本艺术描绘超自然或迷信的思想——比如阿弥陀佛降世的绘画、地狱的十王的绘画，以及在出光美术馆展出的惩罚的场景——这些只是古典艺术的一小部分。这里的问题一直以来都是关于重点的。

许多人认为日本人崇尚自然的观念已经不可救药地过时了。毕竟，在当今日本社会，自动售货机随处可见，机器人越来越受欢迎，厕所里通常都有内置的电动坐便器，福岛核电站还是一场重大环境灾难的发生地。然而，这些只在西方的意义上才是对自然的异化。小林康夫告诉我，在日本，自然并不是欧洲的那个大写的自然（European Nature），一种近乎神圣的事物。这个自然"与你非常切近，这山在我的村庄，这森林在我的村庄，是属于我的社群的自然"。在日本本土宗教神道教中，你应该去敬拜的神社总是你家乡当地的神社。如果你在旅行，你可能会去另一个神社敬拜，但那只是次优选项。

"大自然不是天堂"，小林说，就像它对于西方浪漫主义者那样。"我们对天堂一无所知。自然可能是不好的，可能是令人不安的、暴力的，像海啸、火山。"日本每年大约发生 1,500 次地震。对自然表示敬意和感激，在一定程度上是为了确保它不会对我们造成太多干扰。这也意味着，在西方常被人们轻蔑地称为"驯服"自然的，在我们这里不过是常识。自然当然要被驯服。然而，这不是人类与自然之间的斗争，而是人在自然之中的斗争。我们不从外部对自然施加行为，而是从内部在自然中行动。正如卡苏利斯解释的那样："如果我们像神道教那样，将人类视为自然的一部分，而不是与自然分离，那么即使是人类创造的东西也可以是自然的。"例如，榻榻米垫子"不是自然的，因为它不存在于自然中……然而，它仍然保留着稻草的大部分触感"[25]。这里没有自然和人工的区别，因为一切都是自然的一部分。

许多澳大利亚原住民也持有类似的观点，其结果令人惊讶，挑战了西方环保主义者的观点。史蒂芬·穆克描述了他和土著哲学家帕蒂·罗伊（Paddy Roe）的一次汽车旅行，他的同伴把空罐子扔出了车窗，这让穆克感到不安。在西方人看来，这是在污染自然；而对罗伊来说，罐头也只是自然的另一部分，它会在其中找到自己的位置。[26] 当然，澳大利亚土著居民现在和所有其他人一样，都认为有理由谨慎处理垃圾，但这些理由不包括任何保护自然不受人类破坏的禁令：既然人类已经是自然的一部分，他们又怎么可能会破坏自然呢？

同样，日本人对一次性文化的接受也没有本质上反自然的东西。在日本，一次性用品的流行是因为它与纯净性的关联，而不是出于方便或对新产品的消费主义崇拜。在神道教中，神龛每20年被拆除一次再重建，为了保持纯洁。出于同样的原因，在8世纪以前，每一个新的皇帝或女皇都会建一座新的宫殿。[27] 任何一顿饭，即使是外卖，都配有一个小塑料袋，里面装着湿纸巾，这是一种古老的进食前净化仪式的延续，而不是一种超现代的额外服务。

卡苏利斯举了另一个生动的例子，说明自然和人类的努力是如何吻合的：在一个虚构的故事中，有两个厨师，一个中国人和一个日本人，各自吹嘘他们自己的手段高超。这位中国厨师说，他对酱料、香料和食物的质地有很强的控制能力，能让鸡肉尝起来像鸭子的味道。卡苏利斯说："日本厨师反驳说，他能让胡萝卜尝起来比任何人吃过的任何胡萝卜都更像胡萝卜。"[28] 自然的品质要求人类的最高天分和才能得到完满的发挥。

在先进技术的发展中，人类的聪明才智与自然的相互作用最为显著。小林认为这种"与自然的全面协商"反映在机器人的制造上。对日本的传统思维方式来说，一切都是有生命的，这种万物有灵论可以说反映在他们对机器人的迷恋上。小林说，他们是在把万物有灵论的原则应用到机器人上。"我们不是要制造机器，而是要制造一个人形机器，一个机器人。"

我从中岛隆博（Nakajima Takahiro）那里听到了类似的说法。"日本思考自然的方式已经与技术紧密相连。我们看不到野性自然的本来面目。这是一种驯化了的自然，是野性自然和科技的混合体。"甚至著名的樱花也反映了这一点。在公元710年开始的奈良时代之前，梅树才是在日本分布更为广泛的植物。樱花的传播是某些日本统治者刻意培植的结果。

虽然自然主义思潮在东亚以外的地方同样也有，但都不像它在东亚这样占据核心地位，或者说主导这么长时间。在西方，自然主义最早出现在古希腊的米利都的泰勒斯的思想中，他经常被认为是科学之父，因为他坚持物质世界就是唯一实存。他的思想并没有占主导地位，因为西方思想史的很大部分都受到柏拉图主义和基督教的影响，这两者都主张存在某种非物质的现实，它要比感知的世界更真实。即使在启蒙运动期间，当自然主义变得更加突出时，人类与自然、心灵与物质的残余分离仍然存在。即使是现在，接受自然主义世界观的西方人也发现，他们对人性与自然、心灵与身体的区分，远比中国人或日本人要清晰得多。

这种"二元论"常被认为是西方哲学的一个显著特征。如果是这样，那么认为在远东存在的是此外的另一个选项就也是一种错误的二元论。在世界的其他地方，还有另一种思维方式，它接受思想、身体和精神等的多元化，但又避免了尖锐的二元论。"物质和精神的区别在非洲人的思维中没有立足之地。"莱比萨·J. 特福（Lebisa J. Teffo）和亚伯拉罕·P. J. 鲁（Abraham P. J. Roux）说。[29] 相反，在一种生机论中，一切都被看作是有生命的；甚至可能都是有意识的泛灵论。这似乎也适用于大多数口传哲学。毛利人希里尼·卡亚告诉我："我们和世界上大多数人的共同点是，我们没有把精神和身体分开。我认为这就是欧洲与众不同的地方。是你们把它分离出来的，你们是不正常的。"

这种分离是西方哲学中最经久不衰的谜题之一"身心问题"的根源：惰性的物质如何能引发意识思维和主观体验？盖伦·斯特劳森（Galen Strawson）是当代关于这个问题的辩论者中为数不多的杰出贡献者之一，他认为泛灵论是台面上最可信的解决方案。[30] 任何事物都至少有一点心灵的火花，这一观点在西方哲学中仍有吸引力。

尽管自然主义在东方占主导地位，但它在印度古典哲学中却几乎闻所未闻。在所有异端和正统派中，只有顺世论信奉唯物主义，认为土、火、水和气这四种元素是"最初的原则，只有先由这些转化为身体，才能产生智慧……因此，灵魂只是由智力的属性区分出来的肉体，因为没有证据表明有任何灵魂与肉体不同"[31]。然而，顺世论是6个正统派和5个异端学派之中影响最小的。

二元思维是一种很难打破的习惯，但如果它被摈弃，假定的基本差别就会消失。除去心灵/身体的区别，你也就除去了内在/外在的区别，因为如果没有物质，也就没有东西用来容纳非物质的心灵。穆克告诉我，在澳大利亚原住民中，"没有人对脑子里发生的事情感兴趣，因为思想甚至可能不是一个概念。任何心理内在性或灵魂的概念都不是他们视野的一部分。一切都是外在的，这才是重要的"。

在现代世俗的西方，我们大多数人都正式成了自然主义者，这反映在人们不断地呼吁"抓住每一天"，过"你拥有的唯一的生活"。我们需要提醒人们注意自然主义在历史上还是一个新鲜事物。西方人也还没有学会如何最好地遵循自己的建议。很多时候，"活在当下"变成了肤浅地追求稍纵即逝的快乐，这总是让我们空虚地开始每一天，需要另一种"体验"。我们不断地感到不满，因为我们总是想抓住那些溜走的时刻。相反，我们需要学会去品味，去爱抚此刻，而不是抓住不放。如果我们往东方看看，我们可能会从几千年来一直在这样做的文化中找到人类在自然世界中生活的模式。

— 13 —

一体性

"吾道一以贯之"

在中世纪的穆斯林世界中,宫殿随处可见。幸存到今天的只有一座。但任何一位参观过阿尔罕布拉宫的人都可以作证,再也没人能选出比它更好的幸存者了。它的位置很神奇,坐落在西班牙格拉纳达市起伏的老城区对面的一座小山上,在那里,每转过一个拐角都能看到令人惊叹的美景。在黎明和黄昏时,它像一团即将熄灭的余烬一样闪着红色的光,这是铁锈粉尘污染了墙壁的结果,也因此而得名阿尔罕布拉,这个名字来源于阿拉伯语中的al-hamra,意为"红色"[1]。

阿尔罕布拉不是一个单一建筑,甚至也不是一个建筑群,而是一个经过几个世纪不断扩展和发展的聚落。纳斯利德宫殿位于整个建筑辉煌的中心,由穆斯林统治者尤素夫一世(1333—1353)和穆罕默德五世(1353—1391)建造。这些建筑的装饰和设计非常和谐而又错综复杂,且生动具体地演绎了一些重要的伊斯兰理念。这是因为,尽管事实上这宫殿并不是宗教建筑,至少不是我们通常理解的那种宗教建筑,但在伊斯兰思想中,并没有神圣与世俗的区分。赛义德·侯赛因·纳斯尔说:"在所有形式的建筑中,都存在着一种无处不在的神圣感,这使人们不会将世俗的概念视为一种范畴。"[2] 真主无处不在,甚至在富有的世俗统治者家中也是如此,因为"灵魂在日常生活中受到的影响,远大于人们周日在博物馆或教堂里看到的一幅画"[3]。

最明显的是,这座建筑装饰着成千上万的阿拉伯语铭文。罗伯特·欧文说,这是一本"可居住的书"[4]。纳斯利德王朝的格言"只有真主才是胜利者"在墙壁、拱门和圆柱上反复出现了数百次。《古兰经》的文本被放置在最高处,只有真主才能阅读它们,而人类却不能。殿里所有美好的事物,都反映了神的荣耀。狮庭中的喷泉上刻着这样的铭文:"真主至高,愿它的美超越一切。"

最主要的装饰是几何形状和图案,这不仅仅意味着不会出现伊斯兰教所禁止的具象人物。它们代表的是神所命定的宇宙秩序。比如说,纳斯尔认为反复出现的交缠的多边形和蔓藤花纹图案象征着男性和女性,它们代表着"生命本身的节奏"[5]。对于欧文来说,阿尔罕布拉宫的复杂性和细节的关键在于,它们无视所有将其尽收眼底的尝试。相反,这是一种对无限的探索,我们应该"沉浸"其中,意识到我们作为有限存在的局限性。[6] 游客们惊叹于这座建筑的美丽,却无法觉知其宗教含义,他们没有意识到这座建筑是一个"用来让我们在其中思考的机器"[7]。

阿尔罕布拉宫是以下精神和智慧理想的物质表达:合一、整体、统一,神圣存在于世俗的每一个方面,无限存在于有限的每一个方面。伊斯兰教不仅主张万物的基本统一,而且主张上帝完美的神圣超越性统一。约翰·雷纳德写道:"所有伊斯兰神学反思和辩论的核心,都是对阐明上帝完美超然之一体性的多重神秘的强烈兴趣。"[8] 纳斯尔说,"伊斯兰世界发展出的几个持久的知识分子观点,都符合统一主义的教义(al-tawḥīd)。"[9]

在许多伟大的哲学传统中,人们都能发现一些一体或合一的概念。例如,印度哲学的所有主要流派都主张万物根本上是一体的。这在早期的《奥义书》中首次被清楚地表述出来,《奥义书》声称自性即是梵,我们自己的个体自我是宇宙自我的一部分,即"一":

> 它动,它不动。
> 它是远的,它是近的。
> 它就在这一切之中。
> 而又是在这一切之外。[10]

有几个关键的短语以简洁的形式表达了这个一体性,其中一个是梵文的 tat tvam asi,通常翻译为"这就是那个"或"那就是你"。例如,"这是最好的本质——整个世界都有它自己"。这就是现实。"那是自性(灵魂)。那就是你。"[11]——注意,当个我(ātman)大写时指的是与梵相同的普遍自我,当它小写时指的是那个自我在个体中的显现——这句话与另一个著名的说法相呼应,即个我(因此也就是梵)就是"不是这个,不是那个"。换句话说,它不是什么特别的东西,而是一切。"它是不可分割的,因为它不能被抓住;它是坚不可摧的,因为它不能被摧毁;它没有被连接,因为它不依附自己;它没有束缚,不会颤抖,不会受伤。"[12]

一体的概念在吠檀多不二论学派的非二元论中取得了最大的成果,在商羯罗的著作中发展起来。不二论(Advaita)的字面意思是非(a-)对偶性(dvaita)。商羯罗认为,现实有两个层次,即绝对层面和普通感知的传统层面。在传统的现实中,存在着多元化的表象，但在绝对层面上，只有一个整体。一切都是梵。

如果一切都是一，自我与他人之间就没有区别，没有主体和客体，因此也就没有个体的意识或意向性。普通经验的世界只不过是一种强大的幻觉。只有当存在自我与他人的二元性时，你才能看到他人、闻到他人、听到他人、与他人交谈。当我们的意识绝对统一时，我们意识到没有那个做出闻、说、想或理解的人。"一个人凭什么能了解这一切呢？看哪，人怎能明白那理解一切的人呢？"[13]

同样，"法"的概念关注宇宙秩序和你的个人责任之间的和谐，基于一个基本统一的假设。"法"是指作为一个整体的宇宙秩序（ṛta），但也指个人的责任。因此，正确的行动是维护整体的根本统一和一体性的行动。[14]

中国思想中也有强调一体性的元素。在道家有一种信仰，认为"区别"是由思想和语言创造的，在这些人为的划分之外，一切在某种意义上都是一体的。庄子说："恢恑憰怪，道通为一。"如果无法认识到这一点，我们就会犯"朝三暮四"的错误：这来自一个训猴师，他告诉他的猴子，它们早上会得到三颗花生，晚上会得到四颗花生的故事。猴子们对此很生气，于是驯猴师改为早晨给它们四个，晚上给三个，猴子们都很高兴。它们看不出这两种安排都是一样的。[15]

在儒学中，一体性并不是一个主题，但孔子不止一次地以一根线的形象来比喻他的教诲的统一性。"吾道一以贯之。"他说。曾子后来对弟子们解释说："夫子之道，忠恕而已矣[16]。"关于统一性的另一种表达是："举一隅而不以三隅反，则不复也。"[17]

然而，统一与合一在伊斯兰哲学中得到了最充分的实现。合一，或单一，独一（tawḥīd），首先是神的特性。安萨里写道：

"真主是见证人，他让他所选择的人民知道，他在本质上是独一的，没有伙伴，独自一人，没有任何相似物，永恒、无敌、唯一、无俦。"[18] 具有讽刺意味的是，尽管这被认为显示了伊斯兰教的永恒性，但似乎很明显的是，这一思想本身是从新柏拉图主义者那里借来的，因此，它的起源即使有历史根源，也是非伊斯兰教的。[19]

在彼得·亚当森所说的伊斯兰哲学的"形成期"，认主独一是穆塔扎里派思想的核心，穆尔太齐赖派是由瓦绥勒·伊本·阿塔（公元748年）创立的凯拉姆辩证派哲学运动。他们被称为"统一与正义的拥护者"。[20] 但这也是阿拉伯哲学法勒萨法（falsafa）的一个关键要素：第一个亚里士多德学派哲学家阿尔·铿迭将上帝描绘成"真正的一"，没有任何多重性"，而阿维森纳认为只能有一个必要的存在。[21]

在少数苏菲神秘主义传统（不超过5%的穆斯林属于这些学派）中，这种统一延伸到了整个存在（waḥdat al-wujūd）的观念，正如亚当森所说："所有创造的实相都是唯一真实实相的表现，即真主。"[22]

尽管苏菲派是最为明确地强调万物一体的，但在整个伊斯兰思想中，统一与合一一直是个反复出现的主题。首先，最明显的是，《古兰经》被认为是完整和完美的。安萨里写道："《古兰经》是用语言背诵的，用抄本书写，并铭记在心，但尽管如此，它仍自始永恒存在于上帝的本质中。"[23]《古兰经》的众多名称之一是"众书之母"，因为正如纳斯尔所说："所有书籍中包含的所有真实的知识最终都包含在它的怀抱中。"[24] 纳斯尔并不总是当今伊斯兰哲学的代表，但他下面这句话几乎可以说是反映了所有穆斯林的共识，他说："当然，传统的伊斯兰教无论在内容还是形式上都无条件接受高尚的《古兰经》为神的话语，关于此事没有任何'如果''并且'或'但是'可言。"[25]他承认了最近一些近代改革者的存在，但贬低了他们的影响力，说"像安萨里这样的人物，在伊斯兰世界中，仍然是一个比所有所谓的改革者加在一起都更强大和更有影响力的宗教权威"[26]。即使是当代的改革派塔里克·莱麦丹（Tariq Ramadan）也同意，对于穆斯林来说，《古兰经》是"未经人类干预和修改而显露出来的"，是"真主的最终话语，以其完全形态显露出来，将一直是最终的指引"[27]。

《古兰经》的完整性并不意味着它必须总是被解读为字面上的真理。阿维森纳说得很清楚："我们穆斯林群体非常清楚地知道，论证性研究不会得出与经文所给予我们的结论相矛盾的结论；因为真理不会与真理相对立，而是与真理相合，为真理作见证。"[28]但他也接受"论证理性"的权威，用理性的方法从公认的前提中得出结论。既接受论证理性的权威，又接受《古兰经》，就意味着"如果［经文的表面意义］与［论证的结论］相冲突，就需要对其进行寓言式的解释"[29]。伊斯兰教未来很可能会更加强调这些隐喻性的解读。毕竟，直到20世纪40年代，天主教才承认《创世纪》的前11章不是"任何古典或现代意义上的历史"[30]。

其次，对于穆斯林来说，生活中没有任何一部分不受伊斯兰教影响。纳斯尔说，就连大自然的声音，也应该"作为真主的祝福之名和赞美的召唤（dhikr）被听到，根据《古兰经》的诗句，'万物赞美真主'"[31]。世俗和神圣之间的区别是不存在的。对伊斯兰教以外的许多人来说，这赋予了该宗教一种类似极权主义的特征。纳斯尔更喜欢"整体主义"一词，他认为这同样适用于"希望将所有生活融入宗教的传统天主教徒，或者说，将他们的宗教融入生活的方方面面"[32]。

叶海亚·麦科特向我强调，认识到在伊斯兰社会中，这"并不意味着这个框架会对你生活的方方面面产生强制性影响"是很重要的。这对公众生活会产生影响，但"在你家，你想做什么就做什么"，这是为什么传统上"在穆斯林社会，非穆斯林也会受到欢迎"的原因之一。事实上，麦科特认为，真正的伊斯兰教（这点不一定对所有穆斯林占多数的国家都适用）比西方自由主义政权给予个人更多的自由。他说："在今天的西方，在某些国家，你买不到《我的奋斗》（Mein Kampf）或《资本论》（Das Kapital），不能把它们放在家里，也不能在家里展示一些纳粹或共产主义的符号。在荷兰，一些政客现在还谈到禁止印刷《古兰经》。在伊斯兰教中，法官、当局无权进入别人的家庭。家是一个独立的空间，不属于任何权威机构。"

麦科特引用了圣训集《塔志圣训》（Al-Mustadrak alaa al-Sahihain）中一个著名的段落来阐述这一原则（《圣训》是对穆罕默德的言语、行为或习惯的非《古兰经》的报告）。一天晚上，两名男子阿布杜尔·拉赫曼·伊本·奥夫（Abdur Rahman ibn Awf）和乌马尔·伊本·哈塔布（Umar ibn Al-Khattab）在街上巡逻时，乌马尔发现一个穆斯林邻居在家喝酒。阿布杜尔·拉赫曼对此说道："我认为我们已经做了真主禁止我们做的事情。"他引用《古兰经》的禁令"不要暗中窥探"[33]。于是二人就离开了，并没有对喝酒的邻居做什么。[34]

然而，对一个穆斯林来说，伊斯兰教决定了你在生活的方方面面应该如何生活，从你如何洗澡到你吃什么。因此，教育也内在地具有宗教性。纳斯尔说："教育的目标是完善和实现人类灵魂的所有可能性，最终导致对神性的至高无上的认识，这也是人类生活的目标。"在穆斯林世界的大多数地方，教育仍然从教授《古兰经》开始。[35] 纳斯尔说："教育体系的总体目标应该是使人的知识视角和世界观完全伊斯兰化。"[36] 这有助于解释为什么，像我们之前看到的那样，伊斯兰教的哲学和神学之间没有明确的区别。法拉希法哲学家认为法勒萨法将取代凯拉姆，但在蒙古时期，他们反而逐渐融合了。正如纳斯尔所说，伊斯兰哲学传统"生活在一个宗教世界里，在这个世界里，一本启示录和被认为是知识源泉的预言主宰着地平线"。智慧是一种神圣的天赋，如果运用得当，它将带来圣经中所揭示的真理。纳斯尔说："因此，伊斯兰哲学首要关注的是认主独一，它主宰了伊斯兰教的全部信息。"[37]

鉴于《古兰经》的完整性和万物的一体性，它不认可任何在现代西方启蒙意义上的进步的可能。真理是不变的，它的本质是可以被知道的。安萨里写道："要知道，真正的论证是提供必要的、永久的、永恒的、不可改变的确定性。"[38] 当然，伊斯兰教承认，世界上有许多事实在穆罕默德时代还不为人所知，还有许多有待被发现。但这些新事实，在一个更重要的意义上只是细节。知识的增长就像给画布上色和装饰它，而不是扩大画面。《古兰经》表达了一种完整的世界观，之后的任何东西都无法改变这些基本原则。

纳斯尔比任何人都更直率地阐述了这一观点。对他来说，伊斯兰教包含的"秘传"真理总是优先于其他在伊斯兰教之外发现的"公开"真理："秘传的真理理解公开的真理，但是公开的真理排斥和不理解秘传的真理。"[39] 例如，秘传的伊斯兰形而上学是"终极实在的科学"，而世俗的"所谓宇宙论"只提出"基于某些可疑的、牵强附会的推断和通常在经验上无法证明的假设的理论"。[40]

这种世界观与西方现代性是完全矛盾的,纳斯尔很乐意强调这一点。虽然当代伊斯兰思想中存在着多样性,但纳斯尔的观点却是古典传统的主流。对于像他这样的人来说,在性别角色和同性恋等问题上采用现代观点的可能性很小。男性和女性扮演互补角色,有着由神预先规定的区别,因此"拒绝两性明显的和独特的特征以及拒绝基于这一客观宇宙现实的神圣立法就是生活在人类的水准以下。准确地说,那些人只是偶然成为人类而已"[41]。即使那些持不那么极端观点的人对伊斯兰教的基本性道德也毫不动摇。尽管改革派莱麦丹反对惩罚同性恋,但他表示:"《古兰经》本身……没有留下多少解释的余地……这意味着同性恋被认为是一种罪,在伊斯兰教中是被禁止的。"[42]

伊斯兰宇宙观的基本独一性的一个显著后果是,所有发生的一切都早已被写好。宿命论在伊斯兰思想中占有重要地位。有一篇圣训讲的是一个人的"前定命运",它有能力在瞬间改变生活的方向。一个人可能会"表现得像天堂的居民,直到他离天堂只有一臂之遥,然而当他前定的命运追上他时,他[突然]表现得像地狱之火中的人,因此[相反地]进入地狱"。相反的情况也可能发生,一个罪人突然开始像天堂的居民一样,这正好及时地让他进入天堂。[43]

这样的段落并不少见。另一个圣训告诉我们:

> 当精液在子宫里停留四五十个昼夜时,天使来问:我的主,他是好是坏?这两件事都会被写下来。天使说,主啊,他是男的还是女的?这两件事都写下来了。他的行为,他的死亡,他的生计,这些也被记录下来。然后他的命运之书就被封缄了,不可加减。[44]

在《古兰经》中，很多段落都暗示上帝预先决定了谁是好人，谁是坏人，谁是被拯救的，谁是被诅咒的。"的确，真主让他所愿意的人走上歧途，无论谁归向［他］，都会引导他。"[45] "当他们偏离时，真主使他们的心偏离。"[46] "真主用坚定的话语来让那些相信世俗生活和来世的人坚定不移。真主使作恶者走入歧途。真主完全按自己的意愿行事。"[47]

几个世纪以来，神学家一直在争论前定论如何与公正的惩罚和奖励相容。从表面上看，神惩罚那些他预定要让他们犯罪的人，奖赏那些只可能让他们行善的人，这似乎是令人无法容忍的。信仰之外的大多数人都不相信这个问题已经得到解决。然而，要理解今天的伊斯兰世界，我们需要认识到，穆斯林通常认为所有事件都是神的旨意，但尽管如此，他们仍然认为人们应该受到谴责或赞扬。

例如，2004年亚洲海啸造成25万人死亡后，许多穆斯林认为这是上帝的旨意，尽管这可能是难以理解的。英国穆斯林理事会秘书长伊克巴尔·萨克雷尼（Iqbal Sacranie）告诉英国广播公司："我们坚信，任何此类灾难，任何此类性质的灾难，都是全能的神的旨意。真主最清楚一切。"这几乎是穆斯林的普遍观点。

认为神在这种灾难中的旨意是一种惩罚的观点，虽然不那么普遍，但却很常见。在对海啸反应的分析中，两位学者报告说："许多亚齐纳穆斯林认为，海啸是神的惩罚，惩罚那些世俗的穆斯林逃避他们的日常祈祷和/或追随物质主义生活方式。"[48] 同样，在2011年日本海啸之后，网站Islam21C.com引用了《古兰经》的诗句："如果城镇人们相信并拥有'虔诚'，我们当然应该为他们打开来自天堂和大地的祝福，但他们相信［信使］。所以我们［惩罚］了他们过去犯下的罪孽（多神教和犯罪等）[49]。"这些现代的解释人士说,日本人为"不服从真主,拒绝承认他们得到的所有恩惠都是造物主赐予的"[50] 付出了代价。

《古兰经》启示的完整性还有另一个含义:理性的作用有限。以12世纪诗人萨纳伊(Sanā'ī,来自现在的阿富汗地区)的诗歌为例。

没有人能仅凭一己之力理解他,他的本质唯有通过他本人才可知。

理性想要他说实话,但进展不顺利。理性是一种指引,但[只]通向他的门;只有他的恩惠带你去见他。

你不会带着理性的证据去旅行;

不要像其他傻瓜那样犯这个错误。[51]

在《救迷者》一书中,安萨里描述了他如何从怀疑主义的担忧中解脱出来。对亚当森来说,"安萨里能从僵局中解脱出来,多亏了真主'在他心中投下的一束光'。这段经历告诉他,人类的理性不能提供最高形式的洞察力和确定性……问题不在于使用理性,而在于认为理性可以做的太多"[52]。亚当森说,即使根据法拉希法派的观点来看,"先知是那些获得的知识更完整,且更不需要努力的人,其他人则必须通过努力的探索才能获得同样类型的理解"[53]。阿维森纳说,先知和哲学家都有直觉的能力(ḥads),这是在三段论中发现中间项所必需的,这种发现是突然发生的事情。先知只是一种更极端的情况。正如阿维森纳所说,他最大限度地拥有直觉,并从智力这一中介那里获得"全部或几乎全部"可理解的东西。[54] 理性并不总是必要的。

穆斯林相信伊斯兰教的独一性是一个很大的优势。纳斯尔认为，伊斯兰教是一种基于"超个人"智慧的传统哲学，它是基于许多人在历史上的思想协作，优于西方主要依靠个人主义推理的哲学。他声称，它的优越性解释了为何伊斯兰哲学相比其他那些流行的或过时的哲学更为恒久和长寿。[55]

对于那些传统之外的人来说，合一性使哲学变得仅仅是神学的侍女，并导致停滞和惰性。然而，尽管思想僵化在伊斯兰知识文化中是一种风险，但这种风险远非不可避免。伊斯兰世界受困于中世纪世界观的观点被历史研究证明是错误的。有好几个时期，各个伊斯兰社会在知识方面取得了巨大的进步，尤其是在8世纪到13世纪，即所谓的黄金时代，巴格达、大马士革、开罗和科尔多瓦等城市都建立了"智慧宫"[56]。克里斯托弗·德贝拉利古也写了大量关于他所谓的"伊斯兰启蒙运动"的文章，19世纪自由思想在开罗、伊斯坦布尔和德黑兰蓬勃发展。[57]尽管《古兰经》被认为是完整的，但它仍有很多不明确之处或需要解释的地方。正如莱麦丹所说，独立理性（itjihād）一直扮演着一个重要的角色，来填补"经文的沉默和具体情境之间的空白"。虽然所有穆斯林都对伊斯兰教的支柱毫无异议，但关于这种单一的信仰对信徒的要求，一直存在着各种不同的解释。

伊斯兰教的独一性并不妨碍它改变或适应现代世界。更确切地说，没有人能指望穆斯林世界接受一种非伊斯兰的、世俗的现代性观念。伊斯兰教的现代性正从传统中浮现出来，不会涉及任何信仰中核心意义的失落。[58]

—14—

还原论

"解释和解释掉不一样"

事物的每一部分都包含着整体的观点可能是一种典型的东方观点,但它最常见的应用案例却是在西方。有人说,关于西方文化的一切好的方面以及(但更常见的是)坏的方面,都可以在麦当劳找到。当人们抱怨西方的文化殖民主义时,他们指的是遍布全球的金拱门。当人们谈论低工资、低贱的工作时,他们说的是"McJobs"。当健康活动家们哀叹西方糟糕的饮食时,一个巨无霸配薯条就是最好的例证。

这样的说法往往有些不公平,也过于简单和偷懒了。然而,在另一个不太被人注意的方面,这家快餐巨头确实例示了一种典型的西方思维方式。在麦当劳的网站上,你可以找到其产品成分和营养价值的完整列表。以巨无霸(Big Mac)为例。很多人可能会惊讶于肉饼本身是100%纯牛肉加少许盐制成的。但另一方面,它的面包部分含有小麦粉、水、糖、芝麻、菜籽油、盐、酵母、小麦麸质、乳化剂(脂肪酸的单、双乙酰酒的甘一酯和甘二酯)、添加剂(磷酸二氢钙)、防腐剂(丙酸钙)、抗氧化剂(抗坏血酸)、小麦淀粉、钙、铁、烟酸(B_3)和硫胺素(B_1)。要想详细列举酱汁、泡菜和奶酪片的成分,还得再多写几行。你还会发现热量、脂肪、碳水化合物、纤维、蛋白质和盐的分解,以及每天的推荐摄入量(RDI)。你甚至可以使用计算器来计算出一个巨无霸和中号的炸薯条可以满足你每日所需热量的42%,大约一半的脂肪和盐,但却只负责提供10%的糖——省下的吃糖额度刚好可以用到一大杯巧克力奶昔上面(25%的RDI卡路里,67%的RDI糖)。

在这些信息的背后是一个深层的哲学假设,几个世纪以来一直影响着西方的思维方式:还原论。这是一种观点,即理解任何事物的最佳方法是将其分解为它的组成部分,强调这些部分而非整体。汤姆·卡苏利斯认为这种方法几乎在西方思想的每一个角落都有体现:"伦理学家把终极责任放在道德完整性的最小单位(个体行动者)身上;物理学家将宇宙分解为其最小的无形单位及其关系;遗传学家寻找最小的遗传单位,基因及其相互关系。"[1]

"还原论"直到20世纪下半叶才成为一个成熟的概念,但作为一种方法,自现代科学出现以来,它一直伴随着我们,正如达朗贝尔在他对《百科全书》的"初步论述"中所说的那样。他写道:"我们对自然的研究一部分是出于需要,一部分是为了娱乐,在这些研究中,我们注意到物体有大量的属性。""然而,在大多数情况下,这些属性在同一个主体上是如此紧密地结合在一起,因此,为了更彻底地研究每一个主体,我们必须分别考虑它们。"这是一种优势,而不是不便。"事实上,一门科学的原则数量被压缩到越少,我们就越能划定它们的范围,而且由于一门科学的对象必然是固定的,应用于该对象的原则就会因为数目减少而更具成效。而且，这种简化使他们更容易理解。"事实上，这样会简单得多，"这也许是事实，几乎没有一门科学或一门艺术不能以严谨和良好的逻辑教授给心智最局限的人，因为只有很少的艺术或科学，其命题或规则不能简化为一些简单的概念，这些概念以如此紧密的顺序排列，以至于它们的联系链不会被打断。"[2] 只有首先进行分解，我们才能建立一套完整的、系统的关于世界的描述，正如狄德罗和达朗贝尔试图在他们的《百科全书》中构建的"能收集各种各样知识的百科全书树"那样。达朗贝尔所描述的不过是科学方法，正如他的声明所揭示的那样，"我们主要应该感谢培根大法官的百科全书树"。

还原论方法在物理科学方面取得了许多显著的进步，并在这一成功的推动下得到了更广泛的应用。事实上，非还原论的范式比还原论的范式更难想到。例如，当我最开始进行哲学训练时，概念通常是按照"必要和充分的条件"进行分析的。概念被归结为一个检核清单，我们需要检查哪些内容必须是真实的，以便正确应用。柏拉图关于知识就是"得到确证的真信念"这个定义，正是这种方法的经典灵感。要想拥有知识，你必须充分相信一些真实而合理的事情。具有讽刺意味的是，在柏拉图的对话《泰阿泰德篇》中，试图说明知识的必要和充分条件的尝试最终被认为是失败的。后来的哲学家们得出结论，不是这种方法有缺陷，而是我们需要一个更好的条件列表。同样地，我在写关于人格同一性的博士论文时，这个问题被标准地界定为一个问题，即一个人在两个不同时刻成为同一个人的必要和充分条件是什么。我认为这是一个错误的问题，但我必须证明这一点，这个事实本身就证明了必要和充分条件范式的主导地位。

哈里·法兰克福（Harry Frankfurt）在一篇文章中把寻找必

要和充分条件的方法应用到"扯淡"的概念上，后来这篇文章成了国际畅销书。我十分怀疑他实际上是开了一个后现代的玩笑，表明用这种方式分析一切是多么愚蠢。他承认："任何关于什么条件在逻辑上对扯淡的构成是必要的和充分的提议，都必然有些武断。"但他随后又把这种担忧抛到了脑后，并补充道："尽管如此，还是有可能说些有用的话。"[3]

还原论甚至延伸到了伦理学领域。功利主义根据理论的不同，将行为的对错归结为行为对幸福、偏好满足或福利的影响。功利主义之父杰里米·边沁（Jeremy Bentham）提出了所谓的"幸福微积分"（felicific calculus），让我们能根据这个公式计算出哪些行为更好[4]。当代大多数功利主义者今天也对此嗤之以鼻，但其基本思想完全是在将道德降低到单一维度的一种伦理方法的精神之内。

许多人认为，这种广泛的还原论倾向与西方盛行的个人主义之间存在联系。社会已经被分解为它的组成部分，即个体人类，这是所有人思考我们应该如何生活的基础，不管个人还是集体皆如此。但比较不明显的一点是，我们首先是个人，然后才是更广泛社会的一部分。毕竟，我们是作为某人的孩子来到这个世界上的，我们是作为兄弟姐妹、同龄人、共同体的成员长大的，也许是宗教的成员，或成为其他利益共同体的一部分。

还原主义方法现在基本上已经是常识，以至于我们没有察觉到它们建立于有争议的哲学假设之上。正如我们所看到的，其他地方更强调整体理解。甚至在还原论的发源地西方科学界，也有越来越多的人接受它只是一种工具。生物学通常是通过分析系统而不是单纯的孤立部分来发展的。复杂性和混沌理论的前提是，系统的表现不能从作为其组成元素的行为中预测出来。

营养科学并未放弃它对印在食品包装上的还原主义式清单的价值承诺,但是越来越多的人认识到其局限性。因此,额外添加的20克精制糖对身体的影响,与从整个水果中摄入20克糖是不同的。可靠的研究甚至表明,来自不同奶制品的相同数量的饱和脂肪可能也对胆固醇有不同的影响,其影响取决于它是来自奶酪还是奶油。还原主义的回应是,我们必须进一步细化,更具体地把不同物质分开来分析。虽然这可能有一定的道理,但似乎可以肯定的是,如果不看食物被摄入的环境,包括摄入者个人的具体特征,还原主义的图景往好里说总是不完整的,往坏里说就是具有误导性的。

在语义学领域,还原论的必要性和充分性条件可能作出了最大的让步。指定专门术语的精确含义也许有一定的哲学价值,但普通语言肯定不是这样作用的。我们都会使用语言,但很少有人能够轻松地对我们所用的词给出好的、清晰的定义。埃莉诺·罗斯奇(Eleanor Rosch)在她的原型理论中提出,我们真正了解词语含义的方式是,首先了解它们最常见的应用(例如"椅子"指的是我们坐的四条腿的家具),然后感受到它们的延伸含义(可以用树桩当作椅子),最终变得能够使用它们的模糊(沙发或凳子算椅子吗?)或隐喻(会议的主席)的含义。所有这些都是在并未形成一组必要和充分条件的情况下完成的,并没有将意义分解为一个精确的定义。[5]

科学的进步依赖于还原论,但还原论在一种其成为默认思维框架的文化中创造了薄弱点。还原论倾向使人们对整个系统的复杂影响视而不见,并导致人们形成一种过度的自信,认为解决问题的关键就是识别分离的元素。例如,大脑中血清素水平与抑郁症之间联系的发现使许多人主张"血清素假说"——神经递质血清素失衡会导致抑郁症，而诸如选择性血清素再摄取抑制剂（SSRIs）等所谓的第二代抗抑郁药可以通过纠正这种血清素失衡治疗抑郁症。然而，当人们试图将一个复杂的现象简化为一个单一因素时，几乎总是会发生这种情况：我们马上会发现，它比这个简化模型所显示的要复杂得多。现在许多人相信低血清素不会导致抑郁症，而且在很多情况下，SSRIs类药物即便不说是完全没用，也几乎没什么帮助。

人们对血清素假说过于相信的原因有很多。制药公司拥有既得利益：最早的药物之一百忧解（氟西汀的品牌名称）在上市两年内成为史上销量最大的抗抑郁药。抑郁症会使人衰弱，医生却很难治疗它，所以神奇疗法的承诺总是很诱人。最不为人注意的因素是，还原论的文化预设使这一假说比证据所显示出来的可信度要更加可信。

还原主义的解释往往被认为是唯一有价值的解释。例如，我们大多数人都承认，我们的大脑在某种意义上是让我们有意识的硬件。所以当任何有意识的事情发生时，理论上总是可以用神经元的术语来描述所发生的事情。例如当你做决定时，会发生某种神经元事件。但这并不意味着你所做的一切都能通过这种还原性的、神经元的解释得到最好的理解，并且你现在有意识地思考的任何事情都无关紧要了。如果还原性解释是唯一正确的解释，那么没有基础物理学的术语，就没有什么可以得到解释了。这不可能是正确的：一个非常真实的感受是，你的汽车不能启动是因为电池没电了，即使在基础物理术语中没有"电池"和"汽车"的位置。

哲学家珍妮特·雷德克里夫·理查兹（Janet Radcliffe Richards）通过区分"揭穿"和"不揭穿"解释来说明这种困

惑。[6] 揭穿真相的解释用一种解释代替了另一种解释。例如，当内科医生巴里·马歇尔（Barry Marshall）发现高达90%的消化性溃疡是由一种叫幽门螺杆菌的细菌引起的时候，他推翻了另一种理论，即溃疡通常是由压力引起的。然而，一个不揭穿真相的解释可能会使其他解释保持完整。水手们早在我们了解其原因之前就发现，吃柑橘类水果可以预防坏血病，因为坏血病是由维生素C缺乏引起的。这一医学解释丝毫没有推翻吃柑橘类水果可以预防坏血病的理论，它只是解释了这一理论背后的机制。

雷德克里夫·理查兹指出，我们通常会认为还原论解释是揭穿性的，但实际上并不必然如此。大脑研究显示了决策背后的神经机制，这并不意味着不是我们在作出决策。同样，抑郁症也必然会在大脑的变化中表现出来，但抑郁症的原因可能是生活中的事件，而谈话疗法往往会有所帮助。正如雷德克里夫·理查兹所言："解释和解释掉不一样。"[7] 通常，当西方还原论受到批评时，问题并不在于还原论本身，而在于它被视为揭穿真相的方式。

一旦我们适应了简化假设，就会发现它在西方文化中随处可见。它的独特性并不是人们拒绝它的理由。还原论既是西方思维的优势，也是其劣势的一个来源。重要的是要注意到确实存在还原主义的假设，并询问在这种特定的情况下，整体思维是否可以丰富我们的理解，或者说整体思维比还原主义分析更可取。当还原论成为唯一的思维方式时，我们就简化得太多了。

— 15 —

结　论

"世上总会有形而上学"

2011年，斯蒂芬·霍金宣称"哲学已死"，这引起了很大反响。他说，科学家们"已经成为探索知识的火炬传递者"，而且现在由他们来回答诸如"我们为什么在这里？"以及"我们从哪里来？"这类大问题。哲学家们被甩在了后面，因为他们"没有跟上科学，尤其是物理学的现代发展"[1]。

这些都是很宏大的主张，但没有证据或进一步的解释——作为一个拥护科学方法的人，我感到很好奇。霍金的意思似乎是哲学形而上学已死，取而代之的是科学物理学。这符合我们熟悉的关于人类知识进步的故事，人类学家詹姆斯·乔治·弗雷泽爵士（Sir James George Frazer）于1890年在《金枝》中提出了人类知识的第一次迭代。首先，我们试图从神话的角度来理解这个世界。然后，我们运用理性，试图从哲学上理解它。最后，我们开发了实验和理论工具，使我们能够科学地研究它。在这种观点下，神话和哲学只是通往科学的垫脚石。甚至一些哲学家也同意这样的观点。例如，卡尔·波普尔（Karl Popper）将形而上学与不接受实证检验的"前科学神话"归为一类。[2]

的确,一些传统的形而上学问题,如空间和时间的本质,确实在科学研究中得到了最佳解答。但是,把这称为哲学的死亡是一种过度陈述,尤其是考虑到许多哲学问题不属于科学领域。例如,道德和政治哲学中的问题,不能通过用大型强子对撞机或核磁共振成像仪的细致观察来解决。

从根本上讲,我们没有理由认为哲学形而上学是外行的物理学。即使我们完全放弃了形而上学如实解释世界的观念(许多哲学家都相信这一点),解释我们在生活经验中所见的世界也仍然需要做很多工作。这实际上就是康德提出的形而上学研究的适当对象。

我们可以称之为现象学形而上学:研究经验世界的结构。即使我们的科学物理学是完整的,现象学形而上学仍然是一个适当的研究对象。物理学和现象学的形而上学不一定会相互竞争。例如,许多物理学家认为,自然界没有"现在",也没有任何过去或未来。但是人类确实生活在有时态的时间之中,现象学的形而上学应该对此发表一些看法。

无论世界上各伟大传统中的哲学家自己如何看待他们的形而上学,通过现象学形而上学的视角而不是科学的视角来考虑他们的思想都是最富有成效的。当我们从哲学的角度考虑时间时,我们关心的是如何有效地思考时间,以及理解时间的流逝。空性概念的价值与它是否符合量子理论的发现无关。形而上学的价值是关于人类存在的,而不是科学的。这就是为什么我们可以从不止一个形而上学的体系中学习,因为我们构造经验的方式部分是由于我们的思维的固有结构,部分是由于我们的思维和社会彼此构造的方式。尽管康德说,"所有教条主义形而上学的崩溃时刻无疑就是此刻",但他正确地补充道,"世上总会有形而上学,更重要的是,每个人,尤其是那些反思的人,都会有形而上学"。[3]

第三部分

世界中的我们是谁

贝多芬《第五交响曲》的开头是西方音乐史上最著名的乐段之一。你肯定可以在脑中回想起，或者随口哼唱它的旋律："噔噔噔噔——"。你可以很容易地识别出其中的第四个音符，也就是E，但是，是什么使它成了这个特定的E呢？

回答这个问题至少有三种方式。用第一种方式回答的话，它之所以是这个E，而不是另一个E是因为它相较于开头的三个G和交响乐接下来的其他部分的位置关系。在一个不同的音符序列中，它会是不同的E，这就是对E的性质的关系性定义。

另一个回答是，它是E，仅仅是因为它是E这一类东西的一个特殊示例，这就是关于它的全部内容，就像一个特定的英镑硬币只是"英镑硬币"这一类型的一个示例一样。这就是对E的性质的原子性定义。

第三个更激进的回答是，这个提问方式本身就是被误导的。根本就没有什么特定的E，因为它并没有本质。我们可以称它为E，并在乐谱上这样标示它，但这么做制造了一种"这儿有某种实存的东西"的错觉。实际上，音符是一个转瞬即逝的事件，随生随灭，每次被演奏时都会略有不同。认为存在一个E，其本质是可以定义的，这是一种错觉。

以上哪个答案是正确的？也许全部都是，也许一个也不对。每一种答案都描述了一种思考音符的方式，抓住了一部分的真理，但没有一种是唯一正确的思考方式。然而，我们选择哪种描述会影响我们对音符的看法：作为一个更广泛的整体的一部分，作为它自身的一部分，还是作为它在无定的知觉流动中表现出来的一部分。

如果用来说明我们如何思考自己，这是一个很有用的类比。在某种意义上，我们都以原子的方式存在。我们每个人都是一个生物统一体，当我们死后，世界上这样的个体就少了一个。但我们也存在于关系之中：我们是某人的儿子或女儿、邻居、同事、同胞、同志。同时，也可以说，没有什么本质能决定我们是谁。我们作为一束细胞而存在，这些细胞不断地生长，不断地变化，成为一连串经验轨迹的焦点，直到这束细胞在肉体死亡时解体。

前两种思考我们自身的方式比较普遍。没有一种文化不是在承认每个成员的个体性的同时，也认同他们的身份与其他人的联系程度。不同文化之间的差异只在于它们的侧重点是关系型自我还是原子式自我。第三种思维方式并不普遍。自我的本质不存在这种观点与人们普遍认为的，人类是被赋予灵魂的生物，具有某种非物质的本质，可以在死亡后继续存在等观点相矛盾。它也挑战了许多人的直觉，即存在某种个人本质，一种独特的"自我"。

世界上各古典哲学传统都对这些思维方式中应该以哪一种为基础有各自不同的观点，这些观点反映在它们所属的文化中。因此，理解这些哲学观点，就是理解在另一种文化和在我们自己的文化中作为一个人意味着什么的一种强有力的方式。

— 16 —
无 我

"我不存在，没有什么东西是我的，我不是"

弗洛伊德所说的"对微小差异的自恋"可以用来描述许多文化内部的哲学争论。从任何传统的内部看来，那些在外人看来仅仅是一些细枝末节的技术差异的东西都显得尤为重要，这让我想起了电影《福禄双霸天》(*Blues Brothers*)中的一句话：酒吧老板向紧张的乐队保证，这里的人们什么风格的音乐都喜欢，"无论是乡村音乐还是西部音乐"。在这个被漫画化了的乡村角落里，两种在外人听来像是同一枚硬币的两面的音乐风格，却被置于音乐谱系的两端。

在古典印度传统中，有一对概念似乎从内部呈现了两个截然不同的走向。吠陀传统中有个我的概念（梵语，巴利文作attā）：一种个体本质的存在，使每个人成为他或她的东西。佛教对这一传统的巨大突破体现在无我（anattā）的概念中。这个词就是字面意义上的没有（an）自性灵魂（attā）。两个概念之间的差别就像昼夜之间的差别一样明显，特别是佛教立场的名称就是对吠陀立场的否定。

然而，从一个局外人的角度来看，个我和无我理论之间的相似之处要比它们的差异更显著。这两种观点都与西方古典主义观点相矛盾，即本质自我是一种个人自我，根植于人的心理个体性。两者都赞同重生的理论，但都是以一种完全非个人的形式。

在印度古典哲学中（按照惯例，顺世论除外），一切——包括自我即阿特曼（ātman）——最终都是梵的一部分，是宇宙自我，即"一"。当个我意识到它的真实本质，从而回到它与梵合一的真实状态时，救赎、解脱（mokṣa）就实现了。在这种宇宙学中，宏观的和微观的最终没有区别：整体就是部分，部分就是整体。Tat tvam asi，那就是你。《奥义书》中说：

我心中的自我，比一粒米、一粒大麦、一粒芥子、一粒谷子、一粒谷的核还小；我心里的自我，比地大，比大气大，比天空大，比所有这些世界都大。

包含了所有的劳作，包含了所有的欲望，包含了所有的气味，包含了所有的味道，包含了整个世界，无言的，无意识的——这是我内心的自我，这是梵。我将在离开时进入它……[1]

所有主要的吠陀传统都微妙地以不同的方式宣称，这种"进入"梵意味着我们作为个体的意识的停止。最终的目标是自我的消解，L. N. 夏尔马认为这是印度神话中许多意象的中心主题："卡莉（Kali）斩首并将她心爱的崇拜者的头拿在手中，湿婆的形象装饰着被砍下来的头的花环，还有许多象征，比如娜塔拉贾（Nataraja）的舞蹈，压制着自我遗忘的恶魔，生动地展现了自我瓦解的意义。"[2]

要达到这种无我的状态，你需要意识到，在深层意义上自我早已不存在了，这似乎有些自相矛盾。你如何才能努力实现本来就实现了的目标呢？如果你能记住个体的自我是一种幻觉，那么这种矛盾即使不能得到消除，也可以得到减轻。因此，你需要做的不是改变现实，而是逃离你对它扭曲的想象。

这就是为什么解脱是通过对真理的充分认识而实现的。例如，在胜论派中，你需要意识到个我"不可能属于心灵"[3]，以达到迪帕克·萨玛所说的"没有意识的理想存在状态"[4]。同样，数论派说，一个人获得的终极智慧是"我不存在，没有什么东西是我的，我不是"[5]。在正理派中："生是心灵（自性灵魂）与身体、感觉器官、思想、智慧和情感的连接，而死亡是灵魂与它们的分离。"[6] 如果我们能逃离这个循环，那么个我就会在没有任何意识的情况下存在。

同样的基本动力学也可以在瑜伽中找到，在瑜伽中，解脱的方法是以专注或冥想的身体练习的形式做有纪律的练习。通过瑜伽，你达到了觉知状态的改变，最终达到了隔绝（kaivalya，卡瓦亚）。[7]《瑜伽经》教导说："当一种特殊的认知停止时，因为一切（即所有的内容）都停止了，就有一种没有内容的专注（即"没有种子"的或内容的专注）。"[8]

现在应该很清楚，通常把 ātman 翻译成"自我"或"灵魂"是非常误导人的，因为在西方术语中，自我和灵魂通常被认为是个人的。自我或灵魂是人的核心，正如约翰·洛克在17世纪定义的那样，一个人是"一个思想着的理智的存在，他具备思考能力，并且可以把自己看作自己，在不同的时间和地点都是相同的思考着的主体"[9]。然而，个我是一个非个人化的自我或灵魂。也就是说，定义它的不是我们通常用来定义自己的东西：我们的个性、记忆、欲望、信仰，等等。"这有点自相矛盾，"查克拉瓦蒂·拉姆-普拉萨德说："人的个我是真实的、真正的那个人，但那正是因为真实的自我不仅是那个个体，而且会存续更久！"[10] 为了与梵重新合一，我们要付出的代价是失去我们所有的个性，失去我们通常认为的，使我们成为真实自我的东西。"从让获得知识的个人永世长存这个意义上来说，解脱并没有带来不朽。"[11] 业力循环会带来重生，但它不是个人的重生。

佛教也将摆脱轮回和痛苦从而达到涅槃视为救赎。这种现象的确切特征各不相同，但令人吃惊的是，这种普遍观点经常与印度正统学派的观点非常接近。在佛教的瑜伽行派中，人们寻求的是一种"空"的状态，即主体与客体之间没有区分。[12] 这种观点比起西方传统中的任何观点，都要更接近于本来被认为是它所反对的印度正统观点。

佛教的根本不同之处在于，它否定了一个持久的、永恒存在的、永恒不变的个我的存在。它主张无我，说我们认为的个我只不过是五蕴（五种集合）：物质或身体的形式（色蕴，rūpa），感觉和感受（受蕴，vedanā），感知（想蕴，sañña），精神活动或形态（行蕴，sankhāra）和意识（识蕴，viññāṇa）。并没有拥有物理形式、感觉、思想、意识的知觉的个我。相反，我们所认为的个体只是这些事物的集合。

无我最著名的一个解释是在公元前1世纪——《弥兰陀王问经》（*Milindapañha*，弥兰王的问题）。女祭司瓦吉拉（Vajira）把它比喻成一辆战车：

> 正如"战车"是各部分连接起来，
> 构成一个的整体；

所以当这些整体出现在我们面前时,
我们将其称为"活着的人"。[13]

正如"战车"仅仅是构成它的各部分之和一样,"自我"也只是构成"自我"的各部分之和,即五蕴之和。这在一个主张个我根本实在性的传统背景下当然是激进的,正如在任何主张不朽的、非物质的、不可分割的灵魂存在的传统中一样。然而,对于任何一个大体上具有科学的、自然主义的世界观的人来说,这应该是显而易见的。毕竟,除了物理学中最基本的元素之外,你能想到宇宙中有什么东西不是它的各部分之和吗?水的分子式是H_2O:它由两部分氢和一部分氧组成,它不是一个有两个氢原子和一个氧原子附着在上面的东西。我们说一本书"有"书页和封面,但我们不认为有一种奇怪的、非物质的东西叫作一本附有书页和封面的书。墨水印在封面之间的书页上,"书"就是它们加在一起的那个东西。

如果无我的观点看起来比它实际上更激进,那在很大程度上是因为它通常被译为"没有我"。但它真正的意思是没有个我:没有永恒的、非物质的、不可分割的自我。这与完全否认自我是很不一样的。在无我的观点中,有一种东西是我自己,但没有作为我自己的一个离散的实体。事实上,佛陀经常说要注意自己。例如,在《法句经》中,他说:"工匠们(建造运河和渡槽)引水(到他们喜欢的任何地方),造箭者把箭弄直,木匠们雕刻木头,聪明人塑造自己。"[14] 佛陀所要避免说的仅仅是任何包含以下暗示的东西,即智者所塑造的"自我"是简单、统一的灵魂。

因此,尽管一方面,无我与个我的教义是完全矛盾的,但大多数佛教分支和正统的印度教学派都认同一个更为基本的观点,即我们在常规现实中认为自己所是的那个"自我"是一种幻觉,只有当我们脱离了这个"自我",解脱才会到来,我们才会进入一种非个人化的存在状态。

然而,在实践中,我们并不完全清楚真实的自我是否真的与常规的自我如此不同,即使在佛教中也是如此。有时候,两者之间的区别似乎很明显,比如5世纪斯里兰卡文本《清净道论》(Visuddhi-magga)中的这几行:"涅槃存在,但不存在追求它的人。路是存在的,但上面的行路人却不存在。"[15] 在这里,那个"自我"似乎并不存在,这一点很明确。然而,在其他的情况下,个人化自我并不那么容易被抛弃。"作恶的人在这个世界上悲伤,他在另一个世界里也悲伤,他在两个世界里都悲伤,"《法句经》说,"义人在这世上快乐,在那个世界也快乐,在这两个世界都快乐。"[16] 从一种生活进入到另一种生活的似乎是一个常规意义上的人。

在印度人关于"自我"的观念中,存在着一种深层的张力,一种观念坚持认为我们的个人自我意识是一种幻觉,另一种坚持认为在未来生活中重生的仍然是一个版本的我。这在几年前我和藏传喇嘛的两次接触中变得很明显,当时我正在写一本关于人格同一性的书。在佛教中,每个人都是转世的,但是人们认为喇嘛确切知道他们自己是谁的转世。那么,我想知道,这些人是如何看待他们与更早期的自我的关系的呢?答案似乎在以非个人和个人这两种方式来思考这种关系之间摇摆不定。

阿贡祖古(Akong Tulku)将转世的自我称为建筑内部的空白空间。在死亡的时候,建筑被拆除,一个新的建筑被建造,但是它所包含的空间仍然不变,延续了过去行为的业力。没有延续的是记忆、知识、信仰,或者可能是人格,因为不同的化身有着不同的人格，这是一个历史记录的问题。比如，第十三世达赖喇嘛就是一个精明的政治操作者，他建立了西藏的武装力量和警备。他在临终前建议说："即使是在与敌对势力接壤的小边境，也必须驻扎高效、装备精良的部队。这支军队必须经过良好的作战训练才能对任何敌人都具有威慑作用。"[17] 他以强硬和固执著称，官员们经常担心会受到惩罚。

然而，在某些情况下，阿贡陷入了一种暗示个人自我会延续的讨论方式。尽管他说他对自己的前世没有记忆，但他还是热衷于强调其他人的记忆。他还认为我们可以继承前世的学识。他用蹩脚的英语告诉我说："有些人，比如六七个孩子，能够借助他们前世的经验阅读、写作书籍或诗歌。"但是，如果转世与个人自我的持续存在没有任何关系，它为什么还是重要的或可能的？

同样，林古祖古（Ringu Tulku）也接受了没有永恒自我的观点，"所以你不必担心自己的毁灭，因为没有什么可以毁灭的"。他认为唯一会继续存在的就是"我的习惯性倾向，我的反应方式，我的思维方式"。他也承认他不记得前世的任何事情。"这就是为什么我认为，在我的情况中这是一个错误。"他在谈到自己的人格同一性时笑着说。

但是他能想到的关于从一种生命到另一种生命的最好的描述是，把它比作睡觉和醒来时在不同的身体里。他强调了一个事实，即许多人确实声称自己记得前世。这里再次出现了，存在于"否认轮回中的个人"与"维持我们个人性格和记忆方面"之间的紧张关系。

理解这种紧张关系，让我们能更接近印度日常生活中的自我概念。佛教和印度教的各正统派别都承认，我们必须像个人的自我一样过自己的日常生活。这种错觉是深刻的，因此我们不应该感到惊讶，在一个正式信念中没有个人自我的文化中，我们看到人们与世界上其他地方的人一样地生活着。日常生活存在于表象的世界里，而不是在绝对的现实中。

然而，如果人们相信他们真实的自我不是被这暂时的、有限的生物体所定义的，那我们期望这会进一步产生其他的后果。在实践中，自我去人格化的影响比轮回转世这种更容易理解和带来安慰的信仰要小得多。拿米拉·班杜尔来说，她认为因果报应意味着没有后悔的感觉。"我一次又一次地看到这种情况发生在我身上。所以我刚听到所有这些精彩的中国哲学，我就觉得'我要是能做中国哲学就好了'。但我最终不会感到不满足，因为我会想'好吧，还有下一世'。这对我来说太自然了。所以我妈妈从来没有出过国，她也从未不满。她很满足，因为她说：'如果我需要出国旅行，我将在下一段人生中去做，也许出国旅行不是我的宿命。'"

轮回的重生比去人格化的自我更受到关注。用抽象的方式来说，消解自我并进入梵我合一状态的最终目标听起来像是一个美丽的愿景。我们都是梵的一部分，这一想法可能也让人们对自己的重要性有了一种安心的感觉，否则，这个世界将会是一个严酷的世界，它对人类福祉漠不关心。但似乎人们对个我有着相当的依恋，会更满意于存在即将到来的下一段生命这个想法，而不是一个最终灭绝的前景。

也许，印度教和佛教文化有选择性地从他们的哲学中汲取思想，最明显的迹象就是他们在多大程度上颂扬个人。佛教徒敬拜菩萨、佛和喇嘛。菩提伽耶的主要朝圣地之一是一尊25米高的大佛，几乎每座寺庙的人们都在佛像前鞠躬。而我们已经看到印度人对当局、先知和偶像的顺从。

尽管哲学理论会形成复杂的整体,在其中一种观念会包含另一种观念,但它们渗透到更广泛的社会的方式往往更像是选择性地混合,几乎不考虑一致性。哲学理论和宗教学说要么进化以适应社会,要么就始终是思想家和神学家的闲思,注定要消亡。因此,无我在中国佛教中找到了一种不同的形式,更适合本土文化。中国的思想倾向于涉入这个世界。许多人认为佛教在中国兴起,部分原因是它提供了一种超脱尘世的可能性,而本土传统却没有。然而,要让中国人相信它,它就必须与本土文化妥协,将"无我"的形而上空虚与中国伦理道德的亲社会的无私精神联系起来。因此,在中国思想中实现无我的目的,与其说是为了逃避轮回,不如说是为了在今生获得佛性——拉姆-普拉萨德将其定义为"一种道德和精神纯洁的原则,体现在佛陀的一生中,并在一生中保持强大……"在思想、情感和行动中实现这一原则,可以让人过一种正确的生活,无私地参与世界上的一切事物。他指出,"这种学说在印度佛教中几乎没有什么地位"[18]。

如果认为对无我的认可会导致更大程度的无私,那么可以说,在中国的版本中,这一点比印度的原始版本更加明显。无我落在了更肥沃的土壤上,因为在中国历史上,个人并不是最重要的。事实上,即便是对孔子个人的强调,体现的也是西方对他所创立的哲学学派的一种思考方式。"儒家"一词是由16世纪的耶稣会传教士提出的,他们按照自己的传统,以其创始人的名字来命名这一哲学。在中国,儒学仍然被称为儒家,或儒派(儒的意思是"学者"或"有学问的人",家的字面意思是"家"或"家庭")。它并不与任何一个个人绑定。称之为儒家比称之为"孔子学说"会更符合中国人谈论它的方式。[19]

苏菲派中也有一种"无我"的观点，苏菲派是伊斯兰教的一个神秘主义分支，寻求与神的统一，要求自我的毁灭（fanā）。在13世纪波斯诗人鲁米的作品中，有许多对这一观点的表达。他在《玛斯纳维》（Masnavi）一书中写道："唯一能逃脱内在敌人的方法就是消灭自我，全身心地投入上帝的永恒之中，就像星星的光在正午的太阳光中消失一样。"[20] 然而，伊斯兰苏菲派只占全世界穆斯林的一小部分，而无我观在伊斯兰教中也是一个少数派观点。

无我以另一种不同的形式出现在另一个主要的哲学传统中：现代西方英美哲学。同样的核心思想，即没有不变的"自我"的本质，只有经验、思想、感觉等的集合，出现于18世纪，完全独立于佛教的无我概念。有趣的是，大卫·休谟，这种思想最重要的发起者之一，很有可能在1728年耶稣会传教士伊波利托·德西代里（Ippolito Desideri）写的一本关于佛教哲学的书中读到过无我的概念。这本书被梵蒂冈认为不适合出版，手稿被存档。但德西代里曾访问过拉弗莱什（La Flèche）的耶稣会皇家学院，休谟就住在附近，且曾在那里与一些僧侣会面并交谈。这是在休谟开始写作《人性论》之前的事情，这本书中含有他自己对自我和同一性问题的论述。[21]

尽管故事很有趣，但休谟间接接触过佛教的证据纯粹是间接推断性质的，而且他的理论有一个更为明显和无争议的来源：约翰·洛克的理论。洛克用一个强有力的思想实验来解析关于灵魂和自我的概念。让我们假设，他说，我们每个人都有一个非物质的灵魂，它维持着我们的思想，使我们能够在时间中持续地存在。现在假设你的这个灵魂和特洛伊之战中的涅斯托尔或忒耳西忒斯的灵魂是同一个。如果你不记得，你还会和他们中的任何一人是同一个人吗？洛克假设他的读者会回答"不"[22]。我们区分任何——物质的或非物质的——维持我们的同一性和同一性本身的实体。使你成为你自己的是你精神生活的统一性和连续性，而非你是由什么组成的。这就是为什么我们可以想象在另一个不同的身体里醒来，或者在我们自己死后继续存在。为了存在，我们很可能（确实）需要一个身体或灵魂，但那只是自我的载体。最明显的现代类比是，我们是运行在大脑和身体硬件上的软件。如果您将一个文件从桌面移动到一个硬盘中，该文件会继续存在，即使它现在由完全不同的载体来维持。

休谟发展了这一观点，并阐明了其后续推论。他发现，如果我们的同一性存在于我们的思想、情感、记忆、信仰等之中，那么我们就根本不是一成不变的单一事物，而仅仅是"一束"感知。休谟通过邀请我们反思来阐明他的观点。观察你自己，你自己的意识。你发现了什么？这里的一个想法，那里的一种感觉，一个萦绕在你耳畔徘徊不去的朗朗上口的曲调，一种你对从眼角瞥见的蛋糕的渴望，等等。你所观察到的是特定的思想、知觉和感觉。休谟认为自己并不古怪，他写道："我从来没有捕捉到我的那个独立于这些感知的自我。"我们所谓的自我不过是一束或一组不同的知觉，它们以一种无法想象的速度彼此交替，并且永远在变化和运动中。[23]

这不仅听起来非常像无我，甚至建立其观点的方法本质上也是一样的。在佛教中，冥想的目的之一是细心关注你意识的特征，以便发现没有永恒的自我，只有产生和消失的思想和感觉。（在佛教中，这仅仅是更广泛的缘起理论的一个特殊实例，Pratītyasamutpāda 即"依赖的起源"，认为没有任何事物有独立的存在。）休谟与佛教内省的主要区别在于，对休谟来说，你只需要实践一次或两次就可以得出关于不存在一个延续性的自我的观点,而对佛教徒来说,你应该经常这样做,以培养对自我之不存在的认识,从而减少你对自我意识的依恋。

这种差异很有趣。即使在所有主流哲学都否认个人自我存在的文化中,人们对自我仍然有很强的执着。对于佛教徒来说,解决之道就是奉献:再努力一点。另一种反应是,没有必要完全破坏传统的自我意识。休谟并不是说自我是不真实的,就像女祭司瓦吉拉没有证明马车是不真实的一样。只要我们意识到没有永恒不变的自我本质,那么大概按着我们的过往那样日复一日地继续生活又有什么问题呢?它可能,抑或应该,让我们对自己的无常更加乐观,因此在任何特定的时刻,我们对自我的感觉都不那么依恋。但它不会,也没有必要,破坏我们自身的价值和我们的持续存在。

捆束式观点(The bundle view)目前在学院哲学家中最受欢迎,在研究自我意识及其来源的心理学家和神经学家中还要更为普遍。[24] 我们对大脑回路的知识支持了休谟派和佛教的基本观点,即没有自我的中央控制中心,没有单一的意识轨迹。相反,大脑不断地参与平行的过程,其中大部分是无意识的,其他的则是在竞争有意识的注意。事实上,在有意识和无意识之间作出区分本身就是有问题的。例如,当我们回忆自己开车时,我们常常会震惊地发现,我们对自己一直在做的事情没有任何记忆,就好像我们是在自动驾驶一样。然而,如果在这段时间里突然有一只鹿跳到车前面,我们就会意识到,这表明我们确实是有意识的。我们所说的"自动驾驶"并不是真正无意识的。它似乎更像是一种状态,在这种状态下,没有任何东西被有意识地保留,这就是为什么事后回想时,我们似乎根本就没有意识。

然而，捆束式观点只在学术界占主导地位，而更广泛的文化仍然被原子论观点所主导，我们不久将对此进行研究。这并不是说捆束式观点对更广泛的社会没有影响。人们对心理学共识的日渐了解，加上上一章所描述的还原论观点使得自我是一种"幻觉"的观点越来越流行。科学家们鼓励这种解释，出版了带有这类标题和副标题的书籍，如《自我幻觉》《心灵科学》《自我的神话》。[25] 但正如我们所看到的，自我的唯一的、统一的本质才是一种假象，而不是自我各部分的总和。

然而，比这更为普遍的是，西方越来越多的人开始认识到同一性是流动的、可塑的，并不是在出生时就被定义的。尤其是年轻人正在回避本质化的同一性，他们相信自己可以自由地定义自己是谁、自己是什么，或者选择完全不定义自己。一个显著的例子是2015年的一项调查，该调查显示，尽管大多数年轻人并不实践双性恋或同性恋的生活方式，但只有一半的年轻人认为自己是异性恋。[26] 这并不是说他们觉得自己"不是异性恋"，而是说他们不想被"轻率地归类"成任何性取向。在西方，无我越来越不那么具有异域色彩，而更接近于常识。

— 17 —

关系性自我

"一切都在这两者之间"

在离开东京的飞机上,我注意到很多日本乘客在他们的个人机上娱乐系统中选择了同样的电影。出于好奇,我也坐回去看了看。《橘色奇迹》(*orange*)是一部日本青少年奇幻剧,改编自高野苺的同名漫画。这部电影也很受欢迎,上映的那个周末就排到了日本票房榜第一。电影的情节很聪明:一个十儿岁的女孩高宫菜穗(Naho),收到未来自己的来信,鼓励她做她能做的一切来阻止她的新同学成濑翔(Kakeru)的死亡。他最初的死亡是无法挽回的,但如果她采取不同的行动,可以创造另一个平行的未来,她和翔结婚,从此幸福地生活在一起。

这部电影反映出日本哲学思想的许多方面都成了主流文化的组成部分,而不仅仅是学术界的思考。比如,他们对季节变化的迷恋从开场镜头就可以看出来,女主角走在一条绿树成荫的路上,她未来的自我给她写了一封信,提醒她"4月6日,你上学快迟到了,因为你被樱花迷住了"。在影片的后半段,她和她的青少年朋友们聊起了"春天我们会去弘法山看樱花,夏天去上高地公园,秋天去阿尔卑斯山公园"。也没忘了冬天:"松本城堡在雪地里也很漂亮。"此外,影片情节的核心是两起自杀事件,显然这不是一部典型的美国青少年电影。

最引人入胜的是这部小说核心的恋爱情节的发展。人们的注意力几乎从未集中在他们两个人身上,他们只有很少的几次独处。相反,电影的中心是他们两个的一群朋友。当翔被救出来的时候,所有的朋友都在那里,全片最后一个镜头也是他们所有人在一起看日落,在西方电影中这一幕肯定只为这对浪漫的情侣保留。真爱找到了办法,因为更广泛的社会群体促成了它。

这部电影的重点是为他人做些什么。起初,菜穗给翔做午餐,因为她发现他中午从不带饭。看到他接受时的快乐,她几乎要哭了。当翔的母亲自杀时,她在一个视频遗言中透露,这是为了减轻翔照顾得了抑郁症的自己的负担。甚至她的同学弘人,菜穗从未来写信的时候她的丈夫,也希望她能和翔在另一个未来相聚,因为尽管他很爱她,并且他们幸福地生了一个孩子,但他认为翔是更好的选择。每个人都觉得对彼此的幸福负有责任。未来的弘人,菜穗和他们的朋友对翔的死表示遗憾,为他的自杀承担责任。未来的菜穗央求年轻时的自己:"我想让你分担他的负担。"所有的角色似乎都渴望这样做,在一个场景中,朋友们帮助翔和菜穗搬一个很大的健身房防撞垫。其中一人说:"如果担子太重,不要自己扛。"他补充说,"我们会帮助你扛起重担",就像这个比喻还不够清楚似的。

《橘色奇迹》为我们提供了一个很好的视角,让我们了解到,在日本(和在东亚其他地区以及许多传统社会一样),自我在本质上是如何被理解为与他人相关的。这不是一种消除人与人之间差异的集体主义形式。当西方人在像东京这样的日本城市观察人们日常生活的图景时,他们常常会感到一种随大流的顺从。面无表情的人们走起路来非常拘谨,他们穿过街道,或挤上拥挤得令人难以置信的地铁。这符合日本作为一个墨守成规的社会的刻板印象,在这个社会里,个性被置于群体的身份之下,纪律和礼貌压抑着情感。

当我去日本的时候,我感觉不是这样的。我遇到的大多数人都非常热情。与其说他们墨守成规,不如说他们是亲社会的。他们如此有序地登上火车,是因为每个人都以符合其他人的最大利益的方式行动,而不是因为他们试图"融入"。这种行为方式开始影响到我,即使我只在那里待了几天。我意识到,我在城市里散步的默认方式是微微将双肩向外张开,也不是想把其他人挤到一边,但显然准备好在潜意识里为空间和优先级而战。后来我放松下来,更多地注意我可能正在侵犯别人的空间。

母亲是日本人、在日本长大的哲学家约翰·克鲁梅尔认识到了这一点。他对我说,当你在纽约市乘坐地铁时,常会看到人们伸开双腿。甚至连纽约人也迟钝地意识到了这一问题,地铁上的标语都在阻止"大爷式伸腿"。"在日本,人们很在意坐在他们旁边的人,如果有一点空间,他们会给你腾出位置,邀请你坐在旁边。"

东京地铁站的一个标识完美地体现了这种精神。它展示了两个并排的线条勾画出来的人物轮廓,一个带着个人音响,另一个没有。它说:"任何一件杰作从耳机里发出来的时候都会变成噪声干扰。"听音乐的人后面有乐谱,另一个人后面有一串锯齿状的平行线,分别标着"杰作"和"噪声"。这个标识没有命令甚至没有要求乘客把音乐关掉或调低,它只是提醒乘客注意音乐外放的反社会后果。

这招似乎很有效，因为在日本，我从来没有被其他人的iPod烦人的声响打扰过，而我在乘坐英国的公共交通时总有这个烦恼。在英国国内，如果有"安静车厢"的话，那些不想被骚扰的人必须特别努力去寻找。即便如此，如果你善意地提醒别人，那些用恼人的微小节奏扰乱平静的设备是不允许的，他们通常会把你当成一个紧张的疯子，而你无权干涉他们的享受，即使这会毁了你的享受。

用"集体主义"来描述这种亲社会的文化似乎是错误的，这种文化在东亚各地都以某种形式存在。通过研究自我在这些地区是如何被理解的，可以更好地理解大多数学者使用"关系性"这个概念来描述的东西。任何一个人的本质都是由他与他人的关系决定的。去掉这些关系，剩下的并不是一个剥去外壳的本质自我，而是一个剥除了本质的自我。

日本文化是一种融合了不同哲学和宗教的文化。"日本人生而为神道教，以儒家理念生活，死时皈依佛教"这句话的重要意义在于，儒家思想在生活中居于首位，因为在这种哲学中，社会关系至关重要。然而，日本文化中的关系性并不是来自中国的舶来品。更有可能的是，正如罗伯特·E.卡特所说，6世纪儒学传入日本后，它带来了"对日本原有普遍做法的深化"，这一点从神道教对祖先、家庭和神灵的重视方面可见一斑。[1]

日本的关系性思维根植于文化之中，反映在语言上，日语通常会省略代词，也经常不需要表达动词的主语是什么。英语中说"I went shopping（我去购物了）"，而在日语中，更常见的用法使用字面意思翻译成"Went to shopping（去购物了）"的结构。英语说"我觉得冷"，但日本人通常只说形容词"冷"。一些日语中与"对不起"对应的词的直译是"［债务］不会结束"（sumimasen）

和"[债务]是在我这边"（kochirakoso）[2]。哲学家嘉指信雄告诉我："通常'我'是不必要的，也是不受欢迎的。"

　　同时，日语对说话人之间的关系非常敏感。汤姆·卡苏利斯说："在大多数社交场合，陌生人之间的对话很难开始，除非双方交换了名片，或者通过中间人互相介绍，让双方了解对方的相对地位。"[3] 信雄说，我们一直通过语言来区分至少两到三个不同层次的尊重。当你提到"我"或"你"时，会根据你和谈话对象的关系选择不同的词。例如，watashi是在正式场合中使用的"我"，而boku或ore则更不正式，尽管后者如果没有在亲密的朋友之间使用，听起来会显得咄咄逼人。在欧洲语言中，这些关系指称往往要么完全不存在，要么存在但不那么复杂。在法语中，你可以用非正式的tu或礼貌的vous表示"你"，在西班牙语中，你可以用tu或usted表示"你"，但这是所有可能的变化了，你只能选择"我"来表示你自己。

　　日本人关于自我的思考的另一个语言线索是，尽管有一个词是"自我作为一个个体"，kojin（个人）。但当考虑人的本质时，更通常使用的词是ningen，强调自我的关系方面，是nin（"人类"）和gen（"空间"或"之间"）的结合。

　　这些语言特征反映了一种思考自我的方式，在这种思考方式中，对"我"的强调较少，而更多地强调"我"存在的语境。事实上，日本生活和文化的方方面面都反映了这种关系思维。在歌舞伎剧场上，最具戏剧性的时刻通常是集体行动，比如几位演员服装的快速变化，独舞则被轻描淡写。美学上强调精准和优雅胜过动作的技艺高超。在某一点上，观众热烈鼓掌，这听起来很像是给一段摇滚吉他独奏喝彩，但实际上却是由十几名左右的演奏者在传统弦乐器上以惊人的协调技巧演奏的一段。

卡特列举了很多其他的例子。法律体系是协商一致的，而不是像西方那样是对抗性的[4]。合气道是日本的本土武术，你有的是伙伴，而不是对手[5]。即使在商界，理光前首席执行官滨田博史（Hiroshi Hamada）也表示，该公司的核心价值是有用：帮助他人，互帮互助，做对他人有益的事情。[6] 在传统的家庭中，代替固定的墙壁和门的是可移动的屏风，这表示基于"相互信任和缺乏强烈的分裂需要"的"统一内部的分裂"[7]。

如前所述，重要的是不要夸大这一点。对自我概念的强调不同并不意味着完全不同的自我。这是中岛隆博到西方旅行时学到的一课，充满了先入之见。"在我去西方国家——美国、法国、英国等——之前，我以为他们是非常个人主义的人，所以我不得不和他们斗争。但实际上，我根本没有这样的经历。他们非常有礼貌。他们比我想象的更注重家庭价值。他们的行为不是利己主义和个人主义。"

正如西方人不像"个人主义者"这个词所暗示的那样，是盛气冲冲的自我中心主义者，日本人也不像他们的"集体主义者"名声所显示的那样缺乏个性。九鬼周造（Kuki Shuzō）在他写于20世纪30年代的《关于日本人的性格》一文中，举了1931年奥运会上的一个场景为例，当时"一位成功的日本运动员站在颁奖台上，听着《君之代》，仰望升起的太阳旗，哭了"。德国奥委会的一份出版物随后解释说："他怀着深深的道德情感哭泣，因为自己履行了对日本的责任。"九鬼周造并不否认这可能是他情绪中的一个元素。但另一个原因是，他是一名刚刚打破世界纪录并赢得奥运会金牌的运动员。对他的情感所作的独特解释也许能补充我们所熟悉的解释，但不应取代它。[8]

关系性自我是所谓的"京都学派"，即一群20世纪早期日本哲学家组成的学派的中心主题。其主要人物之一西田几多郎强调，这种哲学中没有任何东西是反对个人主义的，"个人主义和利己主义必须严格得到区分"。事实上，他认为，最伟大的人表现出最伟大的个性，"一个忽视个人的社会绝不是一个健康的社会"。[9] 事实上，我在飞行旅途中看的那部电影《橘色奇迹》中，所有的角色都非常独特。他们对群体的归属感与其说抑制了他们的个性，不如说认可了他们的个性。

如果日本文化在外人看来不像一种深深欣赏个性的文化，那部分原因可能是，个人主义已经与真正的个性无关，而是与个人身份的主张或表达有关。后者在西方更为明显，但前者不一定。例如，当我问日本哲学家小林康夫，他是否注意到日本和美国学者之间有什么不同时，他说："美国教授总是试图让自己与众不同，总是这样。'我不像这些人。我是特别的。'也许日本人也很多样化，但他们认为我们必须表现得有点像其他人。"

王大卫（David Wong）想知道，鼓励更多公开表达个性的文化，是否实际上反而更墨守成规。他在阅读了人类学家阿琳·斯泰尔斯（Arlene Stairs）的反思文章后，产生了这种想法。她与因纽特人相处了一段时间，因纽特人与日本人一样，觉得相对而言没有必要在公共场合展示自己的个性。然而，当她了解他们之后，她发现他们比大多数西方人更加多样化，西方人竭尽全力地表达自己的个性，但他们的品味、政治观点、甚至购物习惯都惊人地相似。不管这种负相关是否存在，观察结果肯定表明，我们不应该把对个性的断言与个性的拥有混为一谈，这一点在巨蟒组（Monty python）的《万世魔星》（*Life of Brian*）中以喜剧式的简洁风格表达了出来，当一群人被告知他们都是个人时，他们的回答是："是的，我们所有人都是个人！"（这个笑话还有更好的第二个包袱:过了一小会儿,有个人小声嘟囔道:"我不是。")

日本哲学既反映又发展了这种关系。"rinri"(伦理)这个词是"伦"和"理"的合成词,伦的意思是"跟随"或"陪伴",理的意思是"原则"。因此,卡特说,伦理是"与人类同胞关系的理性秩序"。关系是建立在伦理学之上的。

日本哲学普遍分析了这种关系的性质,认为其根源在于缺乏自我与他者、主体与客体之间的根本区别。以12世纪的佛教禅宗(中国禅宗)公案集《碧岩录》中两位禅师的故事为例:

仰山问三圣:"汝名什么?"
三圣云:"惠寂"
仰山云:"惠寂是我"
三圣云:"我名惠然"
仰山呵呵大笑。

这个故事展示了三圣如何通过借用仰山的名字来象征性地缩小他们之间的差异。尽管如此,他们仍然保留着自己独特的身份。既有统一性,又有差异性。这是伦理学的基础。如果你在其他人身上认出了你自己,那么把别人当作你自己就不是一种抽象的责任,而是第二天性。[10] 例如,从中世纪一直延续到19世纪的高贵的军事阶层——武士的强烈忠诚与其说是植根于对一项原则的忠诚,不如说是源于他们与战友的团结[11]。这是日本哲学的审美本质的一个很好的例子:它更多地植根于经验,而不是抽象的认知。

当然,认知在哲学思考中是不可或缺的。但正如我们已经观察到的,由于理智在某种意义上被认为不足以把握现实,东亚哲学往往通过诉诸悖论来故意暴露理性的局限性。也许最令人感到困扰的例子来自对主体和客体本质，换言之，对感知者和被感知的事物的本质的论述。关系的概念在哲学上与主客体的区别只属于表象的范畴，而不与终极实在的概念相联系。自我和他人之间的区别是显而易见的。9世纪中国禅宗大师临济说，证悟需要：

（a）释放主体（人）而留下客体（环境）；
（b）让客体离开，主体留下；
（c）释放主体和客体；
（d）保留主体和客体。[12]

这是一种非常禅宗的思维方式，因为它肯定了所有的排列，即使它们相互矛盾。尽管如此，它是连贯的，因为矛盾只是在智识或表象的层面上。如果我们把这与经验联系起来，我们就能从中看到真理。以射箭为例。首先，你专注于目标，忘记自己。然后你专注于你的任务，忘记任何期望的结果。然后你忘记了自己和目标，在任务中迷失了自己。如果你这样做，那么自我和目标毫不费力地融合，你击中靶心，成功地完成任务。

另一个悖论是，它是一个要求你改变自己的道德命令，但你的自我并不存在。京都学派哲学家西谷启治（Nishitani Keiji）写道："人是一种表象，背后什么也没有[13]。"这种观点的不同版本在日本哲学中反复出现了几个世纪。嘉指信雄在总结道元禅师的学说时，引用了他的代表作《正法眼藏》（*Shobogenzo*）的第一卷："研究的方法就是研究自我；研究自我就是忘却自我；被启发就是被这个世界上所有的事物所启发。"正是通过关注你的自我，你才发现它的空虚，因此你所关注的不是一个分离的自我，而是整个世界的一个缩影。认识到这种空虚就是开悟。

这也许是小林不喜欢将日本哲学定性为关注"内在性"的原因，这似乎是描述这种对自我和经验的关注的一种恰当方式。他告诉我："内在性与外在性是不可分割的。""一切都在这两者之间。"卡苏利斯可能创造了一个更好的词——亲密，我们稍后会更详细地讨论它。

日本在理论和实践两方面都为关系性自我提供了最清晰的例子。但正如我所提到的，整个东亚关于自我的概念中都有关系性特征。在中国的儒家思想中，每个人都是由他们在五种关系中所处的位置来定义的，这五种关系分别是：统治者对被统治者，父亲对儿子，丈夫对妻子，哥哥对弟弟，朋友对朋友。重要的是，除了最后一个关系之外，所有这些关系都是等级制关系。理学还强调自我的关系性本质，认为"没有什么是单独存在的"。[14]

作家许知远在中国的关系性自我与有神论的历史缺失之间建立了有趣的联系。他说，在西方传统中，个体性是你与上帝关系的一部分。这是基督徒经常提出的观点，他们认为所谓的世俗启蒙价值观实际上深深植根于宗教。个人主义始于基督教，强调个人的救赎，个人与上帝的关系，上帝关心我们每一个人。许认为，对中国人来说，神圣存在于社会和你的同伴群体中。这就定义了中国人的个性，也在某种意义上定义了他们的宗教信仰。宗教通常被认为是一套信条，但也许更根本的是，它是一种超越的源泉：它使我们超越世俗生活，并允许我们参与更伟大的事物。西方人通过信仰上帝来超越自我；对中国人来说，超越来自更广泛的社会群体。

在这里，我们需要再次注意，不能将其误认为个人身份泯灭在了群体之中。谢玉伟甚至声称:"儒家伦理认为个人甚至比社会更重要。"[15]正如儒家经典《大学》中所说:"从皇帝到百姓,无一例外,都必须把个人品格的培养作为根本。"[16]只有这样,家庭的枝叶和更广泛的社会才能繁荣昌盛。好的社会始于好的自我。

在东亚,个人和群体之间的深刻联系产生了一个令许多西方人感到困惑的结果:家庭和社区会对其成员的错误行为和失败分担责任。这不仅仅是一个感到羞耻的问题,带来羞耻的人要为此受到指责。相反,这是一种更深层次的,真正分担责任的感觉。例如,2014年4月,韩国渡轮"世越号"(Sewol)在从仁川开往济州岛的途中倾覆,造成304名乘客和船员遇难,其中大部分是檀园高中的学生。组织这次旅行的该校副校长幸免于难,但不久便上吊自杀,并在遗书中写道:"我对此负全责。"即便是与此行无关的人也表达了羞愧和共同负责之感。一位帮助遇难者家属的志愿者对记者说:"我们看到了这场灾难,它显然是人为造成的。我感到羞愧。"正如一位新闻评论员所言:"半个世纪以来,我们的国家一直朝着富裕的目标勇往直前,但我们却对文明和安全社会的目标视而不见。"[17]韩国人民认为这一悲剧是整个社会的失败,而不是个别人或渡轮公司的失败。在自我的关系概念下,这是很容易理解的,因为那些与我们关系最密切的人在某种真实的意义上形成了我们自己身份的一部分。奇怪的是,西方人似乎也的确能欣赏这一点,但却是以一种不平衡的方式:家庭会为自己成员的成就感到自豪,分享他们的荣耀,但很少为他们的失败承担任何责任。

关系思维也是许多口传哲学的特点。史蒂芬·穆克举唐纳德·斯图亚特(Donald Stuart)小说《雅拉莉》(*Yaralie*)中的中心人物为例,她被简单地称作"成长中的女孩"(growing girl),她的个人身份不如她在社会中的位置重要[18]。这并不意味着人们在传统社会中缺乏个性。穆克说:"在澳大利亚原住民中,人们会非常注意、评论甚至取笑一个人的怪癖。"

使这些哲学不同于其他哲学的是,关系性常常超出人类的领域。穆克援引德博拉·伯德·罗斯(Deborah Bird Rose)的观点,即原住民的理解"包含了一种非人类中心的世界观,这也是一种生态世界观"。"人"只是植物、动物,甚至是无生命的环境中的一种生物——他们都是同类。[19] 这方面的一个实际表现是,图霍族毛利人在2014年获得了他们祖先的土地乌雷韦拉(Te Urewera)的管理权。协议的一个条件是,他们不能获得土地的所有权,但这没有成为一个问题,因为他们从来不认为土地是他们自己的。相反,土地被授予法律人格,有效地拥有本身,这是一种法律安排,更符合图霍和乌雷韦拉之间的亲属关系。[20]

正如许多作家所指出的,非洲人对自我的默认概念也是一种关系概念。[21] 塞贡·巴德盖辛(Segun Gbadegesin)解释了约鲁巴人关于人的概念:"'我'就是从某一个视角看出去的'我们',因此人不会被理解为原子个体。"[22] 阿肯的一句格言抓住了这一点:"一个人不是一棵棕榈树,他不应该自我完善或自给自足。"[23] 其中一个表现就是南部非洲的乌班图(ubuntu)概念。这个词很难翻译,但它的意思类似于"对他人的人道主义"或"连接全人类的普遍共享纽带"。正如迈克尔·奥涅布希·埃泽(Michael Onyebuchi Eze)所说,乌班图主张"一个人是通过他人才成为一个人的"。[24] 它是一个动名词,一个动词的名词形式,这一事实强调了它的关系方面的特点。乌班图意味着运动和行动;它不是一个静态的"主义",因此也与任何一种教条主义相对立。[25] 这是一个人文主义的概念，就像中国的关系性一样，把社会而不是上帝视为价值的超越性源泉。它具有政治和道德上的影响，尤其是在大多数非洲文化中，理想状态下重要的决定是通过整个群体的协商一致而不是多数意见达成的。[26]

即使在西方，关系性自我也远不是完全陌生的。美国宪法的开场白是"我们人民……"，强调的是公民的关系，而不是公民的个体性。西方的身份往往与关系、社区、地域、信仰团体、运动队、政党联系在一起。世界并没有从根本上被划分为集体主义者和个人主义者地区，只是不同地区在强调关系性和个性的程度上存在差异。

—18—

原子化的自我

"我确知自己是一个独立而完整的个体"

在雅典的亚略巴古山上可以俯瞰整个卫城壮丽的景色,再往下就是杂乱无序的现代城市。115米高的岩石露头本身没有任何人类建筑活动的明显迹象。然而,西方哲学史上最重要的事件之一几乎肯定发生于此地。一块严肃的信息板告知游客:"亚略巴古议会(Areopagus Council)是一个司法机构,在这座山上召开会议,主审谋杀、渎神和纵火案件。"其中一个例子就是对西方哲学之父苏格拉底的审判。苏格拉底因腐化雅典青年并拒绝承认雅典神灵被判处喝下毒酒而死。他似乎宁愿接受这个判决,也不愿流亡国外。

信息板上没有提到这一点。也许雅典人不喜欢向游客指出他们杀死了自己城邦最著名的儿子。罗马广场上的风神庙也没有任何标示表明,在审判和处决之前他可能被关押在这里。唯一能让人想起他被处决的地方,是菲罗帕波山(Filopappou Hill)小路上一个风景如画的小山洞,上面有一个标牌,写着"苏格拉底监狱",尽管上面有一些耸人听闻的引述,暗示着这可能不是事实。

蒙田最著名的一篇文章叫作"学习哲学就是学习死亡"。如果这听起来是真理，那么这可能是由于苏格拉底的示范作用：他愉快地接受了自己的命运，相信自己没有什么可害怕的。我们无法知道他临终前的细节，但他的学生柏拉图写了三篇对话，将他的审判和死亡作了戏剧化的描述。苏格拉底的冷静沉着，根源于他相信自己的灵魂不朽，他很高兴即将摆脱笨重的肉体，摆脱它恼人的痛苦和令人分心的欲望。对于苏格拉底来说，"灵魂是一个无助的囚犯，手脚被锁在身体里，被迫无法直接而只能通过监狱的铁栏来看待现实"。身体是"会死的，有多种形式的"，但灵魂是"神圣的、不朽的、可理解的、统一的、不可分解的"。灵魂很容易"被身体吸引到易变的领域"，但当它把自己局限于纯粹的理性时，它会"进入纯粹、永恒、不朽和不变的领域"。哲学家的灵魂明白这一点，并"通过遵循理性和始终与之相伴，获得对欲望的豁免"[1]。

这种关于灵魂的观点——"统一的""不可分解的""不朽的""神圣的"——可以说在随后的1,000年里塑造了西方的自我概念。它的影响在基督教中体现得最为显著。基督的复活是肉体的复活，这很重要。耶稣并非灵魂升天，而是他的身体及其所有升天了。灵魂与肉体分离的思想是后来对基督教原始思想的一种柏拉图式的堕落的变体，但却产生了公认的广泛影响。

两千年后，一位法国哲学家为某种自我和灵魂的概念辩护，这一概念的所有核心方面都与柏拉图笔下的苏格拉底所持的观念相同。勒内·笛卡尔主张，他知道"除了我是一个思考的事物之外，没有其他东西属于我的本性或本质""我的本质仅仅在于我是一个思考的事物"。这个自我或心灵是"非延展的"和"完全不可分割的"。笛卡尔写道："我确知自己是一个独立而完整的个体，拥有一种与我的身体截然不同的思想，可以独立于身体存在。"[2]

身心二元论在西方已经成为一种自然的思维方式，于是我们很容易认为它是人类的共性。但是，尽管所有的文化都有表示思想和身体的不同词汇，但它们并不总是被视为本质上不同的两种东西。例如，我们可以区分长笛和制作长笛的木材，但我们不能断定长笛是一种不同于木材的物质。心灵和身体可以像这样紧密相连。这似乎是东亚各国的共识。例如，中岛隆博曾向我提出，日本哲学的核心概念是"心性"（kokoro）。他说，我们有非常悠久的万物有灵论传统，但它不是原始的万物有灵论。同样，"心"这个词在汉语中也同时有"心"和"思想"两个意思。

柏拉图-笛卡尔式的自我从来没有得到西方的一致支持。柏拉图被他的学生亚里士多德反驳，亚里士多德认为"灵魂"是人类机能的恰当运行，而不是一个独立的、非物质的实体。大卫·休谟在开始讨论人格同一性时，直接向笛卡尔提出了挑战："有些哲学家想象，我们每时每刻都密切地意识到我们所谓的自我。我们感觉到它的存在和它在存在中的延续，而且没有任何证据就十分肯定它完美的同一性和简单性。"相反，他发现，"就我而言，当我最亲密地进入我所谓的自我时，我总是会偶然发现一些特定的感知，关于热或冷、光或影、爱或恨、痛苦或快乐。任何时候，如果没有知觉，我都无法感知到自我。"[3]

然而，正是柏拉图-笛卡尔式的自我，以其精英和大众化的各种形式，对塑造西方哲学想象产生了最大的影响。不仅对非物质灵魂的信仰成了一种民间常识。更重要的是，自我被认为是简单的、不可分割的、不变的。笛卡尔和柏拉图所使用的形容词原意都是用来描述原子的。我们现在知道原子是可分的，但是这些术语都源自关于它们不可分的观念，原子的本义是"不可分割的"。最早的原子理论是在公元前5世纪由留基伯首先提出的，然后由他的学生德谟克利特发展下去，后者认为一切都是由微小的、坚固的、看不见的、不可毁灭的元素组成的。

有趣的是，只有当人们开始担心西方个人主义走得太远时，"原子个体"的隐喻才变得更加普遍。很多人都在谈论一个"原子化"的社会，在这个社会中，人们彼此完全隔绝，生活在自己的私人泡泡中。但可以说，当自我以柏拉图的方式被构想出来时，基本的原子化就发生了。与东亚思想的关系性自我不同，这种自我是分离的、独立的。他们可以与他人互动与合作，但每个人都是一个独立而完整的单位。

在西方，这反映在个人始终处于思想史、政治史或社会史的核心位置。基督教是世界上唯一以其创始人命名的主要宗教。["佛"可以是任何一个获得圆满觉悟的人，"佛陀"只是对该宗教创始人乔达摩·悉达多（Siddhartha Gautama）的尊称。]在哲学中，你可以是柏拉图主义者、亚里士多德主义者、康德主义者、斯宾诺莎主义者，而在其他文化中，像道教、儒家、数论、瑜伽、正理论、吠檀多、凯拉姆和法勒萨法等学派通常不以人的名字命名。在伊斯兰教中，尽管先知受到尊敬，但他显然不被崇拜——这也是禁止描绘其形象的原因之一。在中国，尽管孔子很重要，但他的家乡在历史上的大部分时间里很少有人来参观，直到现代才被提升为旅游目的地。就连他的墓也不过是一个土丘，前面有一块朴素的石头，用来祭奠这位"万世师表"。

原子主义的自我思考方式可能起源于柏拉图和笛卡尔，但它已经有了自己的存在，独立于任何对不朽和非物质心灵的承诺。很久以前就停止相信灵魂存在的西方人，往往仍然保持着一种本质上是原子论的自我意识。我们在西方的权利观念中看到了这一点。人权是西方特有的概念，往好里说是一种夸大，往坏里说是一句谎言。二战后，联合国起草《世界人权宣言》（Universal Declaration of Human Rights）时，许多非西方国家都是该宣言的最大拥护者，阿富汗、印度、伊朗、伊拉克和叙利亚等国投票支持通过该宣言。中国哲学家张彭春是该文本的主要起草者之一，只有南非、沙特阿拉伯和六个苏联集团国家投了弃权票。然而，权利概念在西方比世界上许多其他地方更强调个人主义。因此，当时任英国首相的托尼·布莱尔（Tony Blair）在20世纪90年代末宣布"没有任何权利不附带责任"时，就连这一主张的支持者也认为这是有争议的，而不是显而易见的声明。安东尼·吉登斯（Anthony Giddens）是布莱尔在英国和克林顿在美国推行的"第三条道路"政治的主要哲学塑造者之一，他认为这需要"重新定义权利和责任"[4]。权利一般被认为是无条件的、不可侵犯的和绝对的，某人仅仅因为是人或公民而拥有这些权利。有人认为，提出享受权利需要以履行责任为条件，这是对我们个人权利的稀释。

这就是原子论思维的普遍性，它甚至渗透到那些明确拒绝任何柏拉图-笛卡尔式自我概念的哲学之中。最值得注意的是，法国存在主义者让-保罗·萨特（Jean-Paul Sartre）声称，没有所谓既定的人类本质。他的著名口号"存在先于本质"抓住了这样一个理念：人类出生在这个世界上，没有任何不变的存在核心，我们必须为自己创造自己的身份[5]。然而，这种对本质的否定，甚至比它所取代的"我思故我在"（Cogito ergo sum）学说更关注个人。价值、意义、目的、身份——都是由个人为自己决定的。

没有多少人有意识地遵循萨特的理论，但它每天都在以人们认为他们能够而且应该成为自己生活的唯一作者的方式起作用。[6] 以宗教信仰为例。西方自由主义对人的宗教信仰或没有任何宗教信仰是放任的,只要不侵犯他人的权利和自由（目前对伊斯兰教的敌意似乎是个例外,但这恰恰是因为它被广泛视为对其他生活方式的威胁）。然而,重要的是,无论你相信什么,你都是自己选择相信它。即使人们有一个将自己与更广泛群体联系在一起的身份,这个身份也必须由个人自主选择。与个人选择的价值相比,群体的价值是次要的,因此,人们不加质疑地接受他们所在群体的宗教观念被认为是令人担忧和错误的。

欧文·弗拉纳根整理了比较心理学的各种发现,这些发现表明,西方对个人的过分强调会导致真正的、明显的错误。[7] 美国人更容易产生自私的偏见,认为自己的能力比实际要高。例如,94%的美国大学教授认为他们的成绩高于平均水平,这意味着至少44%的教授高估了自己。[8] 同样,美国人比印度人、中国人和韩国人更容易出现"基本归因错误"——把发生在我们身上的事情更多地归因于我们自己的性格和个性特征,而不是情境因素。在解释我们为什么要给无家可归的人捐款时,美国人更倾向于指出他们自己的慷慨或同情心,而印度人则更倾向于指出受赠人的行为或明显的需要。美国人也更有可能相信,他们对孩子的性别、避免癌症或中彩票等事情拥有比实际上更多的控制权。在某种程度上,所有这些偏见都是过度强调我们作为自己生活作者的能力的副产品。

毫无疑问,西方的想象过于相信我们有能力指导和控制自己的命运。否认甚至刻意弱化我们作为社会、时代、家庭和地方产物的一面是不诚实的。相信我们的一切、我们所拥有的一切和所相信的一切都只是自己行动的结果,这是一种狂妄自大。如果我们以这种方式看待他人，也会使我们更难以同理心接受差异。例如，当我们看到其他人有着不同的信仰，而我们认为这些信仰显然是错的，我们就不会有这样一种感觉，即如果生活是不同的，我们可能最终也会相信同样的事情。相反，当我们意识到我们成为什么样的人有很强的偶然性时，就会产生一种谦虚。

在不完全拒绝背后思想的前提下，相信自我主导这一理论所带来的问题可以避免。它的根源是真实的信念，这在存在主义哲学中表达得最为明确，那就是我们必须对自己的生活负责，创造自己的意义。萨特、德·波伏娃和加缪等人，如果看到他们的思想如何演变成今天蓬勃发展的个人主义，一定会感到震惊。在巴黎左岸的咖啡馆和街道中，存在主义者曾在那里见面、工作和交谈，但现在在那里几乎看不到他们精神的严肃性的印记。在他们过去常去的地方，如花神咖啡馆、调色板咖啡馆和市政厅咖啡馆，源源不断有游客喝着高价的咖啡，吃着普通的食物，却几乎没有时间或意愿去讨论人类存在的问题。周围是高档精品店和昂贵的私人画廊，它们迎合的都是左翼知识分子一定会厌恶的消费主义。

即使撇开与个人主义相关联的浅显的唯物主义形式不谈，一个不太被注意的错误转向是，高估了我们的生活故事有多少取决于我们自己的创作以及我们能够独立创作的程度。让-保罗·萨特普及的绝对自由理念令人振奋，但却是错误的。然而，事实仍然如此，没有其他人能把现成的意义和价值观告诉我们；我们通过自身所为成为我们自己，而不是带着完整的、不变的本质来到这个世界；我们最终必须为自身的选择和行动承担责任。

即使不全盘采用一种东方式自我的关系性概念，应该也可能避免原子主义的过度发挥。虽然亚里士多德不像柏拉图那样相信灵魂是不可分割的、不朽的，但他确实把人类写成独立的个体。但这并不意味着他就是一个现代式的个人主义者。亚里士多德反复表示与他人保持联系是最好的生活方式。他有句名言："人是一种社会动物。"[9] 在他看来，伦理学确实是政治的一部分，因为它关心的不是个人如何独自生活，而是我们如何最好地生活在一起。他写道："尽管保证个人的善是可欲的，但保证一个民族或国家的善则是更好、更崇高的事情。"[10] 许多人都怀着这样的心态生活。利夫·维勒（Leif Wenar）评论道："即使是美国人——如此个人主义——也熟悉这个被称为'人民'的群体。"他指出，这个群体出现在美国的许多关键文件和演讲中，尤其是美国宪法中。[11] 西方和世界上任何其他地区一样，都会为他人的利益而采取集体行动，这是一项引以为豪的传统。人们游行抗议，为了更高的善，个人自愿购买公平贸易的香蕉和咖啡。亚里士多德的"软个人主义"提醒我们，西方对个人的强调并没有迫使它变得孤立和原子化。

—19—
结　论

"亲密性还是完整性？"

关系性自我和原子自我之间的对比反映了西方和东亚文化之间更广泛、更根本的区别，汤姆·卡苏利斯将其描述为以亲密性为主的取向和以完整性为主的取向之间的区别。虽然我认为这种标签的选择是不适当的，因为它们并没有直接表达清楚卡苏利斯用它们代表什么，但他的这种区分是深刻且有益的。了解它的最好方法不是通过文字，而是通过图像。

把亲密关系想象成重叠的圆圈。从亲密的角度看世界，没有什么是完全与其他事物分离的。自我与他者，客观与主观，理性与情感，精神与身体：这些不是分离的对立面，而是同一整体的一部分。因此，最好不要把它们想成具有坚固的边界。

现在，将完整性看作具有实边的非重叠圆。每件事都与其他事情有明显的区别。当然，每一项都与其他事物相联系，但它们每个个体的个性和本质是首要的。

我们应该清楚这与自我概念的关系。"关系性自我"（亲密性）的本质与其他自我（以及土地、文化、语言等）紧密相连，

亲密性

完整性

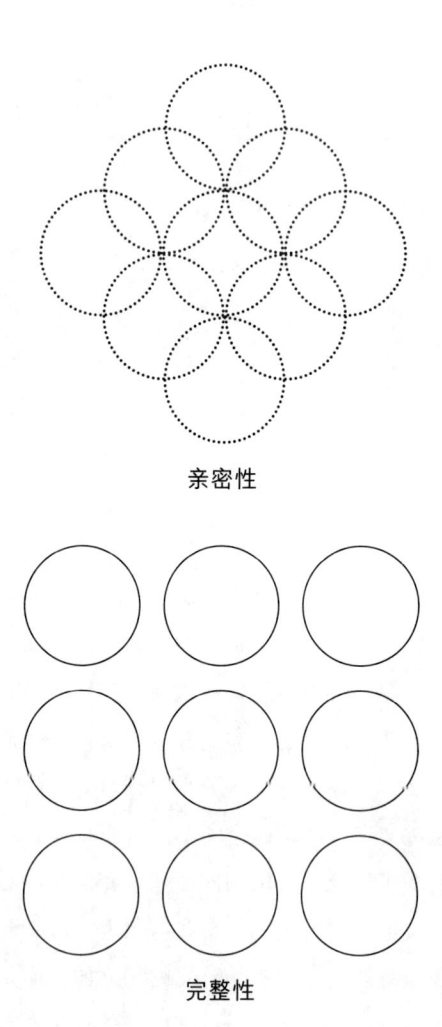

甚至不可能把它想象成一个独立的单元。原子的自我（完整性）本质上就是这样一个单元。

另一种形象化这种差异的生动方式是，想想当两个自我在一段亲密、长期的关系中"重叠"时会发生什么，这从完整性和亲密关系的角度来看都是可能的。

在每一种文化中，我们都明白这种亲密的关系并不意味着个人身份的丧失。正如卡苏利斯优美地形容："当我与爱人分享亲密的爱时，我并没有在爱人中丢失我自己的身份认同，但我所分享的部分反映了我的全部。"[1] 但是如果这样的一份关系中有一个人死了怎么办？从完整性的角度来看，这样的损失并不会对另一个人的完整性产生影响。从亲密的角度来看，剩下的那个人也失去了自己的一部分。"解除一段内在的关系不仅会切断他们之间的联系，还会改变处在这段关系中的两者本身的一个方面。"[2]

完整性　　　　　亲密性

甚至很多处在完整性文化中的人也会用诸如"失去了臂膀"或"我的一部分死去了"这样的习语来描述这种损失。以关系性的、亲密的方式思考，这一点并不陌生。我们看到它以不同的方式反映在对归属感的看法上。我们从不同的角度来看待归属感。想想你丢失了一张有很大情感价值的照片，或者只是丢了钱。钱只是属于你（belong to you），而照片是你的一部分（belong with you）。这种差异是真实存在的，即使你不能通过把丢失的物品放在显微镜下检测出来。[3]

文化人类学家观察到，在个人和职业关系中，日本文化是如何将亲密关系置于个体完整性之上的。如果你问某人的职业，日本人通常会说"我为某某公司工作"，而美国人则会详细说明他们的职位。日本人本能地认为他们是整体的一部分，而美国人则自动地认为他们是独立的。[4] 卡苏利斯发现，美国人攻读工商管理硕士（MBA）是为了学习商业原则，日本学生去美国攻读MBA则是为了结识朋友，并为未来建立商业关系。[5]

在抚养孩子方面，日本父母倾向于把注意力集中在培养孩子回应他人这方面，"协调自己，以适应他人的行为和关切"。美国父母则教育孩子要对自己负责。对日本人来说，学会对语境保持敏感更重要，对美国人来说，坚持普适的原则更重要。[6]

卡苏利斯令人信服地指出，这种相互依赖或独立的模式在一个文化的各个方面都反复出现，而不仅在自我概念中。他选择用"亲密"这个词来描述相互依赖的模式，因为亲密意味着缺乏独立性，深刻的分享，深厚的羁绊。我们谈论亲密的联系，亲密的理解以及亲密的关系。"完整性"这个词描述了独立的模式，因为它意味着保持某物的完整，不受任何其他可能稀释其本质的事物影响。卡苏利斯强调，每种文化都包含亲密性和完整性的例子。不同之处在于哪一个占主导地位。

对亲密和完整的取向可以通过许多方式表现出来。在西方这样一个独立完整的文化中，客观的事实或判断是可以公开和客观地作出的。"真相不能依赖于谁发现了它，或者是谁阐明了它。"[7] 在亲密关系的文化中，即使是客观的判断也常常带有个人色彩。在西方，这将是一个矛盾的术语，因为个人是主观的。卡苏利斯以体操裁判为例，解释了为什么不一定如此。裁判给出的分数不仅仅是他们个人的主观意见，还需要专业知识和客观观点。但是，卡苏利斯说："没有公开可获得的录像可以证明这场比赛的成绩是 5.8 分，而不是 5.7 分。"这种亲密的客观性"只有那些在适当的亲密场所中，通过多年实践经验获得专业知识的人才能获得"。

同样地，一个了解患者个人的医生"能够利用他们对患者的熟悉程度以及从实验室报告中获得的经验知识作出医学判断"。即使在一个以完整性为主导的文化中，"人们通常也有理由相信那些无法公开证实但在很大程度上仍然客观的、亲密的认知形式"[8]。如果我们真的认为所有知识的基础都可以在一本任何人都可以遵循的手册中客观地得到阐述，那么我们就不会重视经验。[9]

亲密与完整的区别是我在探索比较哲学时遇到的最有用的区别。它的价值在于，它不仅帮助我们理解彼此之间的差异，还指向了一些相似之处，使我们能够以更加细致入微和富有同情心的方式来看待这些差异。更重要的是，它让我们能够反思自己的文化和价值观，并询问我们是否需要更多一点点或更少一点点的亲密或完整。

在我看来，西方的许多问题在于亲密和完整之间的稳定平衡被打破。比如自主和归属的区别。其中一种文化的比例越大，另一种文化的比例就越小，这是不可避免的。在西方，自主文化已变得越来越占主导地位，以至于挤掉了归属感。

有无数的例子表明，促进自主的愿望破坏了归属感。在英国，社会住房的出售给了个人业主更多的权力，但却打破了所有人都身在同一处境的阶级团结。受教育的机会已把城镇分为两类：一类是受过教育的人数众多的城镇，另一类是被上了大学就再也没有回去的人遗弃的城镇。我就是那些以失去对家乡的归属感为代价而取得个人进步的人之一。

在消费文化中，自主性也得到了无止境的推广，在这种文化中，按自己的方式做事，做出自己的选择，总是最好的。这些价值观的推行是微妙和普遍的。与此同时，传统产业的崩溃和阶级制度的分裂也破坏了归属感。从前的煤炭和钢铁城镇是英国经济和心理上最萧条的城镇之一。即使那些继续得到高薪工作的人也哀叹社群的衰落。

归属感已经变成新奇事物。几十年来，西方自由主义者赞美少数族裔社群，但却以怀疑的眼光看待爱国主义，并将地方自豪感嘲笑为狭隘。如果一个人除了出生的地方之外，没有其他希望去居住的地方，就会被认为缺乏远见和抱负。然而，在整个西方，许多人却固执地不愿移动，并为此感到骄傲。在英国，60%的人仍然住在离他们14岁时住过的地方20英里以内。[10]

与此同时，以世界主义为幌子的"非归属感"也被许多人迷恋。具有讽刺意味的是，世界各地的公民都乐于参观只有那些停留在一地的居民才能保留其特色的地方。

西方民粹主义和民族主义的兴起在很大程度上是对归属感逐渐丧失的反弹。我发现这种理解问题的方式的强大之处在于，它暗示了深层原因是文化，西方变得过于"西方化"。目前使它变弱的，正是那曾让它崛起的原因。当我们从阶级和文化的束缚中解脱出来时，一种创造性的能量被释放了出来，但是经过多年的漂泊，我们发现自己太孤独了。

西方文化需要重新平衡。如果能缩小落后者和成功者之间的差距，如果能在不排斥外来者的情况下更多地表达地方和区域特征，如果能坚持和分享共同的价值观，就能创造更大的亲密感或归属感。如果这听起来像是化圆为方的异想天开，那么关于中国和日本的个人和社会的想法可以帮助我们理解它。个性并不反对亲密。我们之所以成为我们自己，是因为我们与他人的关系。我们不把个人身份淹没在整体里，而是通过在整体中找到自己的位置来表达身份。个人需要群体，自主需要归属感。

第四部分

世界是如何生活的

《经济学人》的政治编辑阿德里安·伍尔德里奇（Adrian Wooldridge）是一个受世界各国文化影响的、阅历丰富的人，对全球价值观和社会风气的差异非常敏感。因此，在到达孟加拉地区的一家酒店时，他毫不惊讶地发现"印度人的服务天赋开始展现出来了"。一个迷人的贴身男仆来到他的房间外，把他所有没穿的衣服都拿去清洗和熨烫。然而，第二天，仆人并没有如期归还。那是因为这家酒店并没有这样的服务。那人是个骗子。[1]

这不仅对旅行者来说是一个具有警示意味的故事，对民族哲学家来说也是如此，他们也需要避免对一种文化的价值观和信仰进行过度概括。无可争辩的是，不同的文化对伦理和政治有不同的看法。但同样无可争辩的是，每个国家都会呈现出各自的美德和恶行。同以往一样，我们需要寻找的不是定义性的本质特征，而是倾向、趋势和重点。

这些线索随处可见。在雅典，你可以参观城市广场遗址，哲学家和政治家们曾在那里公开讨论和辩论。那里展现了一种民主精神，尽管这种精神极不完整，只限于男性自由公民，奴隶和妇女不能享有。相比之下，你可以漫步于曾经的皇家内院，即今天的故宫。这里过去对普通民众是彻底封闭的，民众甚至不被允许进入今天的景山公园，因为在景山上可以俯瞰整个故宫。当皇帝离开宫殿时，任何人都不被允许看他一眼。雅典现在没有奴隶，北京也没有皇帝，但当代政治价值观反映这些历史先例的方式是很清楚的。

但由于价值观也横跨各大洲，所以观察其他文化的生活方式是我们反思自身的一种方式。每一种都提供了活生生的实验，即如果我们看重这个价值少一点，而看重另一个价值多一点，就会发生什么。鉴于没有哪种文化可以宣称自己破解了生活之道，我们可以从不同的历史和哲学中学到的经验教训比以往任何时候都更加宝贵。

— 20 —

和　谐

"最合理的和谐来自不同"

　　我从上海出发乘坐中国最新的高铁子弹头列车（这是世界最大的高速网络的一部分），经过了数不清的现代化大都市，这些城市似乎是从零开始建造的，其间散布着原本他们设计要取缔的由单层混凝土棚屋组成的城镇和村庄。而我的目的地曲阜直到最近还是一个安静的偏僻小城，有6万人。如今，曲阜东正在崛起成为另一个新城市，一个比它所依附的主体更大的附属城市。

　　中国正在经历一段巨大的颠覆和变革时期，这让旁边"真正的花园式住宅小区"的广告标语"活在儒家思想中，生活就是和谐"显得有些不协调。

　　消除这种不协调的第一步是要认识到曲阜是孔子的出生地，而且曲阜人口的很大一部分（至少在新移民涌入之前）仍然姓孔。中国是一个有着极其深刻的历史记忆的国家，所以当代开发商借用其古代祖先的名字是不足为奇的。儒家思想的价值观从未完全消失，最近中国再次接纳了其民族哲学家。2004年，中国政府在首尔开设了首家孔子学院，以促进中国语言和文化的推广,这与法国文化中心、歌德学院和英国文化协会的做法类似。在撰写本文时,全球共有500多所孔子学院,这个机构的目标是到2020年达到2,000所。

"和谐"与现代公寓生活的关系不那么明显,但如果你参观北京故宫的话,就可以清楚地看到,开发商将儒家思想融入到建筑中并不是什么新鲜事。正如一本在故宫内部出售的参观指南所说:"其设计的方方面面,以及其所在的行政机构的设计,都反映了儒家思想的宗旨,自公元二世纪的汉朝以来,儒家思想一直是中国社会和政府的灵感和典范。"[1]

以故宫主要建筑物的名称为例。要进入外朝,你要经过太和门,里面有两只狮子守卫着楼梯,一只雄狮脚下有一个球,另一只雌狮爪子下有一只幼狮,它们表达了阴阳的平衡。如果这还没有足够地强调出和谐的重要性,那么进入内庭,你将经过太和殿、中和殿和保和殿。

对于理解中国的思想和生活方式,可以说没有什么概念比和谐更重要了。李晨阳在他关于和谐的新书中写道:"如果要选择一个词来描述中国理想的生活方式,这个词就是'和谐'。"[2] 同样,吴经熊写道:"中国人民最根深蒂固的愿望是和谐。"[3] 在访问中国之前,我一直在阅读关于和谐的书籍,我有点怀疑这可能是一种与日常生活无关的学术建构。但我发现事实恰恰相反。这个词在日常话语中无处不在,甚至房地产开发商也不例外。一位女士告诉我她在爱丁堡待了五年,那是一段愉悦的经历。我问她苏格兰同事和她家乡的人最大的不同是什么时,她说中国人总是希望取悦别人,而英国人总是取悦自己。她很自然地用了"和谐"这个词来描述这种价值观。

丹尼尔·贝尔(Daniel Bell)说,社会科学家支持中国人普遍追求和谐的观点。"即使在香港——据说是全中国最个人主义的地区——2012年,香港中文大学的受访者中有55.3%表示,和谐应该是发展的目标,而17.8%的人将民主和自由视为目标。"

和谐是一种跨越家庭和公民、私人和公共的价值观,在每种情况下都呈现出略微不同的特征。孟子在论述人的"五伦"或"五种人伦关系"时,强调了每一种关系如何以不同的方式实现和谐。"父子有亲,君臣有义,夫妇有别,长幼有序,朋友有信。"4

然而,"和"(以及相关术语"谐")的意义很容易在翻译中丢失。西方人常常把它与顺从和从众混为一谈。19世纪的中国古典文学翻译家理雅各在其著作中就犯了这样的错误,他翻译为"对秩序和安静的热爱,以及屈从于'当权者'的意愿",这是他们(中国人)的显著特点。外国著述者经常注意到这一点,并将其归因于孔子学说的影响,认为孔子的学说教导人们服从。"理雅各对这种误解提出的唯一质疑是,他声称中国人的温顺是先于孔子的:"人民的性格塑造了他的体系,而不是被体系所塑造。"5

理雅各并不是完全错误的,因为对和谐的渴望可能导致对坏规则的过度容忍。但这并非不可避免,部分原因是人们并非不惜代价地渴望和谐。和谐也不等于拒绝接受任何冲突或分歧。它并不是温和的一致性,而是平衡的多样性。孔子的《论语》明确指出:"君子和而不同;小人同而不和。"想想中国现存的表达方式"一潭死水",意思是"一种无生命的统一状态"6。事实上,最为著名的代表和谐的形象,其核心中都有不同的概念。在公元前5—前4世纪的经典著作《国语》中,政治家、学者史伯说:"声一无听,物一无文,味一无果,物一不讲。①"7 例如,一首

---

① 出自《国语》,翻译参照《国语》,(战国)左丘明撰,(三国吴)韦昭注,上海古籍出版社,2008年12月。

乐曲需要不同的乐器演奏不同的音符,以使整个乐曲和谐。一碗汤需要各种各样的原料,它们的味道各不相同,但又相互补充,否则汤就会寡淡无味,不利于健康。正如李晨阳所言,左右手都有各自的优势,因此"将它们合并成一只'中手'并不会让人变得更好"[8]。每当有人以和谐的名义提倡统一时,他们就误解了和谐。

和谐实际上取决于分割。李晨阳说:"儒家哲学把创造性的张力看作世界多样性的必要表现,把它视为和谐的驱动力。"[9]问题不只是英语单词"和谐"(harmony)通常被理解为"统一和一致"(accord and agreement)。[10]这种误解在中国国内也出现了。墨子是中国古代哲学中的伟大反对派,他批评儒家的和谐,正是因为他认为儒家和谐要求人们分享和遵循相同的理念。[11]具有讽刺意味的是,墨子却用另一个词语"秩序"强调了和谐的重要性。墨家提倡三种基本的善:国家的财富、秩序和人口。[12]

如果西方人更容易把和谐与整齐划一混为一谈,那可能是因为,正如李晨阳所指出的,"潜在的、不变的宇宙秩序"或"超然的、静态的基础"的观念在西方人的思维中占据了主导地位。[13]李晨阳称这种"纯真的和谐"可以追溯到公元前6世纪希腊的毕达哥拉斯学派,他们是第一个使用"宇宙"这个词的人,宇宙的意思是秩序。毕达哥拉斯学派还认为,和谐要求我们按照宇宙潜在秩序的预先存在的比例生活,这一观点在柏拉图那里得到了强烈的呼应,他经典化了纯真和谐的概念。[14]这似乎也适用于印度的思想,它的思想梨多(ṛta),意思是宇宙秩序或和谐。[15]如果与之对立的赫拉克利特和谐观胜出,西方传统的情况可能会有所不同。赫拉克利特说:"和谐由对立的张力构成,就像弓和竖琴的张力一样。"[16]亚里士多德引用了赫拉克利特的三条格言:"对立统一""最合理的和谐来自不同""一切都来自冲突"。[17] 讽刺的是,"和谐"这个词的词源与其说是柏拉图式的,不如说是赫拉克利特式的,尽管它现在的意思比起赫拉克利特式更偏柏拉图式。在拉丁语和希腊语中,harmonia 的意思都是"声音的和谐"。[18]

因为和谐包含一种张力,它并不是那么容易创造的。姚新中说,除非各方都愿意放弃一些东西,否则无法实现和谐。有一个著名的故事,是关于唐朝的宰相张公艺和他九代同堂的家庭。皇帝唐高宗很想知道这样一个家庭怎么会和睦,就问他有什么秘诀。张公艺要了纸和笔,写了100多遍"忍"字(耐心或忍耐)。从那以后,"百忍"就成了中国社会家庭生活的一个典范。[19]

无论是出于和谐家庭难以维持的原因,或者尽管如此,儒家伦理中最著名的和谐的表现之一就是孝道(孝)。几乎每种文化都高度重视家庭关系及其相应的职责。例如,亚里士多德写道:"一个儿子可能不会和他父亲断绝关系,尽管父亲可能会和他的儿子断绝关系。""因为债务人应该偿还债务,但儿子所能做的一切都无法偿还他从父亲那里所得到的,所以他永远欠着父亲的债务。"[20] 如今,世界各地的人们都常说他们欠父母一切。然而,只有在中国,家庭关系是美德和道德的核心。

孝很容易被认为是要求奴性的服从,但就像公元4世纪的儒家经典《孝经》中明确指出的那样:"故当不义,则争之。从父之令,又焉得为孝乎!"[21] 但如果服从会被夸大,忠诚则肯定不会。在中国历史的大部分时间里,儿子举报父亲犯下的罪行实际上也是一种罪行。[22]

孝关注的不仅仅是父亲和儿子。它关于每一个人之间的正确关系,使整个家庭单位有机、和谐地运转。在儒家伦理的五种纽带（或关系）中，有三种关系与家庭有关：父子只是其中之一，还有夫妻和兄弟。哥哥必须做到谅（贤良或温良，心地善良，有爱心），弟弟则需要做到悌（恭敬和蔼）。[23] 这就是为什么安乐哲更喜欢用"对家庭的敬重"来翻译"孝"，而非它的传统译法。它更清楚地表明了所有家庭关系的重要性，而不仅仅是儿子与父亲，或兄弟姐妹与父母之间的关系，这些关系在古典文本、后来的评论和中国文化中受到了最多的重视。"家和万事兴"这句谚语反映了孝更为宽广的影响。或者就像20世纪哲学家谢玉伟所说："如果有人不喜欢自己的祖先，他又怎么会喜欢街上不相干的人呢？"[24] 这就是为什么孟子会写到"谨庠序之教"，并把"孝"与"悌"的教化作为教育的首要目标。只有这样才能确保"颁白者不负戴于道路矣"，在中国，这是一个社会崩溃的常用形象[25]。

家庭和谐对于个人美德的发展也是至关重要的，而在西方哲学传统中，李晨阳指出，这几乎是相反的。尼采不屑一顾地认为已婚的哲学家只存在喜剧之中。[26] 苏格拉底临终前，对他的家人无话可说，他们甚至都不在场，他也没有提到他们（他临终前的遗言是给治愈之神阿斯克勒庇俄斯献上一只公鸡）。[27] 李晨阳说："在某种程度上，苏格拉底的自由意味着脱离家庭的自由。"在男性占主导地位的经典著作中，很少有西方主要哲学家讨论家庭问题，或者一般会给人留下这样一种印象，即平庸世俗的家庭问题会分散他们对严肃思考的注意力。

当然，也有中国的年轻人已经接受了更多的西方个人主义价值观，因此他们觉得传统的家庭生活很奇怪。一位女士在谈到中国的父母子女关系时说："我不认为他们彼此相爱。我觉得自己受到了照料，但作为一个人，我没有得到真正的爱或尊重。"像她这样的中国年轻人想要在世界上开辟自己的道路，而不仅仅是延续家族传统。"父母希望你在他们的价值观上取得成功，而不是你的价值观，他们愿意倾其所有，付出他们一生的积蓄，来确保孩子成功实现他们作为父母的梦想，而不是做孩子自己想做的事。"

然而，孝在当今时代还有许多其他的迹象，尽管形式有所改变。我所采访的每个人，包括北京一家大有前途的出版公司的年轻员工，都说他们对父母有责任感，长大后会照顾好他们的福利。当然，这些可能只是在拣好听的话说而已，但人们觉得这样说很好，这一事实仍然表明，孝这个价值本身仍然存在。

法国哲学家温德（Yves Vende）曾在中国生活过一段时间。他刚来的时候遇到一位中国艺术家，她告诉他，有一次她想过要自杀。他问她后来为什么没有这样做。她回答说："因为如果我自杀了，就没人照顾我的父母了。"温德心里想：没有哪个法国艺术家会做出这样的回答。

当人们坚持维护孝的价值的同时，他们也在谈论它的崩溃，这与许多西方国家的人们歌颂社会但认为它在衰落的方式是一样的。然而，矛盾的是，即使是一些家庭关系减弱的迹象也反映了孝持久的重要性。例如，中国已将拜访年老的亲属列为一项法律要求，这既表明自发履行孝道的人越来越少，也表明人们仍然认为履行孝道是很重要的。这也说明了儒家的观点，即如果你不得不诉诸法律来强制推行道德行为，那么社会就已经失败了。[28]

王大卫认为孝的衰落有几个原因，包括共产主义的历史和与更加个人主义的西方的接触。但也有更多的社会结构原因，尤其是独生子女政策。"尤其是在城市，家庭规模太小，父母和孩子之间的关系也发生了变化。我认为另一个因素是，随着经济机会的增加,对家庭的强调就会减弱,因为家庭,尤其是大家庭在经济上变得不那么重要了。这并不是说其经济功能是一开始我们选择大家庭的唯一原因,但当一个道德理想发挥作用时,它会被制度结构或一系列实践所强化,这些制度结构或实践给予人们多种动机来坚持它。我想这就是问题所在。"

另一个压力是,在某些方面,儒家传统的家庭和谐观念是父权制的,这已经过时了。在今天即使是大多数儒家学者也承认,他们的传统在赋予妇女平等权利方面并没有很好的记录。[29] 然而,乐观主义者认为,儒家的基本框架是健全的,可以纳入一些更进步的东西。关键在于这两个事实,正如李晨阳所说,"儒家的和谐需要差异"和"差异可以脱离压迫而存在"[30]。

尽管如此,如果我们认为儒家和谐可以完全脱离任何等级观念,那将是虚伪的,即使我们拒绝性别歧视的等级观念。例如,公元前3世纪的儒家思想家荀子,在谈到"分化"的必要性时,明确地诉诸等级理想:"贵贱有等,长幼有差,贫富轻重皆有称。"[31] 这些冲突需要通过某种适当行使的权力加以控制。因此,姚新中说:"中国哲学一般并不反对等级制度。大多数哲学家倾向于相信一个结构合理的等级制度是自然的,就像上面的天和下面的地一样——你不能随便移动它们的位置,然后硬说地是在上面的。"

然而,儒家思想可以将批评化为对批评者本人的挑战。有没有想过这种可能:当代西方的问题之一不就是它把等级制度看成一个肮脏的字眼,而没有意识到社会和谐需要公平公正的等级制度吗?一个关于此问题的学术研讨会让我相信,这在很大程度上是正确的。[32]

不需要太多的反思,我们就能意识到,我们并不想消除所有的等级制度。出于实际原因，我们需要经理和总监。我们也希望由经验丰富的医生而不是实习生来治疗，让高级造型师而不是学徒来理发，让合格的电工而不是随便哪个人来检查电线。消除专业知识和经验的等级制度会导致一种荒谬的假象，即每个人都知道同样的知识，拥有同样的技能。

西方对等级制度的怀疑建立在两大支柱之上。一种是基于正义的对诸如封建主义和君主专制等压迫性政治结构的排斥。另一种是对自主的、自由的理性主体的启蒙理想的接受。这在康德的那篇开创性的文章《启蒙是什么？》中得到了表达。他在文中恳求读者"要敢于运用自己的理解"。只有这样，人类才能从"自我招致不成熟状态"中解脱出来，其特征是"在没有他人指导的情况下，无法运用自己的理解"。[33] 然而，如果把它理解为技能、能力或知识的平等，那就太荒谬了。在这个意义上，我们显然不是平等的。

其次，如果理性自治意味着我们最终必须决定自己相信什么，那么它是完全合理的。从某种意义上说，这只是一个同义反复：没有人能替我们做决定。但如果这意味着我们不需要别人的智慧、知识和专长来帮助我们做决定，那么这就也是一个荒谬的观点。只有我才能决定是否听从医生的建议。但我需要医生给我这个建议，让我尽可能多地了解情况，我才能做出这个选择。

因此，自主的、自由的理性主体这一理想并不是完全反对所有等级制度。相反，它拒斥的等级制度是基于遗传或保护的，给予一些群体不公正的政治权力或权利，或给予专家或当局绝对权力，让他们可以做出破坏合理自治的决定。这为我们可以称之为公正的等级制度留下了足够的空间，它有三个关键特性。

首先，它们是特定于具体领域的。在医学上，医生的观点比我的更有分量，但在政治或体育问题上没有人需要听从外科医生的意见。

其次，它们是动态的。一个人在等级制度中的地位取决于他的优点或经验，这意味着其他人可能获得这样的专业知识，然后在等级制度中向上晋升，或者失去它，然后地位因而下降。当等级制度僵化，缺乏上升或下降机制时，它们就会变得不公平：想想那些通过公平选举产生，但在失去权力后仍紧紧抓住权力不放手的统治者，或者那些试图在孩子长大后对他们保持权威的父母。

最后，它们是赋权的。最终使教师地位高于学生变得合理的是，学生可以从这种关系中受益，获得教师的一些技能和知识。如果教师不教书，那么他们就不配得这一地位，等级关系就失去了意义。同样，父母对孩子的权威也只有建立在父母抚养孩子的基础上才合理。虐待或忽视孩子的父母不应享有比孩子更高的地位。

可以说，所有这些特征都应该在最理想状态下儒家和谐所倡导的等级关系中得到体现。和谐赋予人力量，因为它使每个人都能充分发挥自己的能力。没有和谐，就没有人能发挥他们的潜力。儒学也提倡特定于具体领域的等级制度，因为关系是由具体角色定义的。所以统治者在君臣这种关系中处于臣民之上，但在家庭等级制度中低于其哥哥或父亲。最后，和谐是动态的，因为关系随着时间而变化：儿子成为父亲，臣民成为统治者。此外，儒家伦理非常强调美德，我们很快就会看到，这意味着一个人是否适合掌权取决于他的品质，而不是他更受欢迎或出生的偶然性。因此，儒家的等级制度并不是民主的，但也不是建立在世袭特权的基础上，这一点在中国竞争激烈的科举制度中得到了体现。科举制度延续了超过13个世纪，直到1905年被废除。[34] 这一制度确保了任人唯贤，这种精神在很大程度上延续了下来，中国台湾地区目前仍在运行一种改良版的科举制度。

要说传统的儒家和谐能够完美地实现我们现在希望提倡的那种公正的等级制度，那就太过乐观了。即便如此，在许知远看来，等级制度也已经脱离了更广泛的儒家语境，成为一种独立存在的习惯。市场力量与一种社会达尔文主义相结合，在这种社会达尔文主义中，新的等级制出现在富人和穷人之间。这当然有一定的道理，但是等级制度可以而且已经被滥用的事实并不意味着和谐的框架与正义不完全相容。李晨阳提醒我们："接受一个理念并不意味着在它的应用方面达成共识。"[35] 理念不会因为应用不当而失效。事实上，儒家对任何等级制度的一个测试标准就是它是否促进了和谐（记住，这与"它是否能让所有人保持安静"或者"它能消除分歧吗？"不是同一个问题）。如果中国新的贫富阶层制正在产生不和谐，就像许多批评人士所声称的那样，它们将无法通过这一考验。

大多数人都同意这一点，在东亚文化中，等级制度导致了对权威的过分顺从。然而，过分顺从并不是不可避免的。例如，当我在日本的时候，当时的日本首相安倍晋三（Shinzo Abe）正在访问英国，日本记者团对他表现出了极其顺从的尊重，根本没有提出任何挑战，几名记者对此发表了评论。我想知道这是否是日本文化中根深蒂固的一面。但哲学家中岛隆博告诉我，"在安倍之前，媒体会向政客们提出非常尖锐的问题"，问题不是长期的顺从，而是一个特定的政府"干预媒体的制作过程"。和谐作为一种价值观的中心地位，可能会使东亚文化更容易受到过分顺从的影响，但这并不是不可避免的。

中国古典文献并不认可顺从。我们会看到，当父亲犯错时，儿子有义务挑战父亲。事实上，每个人对做正确之事的义务都高于他们服从上级的义务。孟子认为服从坏的统治者是错误的。孟子写道:"如枉道而从彼,何也?……枉己者,未有能直人者也。"[36] 孟子遵循这一原则,公开挑战许多向他寻求建议的权贵。梁惠王去迎接他,说:"亦将有以利吾国乎?"孟子立即质问:"王何必曰利?亦有仁义而已矣。"[37] 这位儒家大师既没有实践也没有宣扬谄媚的奉承。

和谐需要差异以及避免顺从的观念,这可以在跨文化对话实践中得到应用。每个人都同意需要对其他文化表现出应有的尊重,但对于尊重其他文化需要做些什么,我们往往有一个相当严肃的想法。史蒂芬·穆克认为,人类学家往往会忽视笑。相比之下,他的本地朋友教导他"不要把事情看得太严肃,或者说,笑在知识生产中有很好的作用"。

我很怀疑这本书里是否有很多笑料,但我希望它也不要过于严肃。人们常常认为,对其他传统的尊重会预先排除对它们的批评。但正如备受尊重的比较哲学家查尔斯·摩尔所言:"理解并不必然包含认可或接受:它可能导致完全相反的结果。"[38] 过度的顺从带来的不是对话,而是布鲁斯·扬茨(Bruce Janz)所说的"dialit",即仅仅是交换文本,伴随着赞许、礼貌的点头和微笑。[39] 真正的对话需要认真倾听,但也需要相互检查和质疑。我甚至可以说,在任何情况下都拒绝批评本身就是不尊重的表现,因为它认为"其他"哲学比我们自己的哲学更脆弱,更经不起推敲。只有当批评和分歧来自傲慢和无知的结合时,它们才是无礼的。

和谐的另一个特点是它的环保维度,这在今天越来越具有吸引力。在西方,"与自然和谐相处"通常是一种玫瑰色的美好图景,田园牧歌,羊羔与狮子躺在一起。然而,正如李晨阳所说,中国的和谐"并不总是那么玫瑰色和美好"。自然界的和谐可能包括捕食者和猎物之间的平衡。[40] 尽管儒家强调人际关系的和谐甚于人与自然的和谐,但二者从未完全分离。李晨阳在《荀子》中看到了这种联系。荀子认为"社会不和谐导致自然被有害地对待,导致资源短缺;资源短缺反过来又会在社会上造成更多的不和谐"[41]。在这一分析中,社会不平等是社会不和谐导致环境退化的结果。例如,当水资源供应良好时,每个人都能得到一份可观的份额,但水资源短缺会造成那些买得起水资源的人和买不起水的人之间的紧张关系。这表明,和谐促进平等而不是平等促进和谐,或者至少和谐是平等的先决条件。在没有和谐的情况下,努力实现更大的平等即便不是不可能,也将是一项艰难的任务。

如果我们把目光从儒家转向道家,这一点就更加明显了。在道家中,和谐也是一种美德,但表现方式略有不同。儒家的和谐是以人与人之间的关系来定义的,而道家则强调人与自然的和谐。在李晨阳看来,道家追求的是人与世界的和谐,儒家追求的是为了人类的利益,让世界和谐。[42] 现代汉语中"伦理"和"道德"这两个可以互换的词显示了这种差异。道德字面上的意思是"道路以及其力量",而伦理的意思是"人类亲属关系的模式"。王蓉蓉认为这赋予了它们不同的含义。"遵循世界的模式是道德",这更具道家色彩,"而保持人际关系的有序是伦理",则更具儒家色彩。[43]

例如,道家庄子所说的"德者,成和之修也"[44],听起来似乎很容易被当作直接来自于儒家的文本。但是,当他把这句话的意思解释清楚时,我们就会发现,他的道家和谐与其说来自使世界有序的活动,不如说是来自与世界的分离。他赞美那些无忧无虑的人,那些"放弃"和"忘记别人"的人,"忘人,因以为天人矣。故敬之而不喜，侮之而不怒者，唯同乎天和者为然"[45]。

与强调社会的儒家相比，道家的和谐更注重个人。乔尔·库珀曼说，当"一方面言行一致，另一方面内在冲动一致，从而内心没有冲突"时，和谐的自我就产生了。"和谐"与"自然"的含义是相通的，在道家，"行为的自发性、社会生活的简单性、与宇宙基本趋势的和谐性"都包含在内。[46]

道家以黄金时代的衰落来描绘当前的人类状态，那时我们遵循自然状态，不需要思想或概念。道的原始和谐是一种不费吹灰之力的自然。老子敦促我们努力回到这种状态。[47]

> 地法天。
> 天法道。
> 道法自然。[48]

要达到道的和谐，就必须超越思想和语言的局限性范畴。"道隐无名"[49]"多言数穷"[50]这种观点的一个有趣的特点是，只有当自然的完美统一和和谐被扰乱时，美德和邪恶才会分别出现。正如库珀曼所说，"一旦美德的概念被创造出来，（可以说）罪恶的逻辑空间同时也被创造出来，真正的罪恶也就不远了"[51]。因此，《道德经》说："大道废，有仁义；智慧出，有大伪。"[52]

这有点像基督教里的堕落，伊甸园的乐土中没有好坏之分。《道德经》中描述的堕落更为复杂，因为它涉及四个层次的堕落：

> 失道而后德，
> 失德而后仁，
> 失仁而后义，

失义而后礼。[53]

回去的方法是抛弃书本学习和道德这些人为的构造物，回归到更纯粹的东西上来。"绝圣弃智，民利百倍；绝仁弃义，民复慈孝。"[54]

道家的和谐最明显地体现在阴阳的平衡上。"万物负阴而抱阳，冲气以为和。"[55] 尽管主要与道家相关联，但阴阳的概念实际上已经成为中国不同哲学流派融合的共同基础。[56] 当代道家学派哲学家王蓉蓉在她对阴阳思想的权威性研究中，故意用"阴阳"这个词，而不是"阴-阳"或"阴和阳"，反映了"阴阳"这两个字直接组合在一起的汉语用法——"直接放在一起而不用连词连接"，这是一个微妙但重要的点。[57] 在西方大众的想象中，"阴阳"代表东方对对立和矛盾的拥抱，而不是西方的非此即彼的二元对立。这忽略了一个具有讽刺意味的事实：这样的描述本身就创造了一组二元对立，阴阳。一个真正的二元逻辑的替代方案不会把这两个概念完全分开，而是强调它们之间的相互依赖和相互渗透。用阴阳的角度来思考有助于我们记住这一点。

这是很困难的，因为从表面上看阴阳是充满二元区别的。王蓉蓉列出了《道德经》中的至少35组反义词，如"美/丑""福/祸""有/无""难/易"。[58] 然而，她坚持认为"阴阳这样的对立的区别并不是通过二元论或原子论的视角来看待现实的问题"。王说，在汉语中，"物"这个词并不意味着"孤立的实体"。物更应被理解为"现象、事件、甚至历史"，它们有不同的阶段，并"总是在变化"[59]。在中国的思想中，原则与其说是"整体大于各部分之和"，不如说是"各部分被人为地从其所属的整体中分离出来时就会变小"。当一件事物只在它与其他事物的联系中才是其所是时，任何对立项列表中的任何项都不能被视为相互排斥或各自分离的。

　　克服过度二元性的关键在于，要看到阴阳不是事物，或事物的固定本质。某物是阴还是阳，因其所处的环境和事物之间的关系而异。这是由这两个汉字本身的起源所暗示的，它最初指的是山的阳面和阴面，随着太阳在天空中的移动而改变。[60] 举佛尔克（Alfred Forke）提出的关于阴阳间动态关系的典型例子：虽然左手是阳，右手是阴，但当双手举起时，双手都是阳，放下时则都是阴，无论是上下左右，双手热的时候都是阳，双手冷的时候都是阴。[61] 某些事物可以同时以不同的方式呈现阴阳，这并不矛盾。任何关系属性都是如此：某物可以在一物的左边，在另一物的右边；可以高于一物，低于另一物；可以比一物热，比另一物冷。阴阳也有这种对语境的依赖，因为它本质上是关于关系的。王说，这些关系可以6种形式：矛盾与对立（矛盾）；相互依存（相依）；相互包容（互含）；相互作用或共振（交感）；互补或相互支持（互补）；变化与转型（转化）。

　　阴阳的主要功能不是用某种伪科学或原始科学的方式来描述世界，即使有时这正是一些思想家试图用它来描述的。相反，它是为了让我们能够在其中生活得很好。它本质上是实用的。王说："阴阳是一种'术'，一种在任何特定环境下都能有效发挥作用的策略或技术。"[62] 在公元前7世纪的经典著作《管子》中对其有一个简洁的描述，书中提出了一个问题："何为阴阳？"答案是："时机。"[63] 换句话说，阴阳对目前的形势作出合适的反应，而不是对过去或将来的情况。对于今天来说明智的行动可能对于明天来说是愚蠢的。通过关注事物之间的关系，一个人能够以这样一种方式对事物做出反应：期望的结果自然地从情境中流出。[64]这在人类生活的各个方面都适用，包括性。男人的阴茎叫阳具，女人的阴道叫阴户。在有技巧的性爱中，阳具从阴户中汲取阴气，不会过早或过快地熄灭自己的阳气。"这种性交有时被称为采阴术，是一种取阴的艺术。"[65]

阴阳是更广泛的"气"宇宙学的一部分。"气"通常被描述为一种能量，一种自然界的基本力量，现在常被贬斥为不科学的。尽管一直存在很多关于"气"的伪科学，但它既是一种理论，也是一种思维方式。今天，从"气"和阴阳的角度来思考问题，并不是在为牛顿物理学或量子力学寻找补充或竞争对手。相反，它是一种切实可行的思考方式，思考如何确保事物流动、与他人保持正确关系并实现无摩擦的和谐。

和谐是中国文化和思想中最核心、最独特的价值观念，这应当无可争议。有争议的是，这种理念在政治上是如何实现的。我们也不应该假设"和谐"现在只是一个含糊其辞的词。尽管民主派可能不喜欢这个想法，但客观调查显示，中国民众对政治的满意度很高。丹尼尔·贝尔指出，备受尊重的"亚洲晴雨表"（Asian Barometer）调查显示，在接受调查的八个社会中，包括民主的日本、韩国和菲律宾，中国公民对政治机构的信任度超过了其他任何一个社会。[66]

今天，和谐在政治上最具争议的应用之一是中国对待少数民族的方式。这个国家历史上始终以拥抱少数民族为荣，这从上海博物馆为嘉道理中国少数民族艺术画廊（Kadoorie Gallery of Chinese Minority Nationalities' Art）提供的宽阔展览空间可见一斑。正如李晨阳所说，促进社会和谐可以遵循"差异先于统一"的关键原则。这不是为了差异本身而赞美差异。李晨阳说："并不是所有的差异都是好的，都应该加以推广。"比如，"当人们的行为明显违反了普遍接受的人性标准时"。有些差异应该得到颂扬，而另一些差异可以而且应该被接受，即使它们不被我们个人所认同。[67] 在一个复杂多样的世界里，这种非无政府状态的多元主义观点正是我们需要的，它呼吁"一种和谐的心态，而不是对抗或霸权的心态"[68]。

不管今天的中国实际和谐程度如何，关于在政治领域如何体现和谐，我们都有很多需要学习的地方。儒家思想有一些有趣的观点，比如一个好统治者的光辉榜样对于创造和谐是多么重要。儒家德性伦理注重的是道德模范而不是法律的推行。儒家并不轻视法律。孟子赞同"徒善不足以为政，徒法不能以自行"[69] 的古话。法律和道德必须保持平衡，如果必须强制执行法律，那就表明和谐已经瓦解。因此，最好的治理是以永远不必使用法律力量的方式进行的。孔子在《论语》中说："听讼，吾犹人也。必也使无讼乎！"[70] 另一方面，法律的实施过于强力，就会造成不和谐。"道之以政，齐之以刑，民免而无耻。"[71]

理想情况下，领导者的行为方式应该是和谐的，而不是强制的。例如孟子说："乡田同井，出入相友，守望相助，疾病相扶持。"[72]

甚至崇尚自然状态的道家《道德经》也说："正（政）善治。"[73] 道家进一步发展了和谐自然流动的观点，认为当政府处于最佳状态时，是接近什么都不做的："其政闷闷，其民淳淳；其政察察，其民缺缺。"[74]《道德经》说："治大国如烹小鲜。"[75] 换言之，政府越是干涉，社会就越是分崩离析。

尽管尽可能避免法律在日常事务中出现这一做法似乎是可取的，但这是一种与法治传统相冲突的理想，法治通过坚持法律（而不是统治者或其代理人）拥有最终发言权来保证平等对待所有人。儒家的公平价值观,被李晨阳描述为"在特殊情况下适用法律的一种灵活性或适应力"[76],直接地挑战了以上观点。以独生子女政策为例,该政策不适用于中国的少数民族。因为他们只占很小的比例,而整个社会需要和谐,所以给他们特权是有意义的。[77] 他进而讲述了一个更让人惊讶的故事,她有一个穆斯林朋友,他们称之为"叔叔"。从20世纪50年代末开始,贯穿"文化大革命"期间,每个家庭每人每月可以分到一磅猪肉。但由于穆斯林不吃猪肉,叔叔家每人分到的牛肉超过了一磅。

儒家的例外原则是"权",即称量或酌处,源于某物"有分量"的概念。[78] 这一点非常重要,因此在汉语里"权利"的意思是"好处"或"利益"。这不仅仅是一个词源学上的奇特现象:权利涉及权衡,因为适用哪种权利总是取决于语境的。[79] 虽然这似乎与西方的权利传统的不变和不可侵犯性直接矛盾,但语境在某种程度上在西方也很重要。甚至生命权也不是绝对的。

亚里士多德在他的著作中提到了类似于"权"的原则:"当一个事物是不确定的,那么用来测量它的规则也是不确定的。"[80] 亚里士多德是法治的坚定捍卫者,他认为民主的主要问题之一是多数人,而非法律在统治。这表明,我们不应在僵化的法治和反复无常的行政行为之间作出明确的选择,而应考虑在明确而灵活的法律下行使自由裁量权的中间道路。

像英国这样的一些国家认为他们的系统是这样运作的。"常识"和"判断力"是大众想象的一部分。人们普遍认为,英国警察不仅不会盲目执法,而且在人们的罪过并不严重的情况下,仅仅警告或训诫人们。由于一些可理解的原因,这种灵活的文化已经衰落了。当规则没有被明确划定和遵循时,没有人真正知道他们应该做什么来保持法律的立场正确。《道德经》中有一段话在现代人听来有点邪恶，它说："古之善为道者，非以明民，将以愚之。"[81] 自由裁量权的另一个主要问题是，它太取决于行使它的人的判断力。在实践中，这导致"自由量刑"通常意味着那些长得"正确"的人会得到宽大处理，而那些肤色或口音错误的人则不会享受疑罪从无的对待。

刚性和灵活性各有利弊。我认为，理想的平衡是一种透明的权力，完全公开可以防止自由裁量权的滥用。法律制度可以批准使用合理的判断，承认这意味着并非每个人都能得出相同的结论。法律的应用会有一定的可变性，但不至于威胁到必要的平等。这种灵活性已经成为一些法律的组成部分，但可能还不够。

最后，应该提到中国的法家传统，它出现于约公元前475年到公元前221年的战国时期。虽然从长远来看，它的影响力不如儒家或道家思想，但它作为一种平衡两者的力量，却有着持久的影响力。法家对以德为本、以身作则的和谐观不屑一顾。正如该学派的杰出哲学家韩非子所说："圣人……不务德而务法。"[82]

明确的法律能让一切顺利进行："是以赏莫如厚而信，使民利之；罚莫如重而必，使民畏之；法莫如一而固，使民知之。"[83]

矛盾的是，韩非还认为，统治者需要神秘莫测，正如他的法律需要清晰透明一样。"主道"应当是一个谜，统治者的意愿不能明白表露，以保持每个人的警觉。他说，"明君无为于上，君臣竦惧乎下"，这是一件好事。"君无见其所欲……君无见其意。"[84] 理由是，如果人们知道统治者的好恶，他们就会试图迎合统治者，这样他们的真实本性就不为人知了。故曰："去好去恶，群臣见素。群臣见素，则大君不蔽矣。"[85]

韩非很清楚，一个统治者需要冷酷和强大。"今君人者释其刑德而使臣用之，则君反制于臣矣。"韩非解释了这句话的意思：

"杀戮之谓刑。"[86] 刑罚（刑）是"二柄"之一，另一种是奖励（德）。然而，韩非更喜欢大棒而不是胡萝卜："夫严家无悍虏，而慈母有败子。吾以此知威势之可以禁暴，而德厚之不足以止乱也。"[87]

中国历史上一直有这样的时期：统治者的美德和自然和谐的理想被摒弃，取而代之的是严厉的领导和虚假的"和谐化"（harmonisation）。然而，几个世纪以来，"和谐"的理想一直是社会和政治重心的中心。所有的统治者都必须用和谐来为自己辩护。所有社会都有可能从这一理想的使用和滥用中学到一些东西。

也许大多数人已经这样做了。撒迪厄斯·梅茨（Thaddeus Metz）发现了非洲与中国和谐观的惊人相似之处，并引用了大主教德斯蒙德·图图（Desmond Tutu）的一些话，阐述非洲与中国和谐在文化中的根深蒂固："社会和谐对我们来说是至善——善的最高点。"[88] 和谐与乌班图精神的价值息息相关，它强调我们之间的人性纽带。这导向了一种处理社会问题的方式，这与西方法制化的、基于规则的制度截然不同，而后者已成为全球的默认方式。如果发现规则制造的问题比解决的问题多，那它们很容易会被抛弃。彼得·博埃尔·范·汉斯布鲁克解释道："当你亲眼看到运用一些普遍原则的实际结果是制造仇恨时，为什么还要运用它呢？所以他们会说，也许原则可以少一点原则性，我们可以稍作妥协，以此来达成某种和解。"对于那些重视法治的传统而言，这看起来像是在损害正义。但在非洲，扭曲规则往往根植于对深刻道德原则的承诺，并不总是腐败。

丹尼尔·贝尔主张，和谐是一种比自由更普遍的价值观。在受儒家思想影响的东亚社会中，在非洲大部分地区，在土著拉丁美洲社会中，在伊斯兰哲学的认主独一思想中，你都可以看到和谐。[89] 公元前3世纪统治印度大部分地区的佛教皇帝阿育王（Aśoka）在他著名的石刻法令中写道："只有协和才是值得称颂的。"可以说，和谐已经并且经常是最重要的全球政治价值。

21

美 德

"修身以道"

比较哲学揭示出很多有趣的对比和差异,偶尔也展现出更多让人惊讶的相似之处。可以说,其中最令人惊奇的是,古希腊和中国的哲学家,尤其是亚里士多德和孔子,都将美德置于道德的核心,二者有着惊人的一致性。更令人难以置信的是,没有任何证据表明这两种传统之间曾互相交流借鉴过。几乎完全相同的想法在同一时间相互独立地出现,两者相距5,000英里。

在西方哲学中,德性伦理学与亚里士多德的关系最为密切。其核心思想是,为了更好地生活,我们需要培养正确的习惯和性情,而不是遵循道德准则或原则。一个好人有良好的品格,这就是他们倾向于表现良好的原因。一个品行不好的人总是倾向于做出不好的行为,不管他们公开认可什么样的道德准则。

当人们描述他们的道德价值时,通常是按照其传统里的规则和原则来描述的,且通常这些规则和原则都是宗教的。然而,在赞扬道德价值时,我们倾向于指向那些被我们认为是道德典范的人。纳尔逊·曼德拉(Nelson Mandela)和圣雄甘地,尽管他们属于信仰迥异的宗教传统。他们独特的道德品质比他们信仰的具体内容更重要。同样，民意测验专家一再声称，选举往往更多地取决于候选人的人格特质，而不是他们所倡导的具体政策。

虽然美德伦理的概念今天仍然存在，但"美德"这个词听起来越来越不合时宜，主要被用于"耐心是一种美德"等陈旧的习语。在当代日常用法中，它具有强烈的道德意味。它经常被用来讽刺或嘲讽地暗示过分的清教主义。选择水果而不是饼干的人是"有美德的"。然而，在古希腊，美德（arete）不具备这些道德关联，这就是为什么有些人更喜欢把arete翻译成"卓越"（excellence）。美德是一种卓越，因为它是一种技能或训练有素的性格，使我们能够生活得好，这不仅意味着我们对他人做了正确的事情，而且意味着我们作为个体而繁荣发展。

亚里士多德最关心的美德是ethike arete，通常被翻译成"道德美德"，尽管这有点误导。正如亚里士多德自己指出的，ethike"是由ethos（习惯）一词作略微的变形演变而来的"[1]。因此，我们不应谈论"道德美德"，而应谈论"性格的卓越"，使我们能够生活得好的各种习惯和性情。美德不是某种内在的状态，而是由正确的行为构成的。亚里士多德写道："美德属于有道德的行为，对人有益的行为就是灵魂与美德相一致的行为。"[2]

人们常说亚里士多德认为美德能带来幸福，但"幸福"一词是对希腊语eudaimonia的一个蹩脚翻译。今天，幸福通常被认为是一种情感状态，一种我们能感觉到的东西。Eudaimonia更好的翻译是"繁荣发展"。作为一个人繁荣发展，就是完全遵循你的本性生活。感觉良好往往是它的一个后果，但这更多地是个连带后果，而不是道德美德的主要目的。当我们繁荣的时候，我们会从生活得好中得到满足，不管我们是否经常或是曾经心情愉快。

这种满足感可以说是一种更深层次的满足，而不是那种来来去去的短暂快乐。相反，有些人可能在大多数时候都很快乐，但并不是真正的快乐，因为他们的快乐是肤浅的，动物也可以很容易地体验到这种快乐。

拿文森特·凡·高（Vincent van Gogh）这样的艺术家和电影导演迈克尔·温纳（Michael Winner）这样享受生活的人作个比较。毫无疑问，温纳度过了很好的一生。他享受成功，也享受自己，尽管大家都说他很难相处或共事。另一方面，凡·高一生坎坷，早早死于梅毒。如果我们问哪一种生活更令人愉快，显然温纳是赢家。但如果我们问哪种生活更"繁荣"，许多人会选择凡·高。他的任一幅画作都达到了比温纳的代表作《猛龙怪客》（Death Wish）更卓越的水平。从第三者的角度来看，我们可以说凡·高的生活更好。如果我们问自己更喜欢哪种生活，我想我们会得到不同的答案。许多人认为幸福是最高的人生目标，会选择走温纳的路。但也有许多人认为，即使要付出幸福的代价，繁荣也会更值得。约翰·斯图亚特·密尔的著名主张是"做不满足的苏格拉底总比做满足的傻瓜好"，这句话用在温纳身上有点太刻薄了，但它很好地抓住了问题的根本。[3]

幸运的是，亚里士多德认为，一个有道德美德的人不太可能像凡·高那样陷入困境，因为他所例示的是艺术上的卓越，而不是道德上的。他知道如何绘画，却不知道如何生活，所以只在一个有限的领域里繁荣。一般来说，只要你不把快乐和短暂的乐趣或快感混淆起来，遵循美德的道路就会增加而不是减少你快乐的机会。通过考察凡·高的一生，我们将幸福推向不同寻常的极端，由此突出了幸福和繁荣之间的区别。

因为美德是关乎拥有正确的习惯和性情的，它必须通过正确的行为来滋养和培育（hexis）。儒家思想也强调对自我的培养（修身）。孟子说："守身，守之本也。"[4] 同样，"故君子不可以不修身"[5]。孟子几乎一字不差地重复了《中庸》中的一句话，说我们应该像弓箭手一样，"射有似乎君子，失诸正鹄，反求诸其身"[6]。

《荀子》中有一章也许是关于自我修养原则最为简明、最令人难忘的指南，修身便是这一章的主题："见善，修然必以自存也；见不善，愀然必以自省也。善在身，介然必以自好也；不善在身，菑然必以自恶也。"[7]

大多数人都同意，要成为一个有道德的人需要很大的努力，但儒家认为这是每个人都能达到的。孔子曾问道："舜何人也，予何人也，有为者亦若是。"舜是著名的古代贤君。[8] 那些声称自己做不到这一点的人只是没有付出足够的努力。据说，有位弟子曾对孔子说："非不说子之道，力不足也。"孔子回答说："力不足者，中道而废。今女画。"[9]

尽管修身养性对所有古典儒家思想家来说都很重要，但他们对人性本质上是好是坏却存在分歧。孔子对人的本质善没有明确的立场。孟子则相反，他认为人类本质上是好的，只是被坏的社会所腐化。他写道："仁也者，人也。"[10] 这自是他与齐宣王讨论的故事。齐宣王问孟子："德何如，则可以王矣。"孟子回答说，称职的国王必须关心人民，国王不知道他是否能做到这一点。孟子回答说，他记得有一次，他阻止了宰牛，而是用羊代替了牛。人们认为他很吝啬，但他的动机是他无法忍受目睹它的恐惧。孟子认为，这表明君王内心有仁慈的种子，需要把这种子从眼前的动物身上传播到视线之外的人身上。事实上，他能够同情一头牛这个事实表明，他更能去同情他的人民。[11]

对孟子来说，修身符合人的本性。他拒绝接受哲学家告子的比喻，"性犹杞柳也，义犹桮棬也"。孟子反对说："子能顺杞柳之性而以为桮棬乎？将戕贼杞柳而后以为桮棬也？如将戕贼杞柳而以为桮棬，则亦将戕贼人以为仁义与？率天下之人而祸仁义者，必子之言夫！"[12]

人性本善，尽管人不是一张白纸，但仍需要培养。内在于人的善良本性需要培养，但这样做的时候要温和。《孟子》中的一个著名教训是，宋人（一个典型的白痴形象）试图通过拔禾苗来帮助禾苗生长，最后害死了它们："以为无益而舍之者，不耘苗者也；助之长者，揠苗者也。非徒无益，而又害之。"[13]

新儒家大体上赞同孟子，同时也强调修身的理论和实践。[14]荀子持相反的观点，他认为"人之性恶，其善者伪也……无礼义则悖乱而不治"[15]我们之所以变得优秀，是因为我们"人为的努力"（伪），而不是因为我们的本性。"材性知能，君子小人一也。"[16]

亚里士多德在这场辩论中采取了一种典型的温和立场，认为美德"既不是由自然产生的，也不是与自然相悖的；我们生来就是为了接受它们，但它们在我们身上的充分发展是习惯使然"。美德不可能是"自然产生的"东西，因为道德上的善是由好习惯培养出来的，而"任何本质上的东西都不能因为被习惯化了而变得不同的"[17]。

这一古代争论与一个现代争论遥相呼应，即我们是自然的产物还是后天培养的产物，是由我们的基因还是我们的环境决定的。大多数人都会同意，这个问题已经得到了对亚里士多德的看法有利的裁决。我们确实遗传了很多东西，但除了少数一些例子，如眼睛的颜色，我们的基因只是设定了一系列的可能性，而没有给出一个确定的结果。后天培养让先天自然的可能性变成现实。

尽管孟子、荀子、亚里士多德三者中哪一位是正确的,这看起来似乎很重要,但它并没有你想象的那么重要,因为在实践中,所有的美德理论家最终都主张同一件事:只有通过美德的实践,人们才能成为有道德的人,要么避免陷入邪恶,要么将自己从邪恶的初始设定中拉出来:

不积跬步,无以至千里;不积小流,无以成江海。[18]

无论哪种方式,人性都需要培养。正如荀子自己所说:"无性则伪之无所加,无伪则性不能自美。"[19]

关于"修身"的讨论因其在当今西方哲学中的缺失而引人注目。欧文·弗拉纳根哀叹道:"在当代的实践伦理学中,很少有关于改变自我的讨论,而自己是宇宙中一个人可以实际控制的那个部分。"[20] 对于中国古代思想家来说,这样的遗漏是很奇怪的。即使对目标是毫不费力地自然行动的道家来说,修养也是必不可少的。其核心文本的名称说明:"道德经"字面上是"德"和"道"的经典。庄子说:"德者,成和之修也。"[21],《道德经》写道:

修之于身,其德乃真;修之于家,其德乃余。[22]

然而,道家对修身的观念有一种抵制,因为善天然存在于自然中,所以修身的需要标志着有什么地方出错了。这与道家强调的"无为"这个有点自相矛盾的概念有关。无为是一种我们只有经过多年实践才能达到的毫不费力的行为,就像庖丁的技艺一样。我们需要非常努力地去恢复那些毫不费力的东西,这是我们从自然中堕落的另一个标志。

对美德培养的需求有助于局外人理解儒家伦理的一个更奇怪的特征:对礼的强调。礼仪是修身所必不可少的条件。"恭而无礼则劳,慎而无礼则葸,勇而无礼则乱,直而无礼则绞。"[23] 礼对促进社会和谐也很重要。

翻译再次给正确理解这一点带来了问题。"礼"通常被翻译成"仪式",但它绝不限于现代西方人所理解的那种正式仪式。姚新中解释说:"最初它指的是礼仪和仪式,但孔子把它扩展到了道德准则和行为准则。它已经成为你应该遵循的外部规则和你应该培养的内在感觉。"

另一种译法是"礼节",虽然在某些方面"礼节"比"仪式"更好,但这让礼看起来不过是规矩而已。混合翻译的"礼仪规范"更好地捕捉了更广泛的含义,但最好还是把礼看作与他人进行互动的正确方式。李晨阳称礼为一种"文化语法",这让它显得远没有那么神秘和陌生,因为每种文化都有这样一种语法,你需要知道它才能与他人无缝互动。[24] 例如,打招呼时握手是许多文化中"礼"的一部分。虽然在某些意义上是微不足道的,但如果没有在适当的时候以适当的方式去做,就会导致严重的冒犯。有人对唐纳德·特朗普第一次与世界其他领导人会面时的握手做过了仔细分析,各种视频剪辑可以在网上找到。一位记者称他跟法国总统伊曼纽尔·马克龙(Emmanuel Macron)的握手是"用握手的方式表达的'去你的'"[25]。英国首相特蕾莎·梅(Theresa May)被指责与这位引发争端的总统过于友好,因为有人看到两人在白宫的柱廊上短暂地牵手。这是 21 世纪西方的礼仪。同样,在今天的中国,"礼"在日常生活中也得到了最好的体现,比如先向一群人中年龄最大的人打招呼，或者用双手接礼物和送礼物。

这些日常琐事看似微不足道，那可能是因为我们已经忘记了日常生活中的细微互动对于塑造良好的品格、礼貌和尊重有多么重要。它只是被遗忘了，因为我们的确知道过：拉姆-普拉萨德说："英国人说'礼貌造就人'，这其实是儒家的原则。"[26] 礼是培养自我的手段，是培养品德高尚的人的习惯。孔子说："性相近也，习相远也。"只有最聪明的和最愚蠢的人才不能通过实践而改变（唯上知与下愚不移）。[27] 荀子也说："孰知夫礼义文理之所以养情也……故人一之于礼义，则两得之矣。"[28]

礼只有在以正确的精神被实践时才有用，正如孔子的诗句所说的："礼云礼云，玉帛云乎哉？乐云乐云，钟鼓云乎哉？"[29] 同样，孟子说过："恭敬而无实，君子不可虚拘。"[30]《荀子》在章节结束语中说："从道不从君，从义不从父。"[31]

礼本身没有价值。孔子写道："今之孝者，是谓能养。至于犬马，皆能有养；不敬，何以别乎？"[32] 礼的核心是对他人的积极态度。孔子说："修身以道，修道以仁。"[33]

对礼的强调可能会太多，也可能会太少："质胜文则野。文胜质则史。文质彬彬。然后君子。"[34] 过度的一种形式是僵化，这经常会受到批评。《论语》说："大德不逾闲，小德出入可也。"[35] 有时甚至主要的美德也会被搁置。孔子说："君子贞而不谅。"[36] 这说明有时甚至有必要背叛信任。

孟子进一步发展了这种对僵化的抵制。万百安将他的方法描述为"排他主义"，"强调美德的语境敏感性"[37]。孟子说伟大的圣王舜没有告诉父母他要结婚，这是对孝道的极大疏忽。孟子为他辩解说："告则不得娶。男女居室，人之大伦也。如告，则废人之大伦，以怼父母，是以不告也。"[38]

在有些情况下吃饭比守礼更重要,但这并不意味着总体上吃饭更重要。"金重于羽者,岂谓一钩金与一舆羽之谓哉?"[39]

有一个关于礼的灵活性最好的例子是,尽管男人和女人有身体接触是不合适的,但孟子说:"嫂溺不援,是豺狼也。"从礼的角度来说这是禁止的,但它被"权宜"的需要所取代。[40]

人们通常认为,守礼需要盲目地延续旧习俗,尽管孔子明确表示并非如此。有时候我们需要拥抱改变,有时候则不行。"麻冕,礼也;今也纯,俭,吾从众。拜下,礼也;今拜乎上,泰也。虽违众,吾从下。"[41]

礼在今天继续演变着。以中国的新年为例,它的核心是几代人聚在一起吃团圆饭。这个礼对于加强和尊重家庭关系很重要。近年来,礼的具体形式已经发生了变化,人们购买而不是自己制作"福"(好运)的符号贴在门上,通宵看中央电视台的春节联欢晚会(有7亿人一起),而不是在炉火边聊天,等待农历新年的到来。即使是最古老的风俗也会更换形式。

礼完全符合亚里士多德关于"hexis"或"习惯"的理念。无论是在孔子还是在亚里士多德的思想中,都是通过不断地做正确的事情,一个人才会成为一个更有道德的人。孟子写道:"子服尧之服,诵尧之言,行尧之行,是尧而已矣。"[42] 就像亚里士多德一样,一旦实践被植入,好的行为就几乎是自动的。"伟人不会事先考虑他的言语是否真诚,也不考虑他的行动是否坚定——他只是说正确的话,做正确的事。"[43]

德性伦理永远不会导致僵化的规则,因为好人会培养智慧和敏感性,以判断每一件事情的是非曲直。亚里士多德说,关于恐惧、自信、欲望、愤怒或痛苦的正确比例,没有这样的处方。"美德的标志"是"在正确的时间,以正确的理由、正确的动机、正确的方式，对正确的人产生这些情感。"[44]亚里士多德经常列出这样的"正确"清单，却没有任何算法来确定什么是"正确"的。对于德性伦理的批评者来说，这是一个弱点。我们从来没有被告知什么是正确的，仅仅被告知，好人看到正确的事物，就会知道它是正确的，更重要的是，他们会做到它。但是如果我们不知道什么是正确的行为，我们怎么知道选择做这些事的好人是谁？道德伦理学家耸耸肩，反对批评者在没有明确规则之处要求明确规则。正如亚里士多德所说："这是训练有素的头脑的标志，在处理任何一门学科时，永远不要期望比该学科的性质所允许的更精确。"[45]

在西方世界，这一美德传统在亚里士多德之后逐渐衰落，以规则和原则为基础的伦理学占据了主导地位，直到20世纪晚期，美德传统才被学者们复兴。最近，这已开始渗透到更广泛的文化中，尤其是对学校品格教育的重新关注。然而，在这个间断的时期里，德性伦理还是闪烁着光芒。休谟在18世纪写道："习惯是另一种强大的手段，可以改造思维，并在其中植入良好的性情和倾向。"这句话就像是直接引用了孔子或亚里士多德。和他们一样，他也发现改变习惯需要毅力和努力才能结出果实："在这里，人们完全相信，有道德的生活是可取的。只要他有足够的决心，在一段时间内对自己施加暴力，就不必对自己能否得到改进感到绝望。"休谟注意到，他的许多前辈都忽略了一点，那就是一个人要想变得更好，至少要已经具备一半的善。他写道："除非一个人事先具备相当的道德品质，否则这种信念和决心永远不会成为现实。"[46]

尽管美德传统强调习惯行为而不是抽象原则，但他们非常相信智力的重要性。对亚里士多德来说，理性能力是我们有别于其他动物的地方。沉思是最高的人类活动，因为它是最"人类"的活动。[47]《荀子》大体上同意："为之（学习）人也，舍之禽兽也。"[48]

智力的培育对养成良好习惯是必要的。亚里士多德赞扬人类灵魂的理性部分，"因为它促使他们朝着正确的方向前进，并鼓励他们走最好的道路"[49]。没有一个受过教育的头脑，即使有美德也会被遮蔽。孔子警告说，在缺乏学习的情况下，仁爱会导致"愚"；对知识的爱导致"荡"；对真诚的爱导致"贼"；对坦率的爱会导致"绞"；对胆魄的爱会导致"乱"；对坚定的爱会导致"狂"。[50]

这些警告表明，即使是好的东西，如果被推到了极端，也可能变成坏的。美德需要在不足和过剩之间取得平衡，这是孔子和亚里士多德发现的另一个非常相似的观点。事实上，这理念的名称是相同的：中庸之道。亚里士多德将中庸定义为"介于两种恶习之间的美德，一种依赖于过度，另一种依赖于缺乏"。慷慨是介于过度挥霍和缺乏吝啬之间的中道。勇敢是怯懦不足和过分鲁莽之间的中道。"罪恶在情感和行为上都达不到或超过了正义，而美德却能找到并选择中间的正义。"

中道是一种有力而简单的观念，它反对我们在伦理学中诉诸二元论思维的倾向，在这种思维中，美德与恶行是对立的。它从现实的角度来看待人类的性格，在这种性格中，美德与恶行总是在一定程度上显现自身，有时表现得太少，有时又表现得太多。

这和儒家思想的中庸之道几乎是一样的。《论语》中有这样一个故事：子贡问师和商谁更贤良。孔子没有直接回答这个问题，只是说："师也过，商也不及。"子贡的结论是："然则师愈与?"孔子纠正他说:"过犹不及。"[51]

中庸取决于情境。在一种情况下是勇敢的行为,在另一种情况下可能是轻率。这也是因人而异的。因此,虽然数学上的中道在两个极端之间是等距的,但亚里士多德说,与我们相关的中道"并不是对所有人都是一样的"。[52] 就像对于健美运动员来说蛋白质含量高、能量丰富的食物是适当的,对于一个坐在办公桌前写作的人来说就太多了一样,对于一个赛车手来说是适当的勇气,对于一个出租车司机来说就是鲁莽。在试图塑造我们的性格时,考虑一些个人化的特殊因素尤为重要。例如,在《论语》中,公西华就曾抗议说,当子路问知道了什么东西后,是否应该马上行动,孔子说只要有家人就不应该。但当冉求问同样的问题时,孔子就说他应该。"赤也惑,敢问。"公西华问道,他的疑惑是可以理解的。孔子对他说:"求也退,故进之;由也兼人,故退之。"[53] 为了训练自己的良好行为,我们需要在自己容易犯错的那一边的对立面犯错,当我们有不足时,应朝着过量的方向推进,当我们过量时,应朝着不足的方向推进。亚里士多德说了一些或多或少相同的话:"我们必须注意自己容易犯的错误……我们必须把自己拉向相反的方向;因为我们要达到中庸之道,就得远离我们的失败——就像一个把一块弯曲的木头拉直的人一样。"[54]

中庸之道与更广泛的和谐与平衡思想有关。这明确地体现在《中庸》这个文本中,在儒家的传统中已经口头代代相传,直到子思为孟子将其写下来。它指出,只有"喜、怒、哀、乐之未发,谓之中"。然而一旦被激发,只要"发而皆中节,谓之和。中也者,天下之大本也;和也者,天下之达道也"[55]。

在实践中,我们的任务往往是把不平衡的东西带回中心。荀子写道:"血气刚强,则柔之以调和;知虑渐深,则一之以易良;勇胆猛戾,则辅之以道顺;齐给便利,则节之以动止;狭隘褊小,则廓之以广大。"[56] 这后面还有很多类似的说法。

《荀子》中有一段颇有见地的段落将这一观点应用于哲学本身:"凡人之患,蔽于一曲,而暗于大理。"哲学家发现了一些重要的东西,然后专注于它,而忽略了其他同样重要的东西。荀子运用该模型分析了所有著名前辈的缺点和优点:

> 墨子蔽于用而不知文……慎子蔽于法而不知贤。
> 申子蔽于势而不知知……庄子蔽于天而不知人。

所有人都只关注道的一个方面,但"没有一个方面足以充分展示它(一隅不足以举之)"[57]。

孟子对孔子的两位后继者——非道德主义者杨朱和结果主义者墨翟的缺陷也作了类似的分析。孟子反对说,杨朱的"各人为己"原则不承认君主的权力,而墨翟的"兼爱"原则不承认对父亲的特殊感情。两者都有一半对一半错,因为"杨氏为我,是无君也;墨氏兼爱,是无父也。无父无君。是禽兽也"[58]。

这些段落表明,这不仅仅是找到正确的中庸之道并坚持下去的问题。因为中庸之道是一个平衡的问题,所以即使是中庸之道本身也必须轻松灵活地把握。中庸的精神是避免一切极端,过分拘泥于任何立场,即使是温和的立场,都是极端的。孟子写道:"所恶执一者,为其贼道也,举一而废百也。"[59]

虽然中庸之道是儒家学说,但其核心思想贯穿于中国思想始终。《道德经》说:"天之道损有余而补不足。"[60] 就是典型的中庸语言。也许更基本的概念是"中",通常被表述为"中心性"

或"平衡"。李晨阳说,这是一个"反对极端的立场",也意味着"不偏不倚"。它具有正直和中心的内涵。在儒家哲学中,"中心性与和谐是相互依存的概念"[61]。

姚认为中庸之道在当代中国占主导地位。他对我说:"大多数中国人不喜欢极端。他们使用钟摆的形象。我相信这就是中国相对稳定的原因。他们不会走极端,当他们到达某一点时,他们开始回到另一边。当然,今天我们有极端的民族主义,极端的自由主义,极端的保守主义,但总是少数人。大多数人不会走极端。"

在所有的传统中,你都能看到类似于美德的东西。《摩诃婆罗多》中说:"行为被认为要优于所有知识的分支。行为生义,义生长寿。"[62] 然而,在印度哲学中,美德的回报是 mokṣa(救赎、解脱)。这与中国的和亚里士多德的美德有很大的不同。亚里士多德的美德认为,有美德的生活本身就是奖赏,而不是通往其他东西的道路,这就是为什么它甚至比生命本身更有价值。亚里士多德说,品行好的人会为他朋友和国家做好事,"如果必要的话,甚至会为他们而死"[63]。孟子说:"生,亦我所欲也;义,亦我所欲也,二者不可得兼,舍生而取义者也。生亦我所欲,所欲有甚于生者,故不为苟得也。"他相信人性本善,认为每个人都有这种偏好,只是正义的人不会失去它。[64]

我强调过,我们永远不应该在传统之间寻找非黑即白的差异,它们只是在重点上不同。美德传统强调习惯,但并不完全排斥规则或原则。区别在于这些规则的功能和性质。一个人为了生存应该守礼,但不是为了自己,而是为了弘扬美德,如果一个人必须在守礼和为善之间作出选择,那么他应该为善。

这一强调微妙而重要的作用最清楚的体现或许是在儒家最著

名的格言"己所不欲,勿施于人"[65]中。这通常被认为是人类道德的普遍原则,它在许多传统中都有各异的说法。耶稣说:"你们愿意人怎样待你们,你们也要怎样待人。"[66] 而耆那教有一句格言:"一个人不应该故意伤害自己不喜欢的人。"[67] 然而,每一种措辞之间的差异与它们之间的相似之处一样重要。

耆那教的措辞强调避免伤害,反映了其尊重所有生命的核心教义。它的黄金法则非常具体,并且其范围也受到限制。耶稣是这三者中唯一一个以积极的形式提出这条规则的人,强调我们必须善待他人的绝对责任。然而,他并不是第一个这么做的人。公元前4世纪,墨子写道:"爱人若爱其身。"[68] 这是一个积极的号召,要做你应该做的事,而不是那种消极的儒家版本,告诉我们不要对别人做我们自己不喜欢的事。在儒家伦理中,待人不坏就足够了。对墨子来说,我们需要走得更远,以一种公正的、普遍的仁爱之心对待我们所要对待的人。

在《论语》中,当孔子被问到"以德报怨"这句话时,这种区别就很明显了。这实际上是一个直接的关于如何理解基督教训诫的问题:"不要作恶,有人打你的右脸,连左脸也转过来由他打。有人要告你,要拿你的里衣,连外衣也由他拿去。"[69] 孔子坚决反对这种立场,认为这是过度的表现。他问道:"以德报怨,何以报德?"然后自己回答道:"以直报怨,以德报德。"[70] 另一次,当被问及是否有一个词可以作为终身奉行之法则时,他重申了这条黄金法则。他回答说:"其'恕'乎!己所不欲,勿施于人。"[71]

然而,这种互惠需要什么,取决于具体情况,需要美德来判断。拉姆-普拉萨德用儒家对"顺从"(恕)的强调来解释这一点,他强调的不是对上级的顺从,而是"对他人的需要和环境的顺从,就像一个人把自己比作别人,并用别人的方式看世界一样"。关键不在于情感上的同理心,而在于更理智的"设身处地为他人着想,从而得出应该如何设身处地为他人着想的结论"[72]。现在心理学家将这种认知上的设身处地称为"同理心",它需要一种道德技能,而这种技能不能被简化为单纯的善意或遵守规则。这反映了早期印度佛教中隐含的一种观念,它不区分善恶,而是区分 kuṣala 和 akuṣala——"熟练"和"不熟练"[73]。

在中国文化中,对他人有分寸的、巧妙的回应既导向耶稣所倡导的行为慈善,也导向对他人的谨慎克制。孔子说,德行完备的人"仁者,其言也讱"[74]。当被问到什么是完美的美德(仁)时,他回答说:"克己复礼为仁。"[75] 的确,有时候美德听起来相当乏味无趣。"切切偲偲,怡怡如也,可谓士矣。朋友切切偲偲,兄弟怡怡。"[76]

美德传统很自然地符合我们前面已经研究过的亲密关系取向。卡苏利斯说:"以诚信为导向的道德主要是一种原则道德。然而,在亲密关系取向中,伦理是一种爱的道德。"[77] 卡苏利斯讲了一个著名的故事,一个佛教僧侣帮助一位年轻女子穿过了一片浅滩,尽管僧侣被禁止接触女性。"我不敢相信你做了什么。"他的同伴后来警告说:"你违反了戒律,我得向方丈报告。"对此他回答说:"你一定很累!当我把那个女人带过河之后,我就已经把她放下了。但是你,你一直背着她走了这么远!"卡苏利斯说:"第一个和尚被正直的要求所困,不得不服从规则,而第二个和尚出于亲密的同情,对眼前的情况作出了反应。"[78]

在这种亲密取向中,我们发现了黄金法则的另一个变体。禅宗大师道元认为,圣经中的"不可杀人"命令不够充分,因为它提出了一个必须服从的命令。然而,我们的目标是成为一个根本就不再具有杀戮能力的人。这就将"你不可杀人"的命令转化为"你要做一个不会杀人的人"[79]的描述。在这种美德传统中，我们可以寻求对黄金法则的类似转变。遵循原则是次好的，而最好的则是成为一个永远按照别人应该被对待的方式来对待他人的人。黄金法则为那些需要帮助的人指出了何为"善"，但它描述了那些真正的好人在没有它的指引下会如何行动。

佛教中也有类似这种对待道德准则的态度。禅宗大师盤珪永琢（Bankei Yōtaku）说："不偷东西的人不需要戒律来阻止他们偷东西。不可说谎的戒律对一个诚实人来说是浪费。"[80] 佛陀讲了一个寓言，讲的是一个人造了一只木筏，帮助他渡过被洪水淹没的河岸。如果他认为木筏很有用，在继续向前旅行的时候仍然需要把它顶在头上，那么他的技巧和独创性就会变成愚蠢。佛陀说，他的道德教导，即"法"就像木筏一样，"是为了渡河，而不是为了作为其本身被人掌握……当你知道佛法与木筏相似时，你甚至应该放弃教导本身"[81]。

也许美德传统最引人入胜和令人惊讶的一面是，它的重点不是大恶和大善的行为，而是日常生活。美德的培养要求我们注意小事。然而，对这一点最好、最精辟的描述并非来自中国或希腊，而是来自佛教："不要小看邪恶，说'它不会靠近我'。即使是水罐也会被水滴充满。愚妄之人一点点积聚恶，也会变成恶人。"[82]

— 22 —

道德典范

"内圣外王"

莫斯科红场的一座陵墓里,游客们在瞻仰弗拉基米尔·列宁的遗体。在许多南美洲国家,政治领导人宣称自己继承了委内瑞拉人西蒙·玻利瓦尔(Simón Bolívar)的重要政治遗产,他不仅在自己的国家,而且在玻利维亚、可伦比亚、厄瓜多尔、秘鲁和巴拿马的解放中也发挥了重要的作用。

像这样的人几乎被提升到神的地位,这常常被嘲笑是一种个人崇拜。尽管这种敬拜可能是过度的,但崇拜杰出人士的冲动是一种普遍的文化现象。对这种现象的一个刻薄解释是,我们感到自己需要英雄和救世主。这种说法当然有一定道理,但我们还有另一个更现实的需要,那就是树立道德榜样。像小马丁·路德·金、特蕾莎修女、圣雄甘地和纳尔逊·曼德拉这样的人不仅受人钦佩,而且被认为是值得效法的人。

伟大人物提供的道德指引至少与规则和原则所提供的一样多,这是美德传统强调品格的自然结果。《纽约时报》(New York Times)专栏作家戴维·布鲁克斯(David Brooks)的畅销书

《品格之路》(The Road to Character)有助于复兴美德传统,这本书的结构围绕8篇人物小传展开并非偶然。[1]

在中国,道德典范集中体现在"君子"的理想之中。这个词最初描述的是一个绅士,一个上层统治阶级的成员。孔子把它变成一个近乎完美的人的理想形象,道德先进,品德高尚。这样的人显示出最高的美德——仁。这个字被翻译成了各种各样的词,如"正义""仁爱"和"完美的道德",还有无数其他的译法。这个词翻译的多样性表明,没有一个准确的英语单词与之对应。它与义,即正义相关联。姚新中解释说:"仁是内在的,是努力让自己成为一个好人,但义是你如何恰当地对待他人。当你以正确的方式善待他人的时候,你也展现了美德。"仁可以被理解为一种内在的道德力量,让我们保持平衡。我们可以称之为具有良好的品格。

在今天,"君子"通常被翻译成"模范人物""卓越人物"或"杰出人士",但有时仍然被翻译成"绅士"。孔子说,他从未想过在现实中能遇到一个真正的君子,但随着时间的推移,这个词越来越多地被使用,标准也越来越不那么严格。从"绅士"到"模范人物"的转变,是当代中国走向精英统治的一部分。尽管姚说,伪善和腐败意味着违背理想比遵守理想更受人待见,但人们应该根据自己的行为举止的高下来担任权威职位的观念仍然很强烈。例如,新加坡总理李显龙曾经说过:

> 许多儒家思想至今仍与我们息息相关。"君子为政"的观念就是一个恰当的例子,君子有责任为人民主持正义,并得到人民的信任和尊重。这比西方的观念更适合我们,西方的观念认为,一个政府应该被赋予尽可能有限的权力,并且总

是在被质疑，除非事实证明并非如此。[2]

"君子"例示了一种观念，即杰出的个人作为一种范例或模范供其他人效仿，这种观念在几个传统中反复出现。君子实现了中国人"内圣外王"的理想，这是一种向外辐射的内在善。[3] 好人作为他人指路明灯的观念在世界各地的思想史中反复出现。阿基尔·比尔格拉米（Akeel Bilgrami）在圣雄甘地的哲学中看到了类似的东西："当一个人为自己选择的时候，他为所有人树立了榜样。"彼得·亚当森还指出："穆罕默德在《古兰经》中被认为是其他穆斯林可以效仿的典范。"[4] 在《薄伽梵歌》中有这样的话："一个伟大的人无论做什么，别人也会做同样的事。无论他设定什么样的标准，世界都会遵循。"[5]《摩诃婆罗多》上说："如果国王重视正义，所有人就都会跟随他的榜样。"[6] 拉达克里希南和查尔斯·摩尔说："佛陀并不是救世主，而是一个榜样。"[7]

作为道德榜样的个人与基于理性和原则的道德体系格格不入。在这样的体系中，通过指向一个人的行为来推进道德论证从来都是无关紧要的。你支持或反对的是立场，而不是人。你应该"对事不对人"。否则，就会犯人身攻击谬误。但在重视道德榜样的地方，真正的谬误是忽视人，而只关注他们所主张的原则。

比较折衷的做法是，对所说的话和说话的人都给予应有的重视。例如，亚里士多德评论指出，欧多克斯（Eudoxus）认为快乐是最高的善这个论点"更多地是由于他品格的卓越而不是观点本身的原因而被接受的"。亚里士多德并不认为这是个错误，因为尤得赛斯的道德卓越性表明，"他陈述这一观点并不是因为他热衷享乐，而是因为事实确实如此"[8]。这可能不是评估其立场的决定性因素，但却是相关的资料。

在美德传统强大的地方,作为道德指引的来源,人(的榜样)变得比原则更加重要。不仅儒家如此,道家也是如此。《道德经》上说:"是以圣人抱一为天下式。"但他们不以榜样自居,因为那样会起到反效果。"不自是,故彰。"[9] 道德模范的观念早在儒家思想之前就存在。孟子引用古代的《诗经》说:"刑于寡妻,至于兄弟,以御于家邦。"[10]

对统治者来说,树立榜样尤为重要。孔子劝告他们说:"先之劳之。"[11] 事情的另一方面是,君子应该参与统治。学者应该在公共生活中积极作为榜样,任何处在公共生活中的人都需要努力成为学者,才能证明自己有作为榜样的价值。陈荣捷指出,"从董仲舒(前179—前104)到慈禧,再到康有为(1858—1927),除了少数例外,所有杰出的学者都是活跃的公众人物。"[12]

在中国的思想中,君子不仅仅是一个可以被简单效仿的模范。相反,他们的善良会以一种让人们表现得更好的方式散发出来,这是一种积极的道德传染,邪恶对这种传染无能为力。孔子在谈到东方"粗野"的野蛮部落时说:"君子居之,何陋之有。"[13] 这就是为什么艾文贺建议用"道德魅力"代替"美德"来翻译"德"。孔子说:"德之流行,速于置邮而传命。"[14] 君子的德行就像风,人民的德行就像草。当风吹过草时,草就会跟着倒(君子之德风,小人之德草,草上之风,必偃[15])。这具有清晰而明确的政治含义。好的统治者不需要强制,因为他们的良善统治自然会导致臣民愿意服从他们。孔子在他最著名的两句名言中生动地表达了这一思想:"为政以德,譬如北辰,居其所而众星共之。"[16] 又说:"举直错诸枉,则民服;举枉错诸直,则民不服。"[17]

甘地也持类似的观点,他说:"如果我们履行自己的职责,总有一天其他人也会履行他们的职责。我们有一句谚语是这样说的：如果我们自己好，整个世界都会好。"[18] 但并不是所有道德模范的拥护者都对大众自动追求美德的倾向持乐观态度。佛教强调在一个人能够接受外部的教导或榜样之前，必须进行内在的转变。《法句经》说得很优雅："如果一个傻瓜一生都和聪明人在一起，他并不会感知到真理，就像勺子无法感知汤的味道一样。但如果一个有思想的人与有智慧的人交往哪怕只有1分钟，他很快就会察觉真理，就像舌头能感知汤的味道一样。"[19] 在中国，强调的是先有正确的行为指导，然后才会有之后的跟随，而佛教追求的是一种内在的转变，从而带来更好的行为。

更具怀疑精神，甚至有些愤世嫉俗的是公元前3世纪的中国法家哲学家韩非子。他在谈到孔子时说："故以天下之大，而为服役者七十人。"更进一步说："故仲尼反为臣而哀公顾为君。仲尼非怀其义，服其势也。"[20] 说到有道德的统治者，听起来很高尚，但现实要残酷得多。"夫贤之为势不可禁，而势之为道也无不禁，以不可禁之势，此矛盾之说也。夫贤势之不相容亦明矣。①"[21] 韩非子会认为孟子"仁者无敌"[22] 的观点幼稚可笑。

即使在最好的情况下，韩非子也很难说是所谓智者的拥护者。"所谓智者，微妙之言也。"[23] 他嘲讽道。我们甚至不知道伟大的思想家真正相信什么，而是依赖于他们的学说可疑的公认版本。即使我们确实知道他们的想法，如果他们真的如此有智慧，为什么他们彼此都不同意呢？"故明据先王，必定尧、舜者，非愚则诬也。"[24]

然而，韩非子在诸子中是个例外。大多数中国古典哲学家赞美统治者的美德，并将其作为善政的核心。也许对我们来说，这

---

① 《韩非子·难势》。原文注释在第八章，实际在第四十章。

听起来有点理想主义，好像一个好的统治者不需要良好的管理，只需要树立一个可以效仿的好榜样。当然，要树立一个好的榜样，他必须好好执政，制定公平的法律，确保人民得到良好的服务。孔子说："近者说，远者来。"[25] 这句话听起来是真的。想想当今最受推崇的社会，比如北欧国家，那里的人们比较满足，海外的仰慕者不断询问如何才能成功地效仿他们的成功。

这些旧观念得到了当代社会心理学的支持，它表明，我们的行为在很多方面受到周围人的影响，甚至只是一个人的影响。或许最明显的例子是经过充分研究论证的旁观者效应。如果有人看起来需要帮助，而他的身边只有一个人，这个人通常会提供帮助。但如果有几个人，往往就没有人会提供帮助了。没有人会第一个站出来，因为不确定这样做是否合适，这反过来又向其他人表明，帮助他人不是社会强制要求的。但是如果有人打破常规去帮助别人，其他人也会加入。

比起西方主流哲学，在中国的道德思想中伦理更具有强大的社会维度，而西方更强调个人的职责、权利和责任。一旦我们认识到社会环境在我们自身的道德发展和形成中所扮演的角色，我们就必须认真对待这样一个观点：我们选择与谁交往非常重要。"择不处仁，焉得知？"[26] 孔子问道。这也许也是为什么"德不孤；必有邻"[27]。或者正如亚里士多德（Aristotle）引用诗人塞奥格尼斯（Theognis）的话说，"一种美德的培养可能源于与好人交往"。[28]

这就意味着当社会变得太腐败而无法有道德地生活时，好人需要从社会中抽身离开。"邦有道，则仕；邦无道，则可卷而怀之。"[29] 令人吃惊的是，今天被视为道德榜样的人中有许多人无法在他们寻求改革的社会中发挥作用，他们要么被监禁，要么被流放国外。

好人必须谨慎地选择朋友。孔子说:"友直,友谅,友多闻,益矣。友便辟,友善柔,友便佞,损矣。"[30] 荀子对友谊的重视甚至比对礼的重视更甚。"学莫便乎近其人。礼乐法而不说……学之经莫速乎好其人,隆礼次之。"[31] 亚里士多德再一次用同样的赞美诗般的口吻说:"善的友谊是好的,善的友谊因为人们的联系而增加。他们甚至通过行使友谊和互相提高而成为更好的人;因为他们在对方身上所钦佩的特质会转移到他们自己身上。"[32]

友谊是一个伦理问题,这点本身就很大程度上阐明了美德传统的内涵。如果说道德是关于规则和戒律的,友谊则与良好的生活无关。但当谈到做一个好人和与人和谐相处时,朋友是至关重要的。因此,亚里士多德在这个问题上花了很多笔墨也就不足为奇了。对亚里士多德来说:"完美的友谊是善良的人之间的友谊,他们在美德上是一样的。"不管他们之间有什么不同,这样的朋友在美德上是平等的,分享着共同的"善的友谊"。这和孟子的忠告是一样的,孟子说:"友也者,友其德也,不可以有挟也。"[33]

把重点放在个人而不是道德理想原则上的问题是很难确切地确定什么才是真正的善。我们已经看到儒学中完美的美德是"仁"——"正义"或"仁爱"——但这并没有说出任何关于"仁"的细节。无论在中国还是在希腊的思想中,有道德的人(唉,在过去,这个人永远都是男人)通常都多少有点脱离世俗的关心和忧虑。孟子说:"君子有三乐,而王天下不与存焉。"这三乐①是,

---

① 父母俱存,兄弟无故,一乐也。仰不愧于天,俯不怍于人,二乐也。得天下英才而教育之,三乐也。

不用为父母和弟兄挂虑，无愧于天地之间，以及教育天下最有才能的人。[34] 因此，好人能够以一种平静的心态面对世界。"君子不怨天，不尤人。"[35] 同样，《论语》也告诉我们："子绝四：毋意，毋必，毋固，毋我。"[36] 孔子本人也同意这个理想，但他认为自己也做不到。"子曰：'君子道者三，我无能焉：仁者不忧，知者不惑，勇者不惧。'"子贡说："夫子自道也。"[37] 新儒家学者周敦颐延续了这一主题，他说圣人"主静（自注：无欲故静）"[38]。

即使是在明显反儒家的传统中，这种超越忧虑的理想也一再出现。在中国人的思想中，美德与一种超脱有关。道家的庄子说："以瓦注者巧，以钩注者惮，以黄金注者殙。其巧一也，而有所矜，则重外也。凡外重者内拙。"[39]

亚里士多德用于描述"美德之冠"——大度或"灵魂的伟大"的措辞惊人地相似。对于宽宏大量的人来说，"他看重的东西很少""在他眼里没有什么是伟大的"。他"不喜欢私人谈话""不喜欢别人恭维自己"或"恭维别人"。他是最后一个抱怨不可避免的或微不足道的麻烦的人，"因为这样的态度意味着他认真对待了这些问题"[40]。如果这种超然的形式看起来接近于傲慢，那可能是因为灵魂的伟大（megalopsuchia）是一种独特的贵族美德。

美德在很大程度上是渴望正确的事物，而非错误的事物，这意味着首先不要有太多的欲望。"养心莫善于寡欲。"孟子说，"其为人也寡欲，虽有不存焉者，寡矣；其为人也多欲，虽有存焉者，寡矣。"[41]

美德意味着对诸如财富和名誉等世俗物的轻视。孔子说："士志于道，而耻恶衣恶食者，未足与议也。"[42] "素隐行怪，后世有述焉：吾弗为之矣。"[43] 孔子并不反对人们接受适当的认可。

令人吃惊的是，他说："君子……不病人之不己知也。"⁴⁴ 亚里士多德对此表示赞同，他说："大度的人关切的是荣誉。因为他们据以判断自己和所配得的东西的主要就是荣誉。①"⁴⁵ 应当得到荣誉的时候得到荣誉是好事，但是一个人应该专注于做正确的事情，而不是为了荣誉本身而追求荣誉。荣誉可以是你在做正确的事情的标志，但它不是正确行动的目标或目的。

和获得认可一样，物质财富本身并不坏，但也不是好人所追求的东西。孔子说："富与贵，是人之所欲也。不以其道得之，不处也。贫与贱，是人之所恶也。不以其道得之，不去也。"⁴⁶ 富贵或是贫穷是好是坏在很大程度上取决于你所处的环境以及你是如何达到你的处境的。"邦有道，贫且贱焉，耻也。邦无道，富且贵焉，耻也。"⁴⁷ 在挪威这样一个运转良好的福利国家，没有人会一贫如洗。但在赤道几内亚这样一个腐败、石油资源丰富的国家，财富无疑是盗窃该国自然资源的同谋。

在美德传统中，财富本身并没有什么不好。事实上，亚里士多德认为，"如果没有任何资源，就不能或很难做一件高尚的事"。⁴⁸ 他对柏拉图进行了抨击："有人认为只要人好，即便被折磨或者被巨大的灾难包围也会很幸福，这些人都是在胡说八道。"⁴⁹ 孟子也有类似的观点，他认为，除非人们物质生活舒适，否则就不能指望他们是好人。"无恒产而有恒心者，惟士为能。若民，则无恒产，因无恒心。②"⁵⁰ 良好的治理意味着让人们获得物质上的舒适。他向齐宣王建议说："王如好货，与百姓同之，于王何有？"⁵¹

禁欲主义本身是不被赞成的。孔子说："吾尝终日不食，终

---

① 《尼各马可伦理学》，廖申白译注。
② 此处为《孟子·梁惠王章句上》第八节，原文注释在第七节有误。

夜不寝，以思，无益，不如学也。"[52] 我们对世俗的舒适要么过于关心，要么过少关心，而每一种都有其代价："奢则不孙，俭则固。"然而，其中一个代价更高："与其不孙也，宁固。"[53] 的确，即使在当下这个物质主义的世界，我们的道德楷模也倾向于过简单的生活，从毛泽东到曼德拉，从甘地到特蕾莎修女。

道德榜样的风险在于，他们无法达到人们期待他们达到的不切实际的高标准。缅甸领导人昂山素季（Aung San Suu Kyi）就是这样一个例子。昂山素季数十年来深受爱戴，甚至获得了诺贝尔和平奖，但她似乎参与了对缅甸少数民族穆斯林罗兴亚人（Rohingya）的迫害，令数百万人大失所望。特蕾莎修女也遭受了同样的反对，批评者认为她对来世救赎的关注导致她几乎沉溺于此世的贫困之中。

然而，把我们心目中的英雄拉下神坛，当成普通人看待的愿望，可能与把他们提升为伟人一样病态。认识到有些人确实在道德上比我们优秀，这既是一种谦逊，也激励我们努力变得更好。承认他们的人性弱点不应该成为把他们拉低到我们这个水平的工具，而是对我们的一个提醒：人类不需要变得完美就能达到最佳状态。也许这些榜样最大的作用是，他们告诉我们，品格比宗教或道德哲学的宗派忠诚更重要。道德榜样有时被用来分裂人们，但当他们的美德是真实的时，就是团结我们的手段。

—23—

精神解脱

"高兴地让我解脱吧。
在这个生命轮回中,我如同无水之井中的青蛙"

"相对清楚的是,随着时间的推移,印度古典哲学开始承认解脱(mokṣa)——从世俗生活条件中解放出来——是至高的善。"[1] 学者查克拉瓦蒂·拉姆-普拉萨德这一简单陈述总结了几乎所有印度思想导论中的标准观点。S. K. 萨克塞纳表示认同,解脱是"印度哲学、佛教和耆那教这些所有不同的体系中共同的最高境界"。[2] 这种观点似乎直接来源于《吠陀经》。例如,在《奥义书》中,有一段话列举了有道之人所做的事情:修习《吠陀经》,在一个洁净的地方继续修习《吠陀经》,生儿育女,把所有的感官都集中在自我上,不伤害任何东西。这样做的结果很明显:"确实,一生都这样生活的人,到达了梵天世界,不会再回到这里——是的,他不会再回到这里!"[3]

尽管如此,将印度哲学归为本质上只关于解脱的观点还是激起了一些人的不满,他们认为这是一种粗俗的简化,既可能将印度哲学浪漫化,也通过宣扬"印度是灵性的"这一观点来贬低它。丹尼尔·拉维就是这样一个反对者。他告诉我，印度人对解脱有兴趣，但也对很多其他事情有兴趣。印度哲学里有关于哲学论证、数学、建筑、政治和社会的文本。但不知何故，关于解脱的文本总是被再三强调，而其他作品却被边缘化。"

拉维的老师达亚·克里希纳（Daya Krishna）是将印度哲学简化为追求解脱的主要反对者之一。为了表示异议，他正确地指出："印度哲学，在任何一本论述这一主题的书的第一页，都被宣称是关于精神的终极和最终解放的东西，或者更准确地说应称之为解脱。"[4] 然而，在仔细研究后，克里希纳的反对看起来更像是在提出一些重要的限定条件。克里希纳认为，对解脱的兴趣来自所谓的数论派、佛教和耆那教的沙门传统，它们都是主流思潮之外的。只有在那时，解脱的思想才被纳入正统的吠陀传统。[5] 但是，既然这里在说的是发生在公元前900年至前600年之间出现的新事物，那么现在要说解脱深深扎根于印度古典哲学应当不算是误导。正如他自己所承认的那样，"解脱作为人类最高理想的观念早在《奥义书》和佛陀时代就在印度被接受了。"[6]

克里希纳和拉维最反对的不是解脱长期以来一直是印度哲学关注的中心问题这一简单的观察，而是更过火的一些观点，即解脱是"将整个印度哲学勾连起来的焦点问题"[7]。克里希纳说解脱"不是印度哲学的唯一关注点"，他无疑是正确的，正如他指出并不是只有印度教关注解脱一样。[8] 但当他说"这也不是人们主要关注的问题"时，他的立场就不那么坚定了。[9] 至少，这是一个非正统的观点，因为他自己也接受解脱是印度哲学的核心问题这一说法，"不管专家还是门外汉都广泛认同这一观点"[10]。唯一的例外是顺世论，它把此生的快乐视为唯一的目标。

然而，解脱是什么？它是如何实现的？对于拉达克里希南和查尔斯·摩尔来说，解脱在其最宽泛的意义上和佛教中对应的涅槃有着相同的本质含义，即"从混乱和痛苦中解放或解脱，从重生中获得自由"。这源于教派对业力的基本形而上学的认可，我们之前看到过，人类被困在轮回（出生和重生的循环）中。[11]

然而，深入挖掘细节，会发现有许多不同之处，这表明，明智的做法是听取达亚·克里希纳有关过于简单化的警告。拉维说："单一的'解脱'本身不存在，但有很多实现'解脱'的途径。"

在不同的传统中，实现解脱的主要途径包括停止推动重生轮回的活动，获得救世知识，或两者的某种结合。耆那教强调第一路径，认为通过禁欲修行，人可以停止业力的累积并逃离轮回。无所不知是其结果，而不是原因。

然而，从启蒙中获得救赎更为常见。乔达摩的《正理经》简明扼要地描述了去除虚假知识而获得解脱的过程："痛苦、出生、活动、错误和误解——如果成功地以相反的顺序消除这些错误，就会获得解脱。"[12] 首先，我们使自己摆脱对世界的错误看法。这将导致道德的提升，因为所有错误的行为都是基于对现实的真实本质的无知。这最终导致我们根本不采取任何行动，从而阻止重生，并且从而也阻止了痛苦和苦难。这一基本序列在几乎所有的学派中都能找到，只是有些微的变化。

在所有吠檀多学派中，解脱都是婆罗门（神圣原则）和个我之间身份认知的结果，克服了将个体灵魂（持久自我）与身体认为是同一的错误。在商羯罗的非二元论中，Mokṣa 是一种解脱，它甚至可以在死之前就实现："获得真正知识的人，即使还活着，也可以从身体中解脱出来。"[13] 解脱是一种与最高神，即梵的结合。商羯罗引用《奥义书》中的话："正如流淌的河流消失在大海中，失去了名字和形态，一个从名字和形态中解脱出来的智者，也会去寻找比伟大更伟大的神。"[14] 商羯罗解释说，"这段话只是在说当自我离开身体时，所有具体的认知就会从身体中消失，而不是自我被摧毁"[15]。这是对个体自我的毁灭，而不是对更高自我的毁灭。

差别不二论学派还强调了知识是通往解脱的道路："认识梵，他就成为梵。"[16] 同样，真实的观点让我们认识到，无论是在从智力上认识梵的意义上，还是在实际上成为梵的意义上——现实具有基本的统一性："灵魂的正确形式不受任何不同形式的差别带来的物质性（pakṛti）自然进化成神、人等载体。"[17] 同样，在瑜伽中，对普通意识（心，citta）和先知意识（神我，puruṣa）之间区别的认识，导致了精神上的解放。[18]

许多评论家认为，知识与救赎之间的联系是印度哲学的一个核心特征。苏·汉密尔顿表示："哲学，即试图理解一个人所关注的事物的本质，与一个人的个人命运直接相关。""因此，哲学不能被看作一种职业的知识追求，可以在一天工作结束后搁置一旁，而是一种尝试，从内在或精神追求的角度理解现实的真实本质。"[19] 拉姆-普拉萨德说，在印度，"所有的学派都有一个共同的信念，那就是关于事物真的是这样或那样的知识，它们实际上改变了认识者，改变了意识和存在的条件"[20]。同样，乔尔·库珀曼说，西方哲学是用一个"分隔的屏风"来划分道德和非道德，而印度哲学提供了"一个统一的方法来处理生活中的所有决定"[21]。这与我们已经看到的宗教和哲学并不是完全分离的。它还表明，最高善不是抽象的真理，在某种意义上，善比真理更重要。《摩诃婆罗多》说："讲真话总是正确的，但说有益的话总是比说真话好。"[22]

在佛教中，我们可以同时找到积极的（或不积极的）和沉思的救赎之路，它们反映在两种主要的冥想实践类型中。止观冥想的目的是使头脑平静，终止活动，而内观冥想的目的是洞察。这两项活动应被视为完全独立的两项活动还是属于同一基本实践的一部分，人们对此有很多争论。许多经典文本强调活动的终结。"终止痛苦的崇高真理是什么？"《中部经典》这样问道。"这是对同样的这种渴望的完全、无激情的终止——对渴望的放弃和拒绝，从渴望中解脱，对渴望的厌恶。"[23] 但究竟是轮回的终结结束了渴望，还是渴望的终结让我们得以逃离轮回？是知识带给我们涅槃，还是涅槃带来了知识？不同的思想家给出了不同的答案，或者复杂化了问题本身。

这种模糊性延伸到涅槃本身的性质。涅槃通常看起来像是一种灭绝，这就是这个词本身的字面意思，源自梵语单词"吹"（nis）和"灭"（va）。在佛教文本中，开悟的圣人有时被比作被风吹灭的火焰。救赎是悖论，也是灭绝："涅槃存在，但那些追求涅槃的人不存在。"[24] "路是存在的，但上面的行路人不存在。"[25] 这一矛盾的解决来自佛教关于自我缺乏本质的观念。当我们开悟时，熄灭的不是自我，而是自我的幻觉。解放就是从这些幻觉中解脱，因此也意味着虚幻的、传统的自我的终结。

还有一个争论是关于何时达到涅槃，人们对此怀有一系列不同的意见：从死后的一段时间，到此时此地。在早期的上座部传统中，佛陀在觉悟的时刻获得解脱。后来的大乘佛教传统认为，觉悟的菩萨必须等到世界其他地方的人加入他的行列，他的解脱才算完成，有时被称为涅槃，或最终解脱。有一个类比是，觉悟就像从火上取下一只锅，但最终的自由只有在它最终失去所有的热量时才会到来。[26] 然而，这种等待也是一种选择：菩萨为了帮助余下的世人而推迟了最终的解脱。[27]

另一个复杂的问题是，对于大乘佛教（包括藏传佛教和禅宗佛教）来说有这样一种感觉，即涅槃是轮回，轮回是涅槃。"大乘佛教意义上的涅槃，"安倍正雄（Abe Masao）说，"仅仅通过彻底回归轮回本身将轮回实现为真正的轮回，不多也不少。这就是为什么在大乘佛教中，常说真正的涅槃是'轮回即是涅槃'。"[28] 同样地，唐木顺三写道："我们不应该认为生与死的无常之后是涅槃的永恒。相反，无常就是涅槃；生与死就是涅槃。"[29] 从这个意义上说，涅槃不是我们死后达到的一个地方或状态。正如拉姆-普拉萨德所说："简单地说，这只是我们对自己和世界看法的一个转变。"[30] 这种从自然主义的观点来看的涅槃比逃避轮回的未来更容易理解。自我无常和空虚的完全实现提供了某种解放，这一观点可以从广义的世俗角度来理解。

涅槃的思想并不局限于学院和学者，而是印度大众想象的一部分。"即使在今天，当这些传统哲学信仰在现代生活的压力和冲突下黯然失色时，"萨克塞纳说，"也很难说一个印度人可以度过日常生活，经历出生、婚姻和死亡而没有受到这些信仰的影响，这些信仰的真实性让他似乎觉得自己骨子里就有这种感觉。"[31] 这些是他在1957年写下的，但它们在今天可以说和60多年前一样正确，而且很可能在很长一段时间内都将会如此。但是这些关于轮回、涅槃和解脱的观念对人们的实际生活会产生什么样的影响呢？我们已经看到业力的形而上学是如何促进一个人对自己此生命运的某种接受，以及某种程度上脱离生活和世俗的忧虑。在印度哲学中，这通常不表现为对世俗物品或财富的积极反感，只要它们被放在自己合适的位置上。《摩诃婆罗多》说："解放不存在于贫穷之中；束缚也不存在于富裕之中。一个人只有通过知识才能获得解放，无论他是贫穷还是富裕。"[32]

物质和物质上的繁荣并不是坏事，但无关紧要："当一个人正确地思考的时候……人就会逐渐认识到，这个世界上的事物就像稻草一样毫无价值。"[33] 这与古希腊和古罗马斯多葛学派的观点相似，他们认为财富是一种"漠不关心"的东西，我们不应该害怕去使用它，也不应该为没有财富而烦恼。塞内卡（Seneca）说："没有人把智慧等同于贫穷。"爱比克泰德（Epictetus）建议我们对待财富就像对待酒会上的好东西一样："有些东西正在传递给你：伸出你的手，礼貌地接受你的那份。它过去了，不要扣留它。它还没有来，不要向它过分延伸你的渴望，要等它来到你面前。"[34]

然而，在印度哲学中，这种温和的立场并不总是能保持。有时，人们似乎更看重世俗的物品。利益或物质上的优势、繁荣还有快乐、道德或美德，在正统文本中都被认为在人类努力的合法目标（purusa-arthas）的大多数列表中，在其他一些列表中还有解脱。[35] 在公元前2世纪和公元3世纪之间成书的《利论》中，利益占据了最主要的地位。

与此同时，世俗的财富常常和所有的情感联系一同被抛弃，包括与人的情感联系。《摩诃婆罗多》说："对世俗事物的依恋会产生邪恶。亲戚、儿子、配偶、身体本身，以及所有精心保存的财产，都是实实在在的，在来世毫无用处。"[36] 按照《摩奴法典》："这些都没有用，因为在下一个世界里，无论是父亲、母亲、妻子、儿子，或是亲戚，都不会留下来陪伴他，只有精神上的价值［与他一起］才存在。"[37]

同样，《薄伽梵歌》警告说："当一个人在他的脑海中流连于感官事物时，就会对它们产生依恋。从依恋中产生欲望，从欲望中产生愤怒。从愤怒中产生困惑，从困惑中失去记忆，从记忆的丧失中失去智慧，从智慧的丧失中毁灭。"只有"一个头脑自律的人"在世间行走，"感官受控制，不受依恋和厌恶的影响"，才能达到"精神的纯洁"[38]。

这些态度在异端学派中得到了保持。例如，耆那教徒被告知，"信众与妻子做爱，应该不心怀依恋"[39]。佛教也许最著名的是它提倡不依恋，而这种不依恋往往表现得非常极端。"一个激情被摧毁，对食物漠不关心的人，他感知到了解放和无条件的自由之本质，他的道路如同天空中的鸟儿一样难以理解。即使众神也要嫉妒他的感觉柔和地像车夫驯服的马，"[40]《法句经》补充道，"不要成为世界的朋友"[41]。

佛教对超脱的强调，在富有同情心的积极社会参与和对世界的远离之间造成了一种历史上的张力，这种远离通常被认为是实现涅槃的必要条件。早期的巴利文献《犀牛角经》(*Rhinoceros Sūtra*)强调了社会隔离的必要性，并对与人过于亲近的危险提出了生动的警告：

> 一个人的思想，
> 深陷于对朋友和同伴的同情之中，
> 忽略了真正的目标。
> 看到这种亲密的危险，像犀牛一样独自游荡。[42]

有时候，这种对世界的漠不关心和想要脱离世界的欲望会变成真正的厌恶。佛法邀请我们"把这个美丽的身体看作疾病的温床"和"一堆生满疾病的疮，是许多计划的目标，没有稳定或持久的东西"。它提醒我们，"当生命在死亡中结束时，这个腐烂的身体就会溶解",而这座城市"是由骨头建成的,覆盖着血和肉"[43]。

在这一点上,佛教只是延续了正统印度学派中的一个主题。以下是来自《奥义书》的一段引人注目的文字:

> 在这个由骨头、皮肤、肌肉、骨髓、肉、精液、血液、粘液、眼泪、大黄、粪便、尿液、风、胆汁和痰组成的臭气熏天、虚无飘渺的身体里,享受和欲望有什么好处呢?在这个被欲望、愤怒、贪婪、妄想、恐惧、沮丧、嫉妒、与欲望分离、与不需要的结合、饥饿、干渴、衰老、死亡、疾病、悲伤,等等所折磨的身体里,享受欲望有什么好处呢?
>
> 我们看到整个世界都在腐烂,就像这些小虫、蚊子以及类似的东西一样,还有青草,还有那些生长和消亡的树木……
>
> 在这种存在的循环(轮回)中,当一个人喂饱了欲望之后,他反复地回到这尘世,享受欲望又有什么好处呢?
>
> 高兴地让我解脱吧。在这个生命轮回中,我如同无水之井中的一只青蛙。[44]

然而,再一次,我们有可能找到许多更温和的段落,既不赞扬过度的欲望,也不提倡排斥。《巴利经藏》中佛陀的第一篇论述明确主张避免极端的感官放纵和令人苦恼的禁欲主义。遵循"中间道路"意味着需要同时避免两者,即"产生视界,产生知识,并导致平静,获得直接知识,开悟和涅槃"。[45] 类似地,早期的小乘佛教文本描述了两种异端,"其中一些人到不了真理,而另一些人超过了真理"。那些不及者是"喜悦于存在,享乐于存在，欣喜于存在的人，所以当向他们宣扬终止存在的教义时，他们的思想不向它跃进，不偏向它，不安于它，不接受它"。但是那些超过真理的人"为存在而痛苦、羞愧和憎恨，欣然接受非存在的思想"。正确的做法是一种对事物更加中立的"缺乏激情"和对渴望的终止。[46]

正确对待财富的态度在一定程度上取决于你在社会中所扮演的角色，这反映在印度教关于人生四个阶段的观念中：学生（brahmacarya）、居家（gārhasthya）、林栖（vānaprastha）和流浪遁世（sunnyāsa）。在第二阶段，为了养家糊口而积累财富是完全合适的。然而，在第一个孙儿到来时，是时候更加关注在森林中的反思和精神发展了。最后，在生命的尽头，应该放弃所有的财富，为离开这个世界和它其中的纷扰做准备。虽然很少有人严格遵循这些阶段，但它代表了一种强大而持久的理想，它解释并证明了在生活的不同时期对物质繁荣的不同态度。但是，即使是在适当的时候，对这个世界过于依恋也是不对的，因为这阻碍了最终从轮回和痛苦中解脱出来的道路。

对世俗财富的态度，从彻底放弃到将其作为一种合法的人生目标而接受，所有的一切都取决于环境。这种态度在当代印度得到了反映，苦行家受到尊重，但富人并不被鄙视，而是常常受到钦佩。财富和贫穷本身并无好坏之分；这完全取决于一个人如何以及为什么处于某种物质状态。这有助于解释为什么这么多大师不会被关于他们巨额个人财富的故事而毁掉。由于许多"大师企业家"敏锐的商业头脑，他们甚至登上了《经济学人》的封面。古尔迈特·罗摩·拉希姆·辛格（Gurmeet Ram Rahim Singh）经营的MSG（上帝的使者）公司制作宝莱坞风格的电影，拥有150多种消费产品。一位名叫拉姆德夫（Ramdev）的瑜伽导师拥有一系列叫作"阿育吠陀"（ayurvedic）的药物和美容产品，并一直在向食品和洗涤剂等领域扩展。在一周的时间里，他的帕坦贾利（Patanjali）品牌就收到了1.7万个电视广告，使这一品牌成为2017年1月消费最高的品牌。[47] 只要大师被认为以巨大利润的一部分做人道主义工作，那么他们应该获取利润就似乎并不令人震惊。

　　印度传说中的"灵性"也许比起刻板印象，更植根于世俗生活。解脱似乎指向了另一个世界的关注，但它是通过今生正确的行动来实现的。因为我们所做的每件事都有业力的后果，这意味着道德无处不在，我们自己的利益永远不会与他人的利益分离。假设这种世界观深深植根于印度人的心灵，并产生一种精神和伦理的永恒感，这也许并不稀奇。

— 24 —
瞬　息

"在这个我们称之为生命的不可能的生活中
温柔地尝试更多的可能性。"

美术馆里一群人围着看同一件作品并不是什么稀奇事。但是，在东京的出光美术馆里，安静的观众们聚集之处却没有可供观赏的艺术品陈列。他们安静地坐在展览室外的长椅上，前面是一扇可以俯瞰大红宫公园的窗户。刚刚花了大把时间来欣赏自然风景画的观众们现在正对着城市中心地带的一片大自然陷入沉思。

日本人对自然的敏感，特别是对四季更迭的敏感，不仅仅是一种古雅的刻板印象。当然，它的性质和意义是难以捉摸的。这并不是日本人世界观的独特、分离的特征，而是一种可以依附于任何传统的附加特征。它根植于一种与世界联系的整体方式，代表着与大多数其他传统截然不同的方式。

在和小林康夫探讨日本哲学的独特之处时，我才第一次意识到这一点。他对我说："我倾向于认为，在日本的历史和文化中，我们可以找到类似哲学的东西，但它不是像柏拉图和亚里士多德哲学那样的对世界的概念性重建。"相反，它"基于一种审美反应"，位于"人与世界的交界处"。它是"非常敏感的"，体验性的，触摸"最接近的东西"。这既是"日本哲学的问题"，也是"日本哲学思想的魅力"。

当时我难以理解其中深意（在某种程度上现在仍然如此），直到多年以后，我才发现这与另一位哲学家嘉指信雄所说的日本传统思想有关。"审美、道德和宗教之间没有明确的界限。"举一个浅显的例子，在神道教这个日本本土宗教或哲学中，"没有像'十诫'这样明确的道德准则。它是一种对自然和人类关系的审美欣赏"。

作为一个西方人，我的理解是，对我来说，"美学"的主要内涵是艺术，其次才是对自然美的欣赏。但最初，美学原始的、更广泛的意义是"与感觉经验相关"，源于希腊语"可感知的事物"（aisthēta）和"感知"（aisthesthai）。直到19世纪后期，"关注美"这个意思才变得普遍起来。说日本哲学是美学而不是概念哲学，主要并不是说它关注审美——艺术的、自然的或其他的——而是说它以体验为中心。

我第一次落笔时，写的是"体验性的而不是知识性的"，然后差点又加上了"基于感觉而不是思考的"。这是一个错误，也是一个有启发性的错误。心理学和哲学传统上区分了感觉和认知，前者涉及情感，后者关乎思维。

但是二者并没有明显区别，心理学家安东尼奥·达马西奥（Antonio Damasio）的研究已证明这一点[1]。我们的情感反应常常涉及判断，比如当我们害怕是因为我们潜在地判断某件事是危险的，或者我们感到沮丧是因为我们判断自己已经失望了。此外，我们的推理往往由情感驱动，比如当我们为了避免感到窘迫从而说服自己,说我们对某个事物了解很多而超出我们真正所掌握的知识时。

日本哲学也对感觉和思维的划分提出了挑战。小林和嘉指信雄所描述的那种美感并非无意识的本能反应。那是一种反思性的敏感,一种通过专注观察正经历的事物以试图理解的敏感。这是思考,但主要不是以概念。"重要的是感受,而不是概念化。"小林说,作为哲学家,他的工作就是思考。

对于小林来说,这需要贴近身边事物。这就是他所说日本哲学"感人"的意思。他将时空图像结合起来表达这个观点,"最重要的事情不是发生在他处,而是发生在当下"。如果我们能达到这种亲近,就能产生一种难以定义的真正理解。

例如,所有事物的短暂性和不完美感。每一种哲学都在某种程度上承认这一点,但大多数哲学也都假定表象世界背后存在着某种不变的现实世界。例如,柏拉图认为尘世生活是一种稍纵即逝的幻觉。但正如安倍正雄所指出的,他"坚持了一种永恒王国的理念"[2],即在这个世界之外存在着不变的理念。在受佛教影响的社会,无常更为彻底,人们经常通过语言来表达它,例如一休著名的诗《骷髅》:

虚空之虚空,
一之形式,
今晨我所见,
已成夜空烟云。

在每一种文化中都能找到死亡的象征,提醒人们生命的脆弱和死亡的必然性。佛教对"这个世界的易变性"的理解远比人们对死亡的普遍接受要深刻得多。一休在一篇散文中写道："在幻想的眼中，身体虽死，灵魂却不死。这是一个严重的错误。开悟者说，身心一同消亡。"

在佛教哲学中，短暂性被分析为空性（梵语为 śūnyatā，日语为 mu）。但即使在这些传统中，真正感受到空虚、无常或虚无意味着什么，也比从概念上定义或分析空虚更为重要。作为一个抽象的概念，它几乎是无用的。任何人在理智上都能理解，一切都会过去。但要想让这个想法影响你的生活，你需要去感受它。日本人就是这么做的。当人们聚集在一起看樱花被风吹走时，他们所欣赏的本质上是一种转瞬即逝的美，而不是永恒的。小林说："樱花非常美丽，风一吹，就不复存在，再也没有花了，我们看到了这种空虚，但我们很欣赏这种感觉。""这是一个非常独特和重要的时刻。"虽然这种感情在日本最为突出，但也是远东地区所有国家的共性。不只在京都的圆山公园，在北京的玉渊潭公园和首尔的汝矣西路人们也会结伴去看春天的樱花。

空虚首先是经验的一个方面，随后才从哲学的角度加以分析。这不是一个哲学概念，然后我们把它应用到我们的经验。时间也是如此。小林说，时间总是在我们眼前，它不是一个概念，而是一种感觉。在每年一度的花见节（Hanami Festival）上，人们会在樱花凋落前短暂的一段时间里在樱花下吃喝唱歌，"我们发现了时间的真相"。作为一个哲学家，小林面临的问题是"不能概念化这种美学"。

日本思想的审美本质培养了对时间流逝和无常的敏感。然而，它远远不止于此。正如嘉指所言，伦理本身根植于美学。嘉指认为，日本美学的核心是"纯洁、全心全意、直率"的价值观。这体现在艺术上：在俳句中每一个音节都是经过精心挑选的，在绘画中一笔也不浪费。但这些价值观显然也是伦理价值观。因此，举例来说，在日本的餐桌上没有被浪费的食物，而在中国，浪费，甚至是（在日本人眼里）凌乱的餐桌才是好的。我自己在中国也注意到了这一点，尤其是当我作为一家委托供稿杂志的客人入住酒店时。那家酒店的经理和我吃过很多次饭，她总是点得比我们能吃的多得多，而她自己从来没有吃完任何东西。（我听说这在日本已经开始成为问题，因为越来越多的中国游客冒犯了当地人的敏感情绪。）

这些"纯洁、全心全意、直率"的价值观，似乎也是孟加拉诗人泰戈尔1916年访问日本时所观察到的道德品质。他说："日本人不会把精力浪费在毫无意义的尖叫和争吵上，因为没有浪费精力，所以在需要的时候也不会觉得缺乏。身体和精神的冷静和刚毅是他们国家自我实现的一部分。"[3]

这种审美与伦理之间的关系挑战了现代西方哲学的一个关键信条，即所谓的"是/应该的差距"。这一观点常被认为是大卫·休谟提出的，他认为，没有任何"关于世界是怎样的"东西能够告诉我们，世界应该是怎样的，或者我们应该如何行动。事实就是事实，价值就是价值，你不能从逻辑上把一个转换成另一个。然而，这并不能阻止许多人做出这种跳跃。休谟在理解任何一种道德体系时总会遇到这种情况："突然间，我惊讶地发现，与通常的命题交集不同，是和不是，我所遇到的命题既不是与应当有关，也不是与不应当有关。"这种变化是难以察觉的；但却是最后的结果。"[4]这种谬论有一些令人震惊的例子，人们从某种人类行为在道德上是（所谓的）自然的跳到在道德上是正确的，或者从在道德上是不自然的跳到在道德上是错误的。但事实上，复仇的欲望是自然的这一事实，并不能在道德上为其辩护是正确的，正如抽水马桶的不自然性也不能证明使用它是不道德的一样。

从表面看，基于对自然秩序的美学关注的伦理学也犯了同样的错误，我们在对自然的认识的基础上过早地得出了什么是正确的结论。事实上，在这种情况下，"是"和"应该"之间的联系是非常不同的，尤其是因为根本没有逻辑推理，因此也就没有逻辑谬误。美学方法的全部意义在于用审美感性取代理性演绎。

拿对待无常的态度来说。从前提"一切都是无常的"到结论"因此一个人应该以这样或那样的方式生活"，这里没有推论。相反，人们通过理解无常的本质以及它如何与我们的存在相联系会看到最好的生活方式。我们的态度是随着我们的意识而发展的，而不是简单的逻辑结果。或者换句话说，我们开始更深刻地理解无常本身的意义，而不是它逻辑上的意义。

再举一个例子，我们可以把对他人痛苦的认识作为理性论证的前提。但这将冒着"是/应该"谬论的风险："这样的行为导致痛苦，因此我不应该做它"，这不是一个逻辑推论，因为"应该"是在结论中被陈述的，而不是在前提中出现的。然而，当我们认识到他人承受的痛苦后，会改变自己对他人的行为，现在我们在这里并没有犯这样的错误。因为我们的反应是情感上的，而不是逻辑上的。然而，需要再次强调一下，这并不会让人不假思索。思考并不仅仅存在于理性的推理中。思考还包括集中注意力、留意、关注最重要的事情。

如果真的有一些严肃的思考形式不遵循逻辑推理链，那么仅仅通过阅读我在这里试图做出的那些系统性叙述远远不够。要欣赏日本哲学中审美的核心地位，就必须培养出同样的敏感性。我找到的最有用，最能帮助我们做到这一点的文本是1906年由冈仓天心（Okakura Kakuzō）所著的《茶之书》。在某种程度上，这是一部浪漫的作品，歌颂一种茶道文化，虽然茶道在写这本书的时候已经衰落，在今天的日本社会也已非常边缘化。我遇到的人要么已经多年没有参加过一次，要么，就一些年轻人来说，根本从来就没有参加过。

然而，冈仓捕捉到了茶道背后的美好情感，而这种情感在茶道之外依然存在。他表现的是审美，而不是对行动中的空虚和无常的理智欣赏。他说："茶道是一种建立在对日常生活里邪恶事实中美的崇拜之上的崇拜……它本质上是对不完美的崇拜，在这个我们称之为生命的不可能的生活中温柔地尝试更多的可能性。"[5] 短暂无常的茶提醒我们生命的朝生暮死，而思考它的价值在于任何卓越或永恒的事物都是虚无的："当我们考虑到人的享乐之杯到底有多小，很快就溢满了眼泪，在我们对无限怀着不可抑制的渴望时，茶是多么容易被排成渣滓，我们不能责怪自己关于茶如此大做文章。"[6]

人类之所以与众不同，并不是因为他们已经超越了自然世界，而是因为人类已经不再仅仅把自然看作一个毫无意义的功能系统。对于冈仓来说，原始智人通过"超越自然的原始需求而成为完全的人类。当他意识到对无用之物的微妙运用时，他就进入了艺术的领域"[7]。

日本人把这种对不完美和无常的敏感称为"物哀"。它具有伦理面向，因为它培养了一种谦逊，让我们更愿意接受超越自我的事物之价值。冈仓说："那些不能从自身感觉到伟大事物本身的微末之人，往往会忽视别人身上微末事物的伟大之处。"[8] 这种态度也会产生一种自嘲的幽默。冈仓说："茶道是一个高贵的秘密，它能让你平静而彻底地嘲笑自己，因此它本身就是一种幽默——一种哲学的微笑。"[9]

对日本人的刻板印象一般是纪律严明、头脑清醒、一本正经、不苟言笑。然而，我在日本发现，现实中的他们要温和得多。温暖的微笑很常见，大笑也是。禅宗传统尤其反映了这一点。很多故事讲的是禅师大笑不止（至少在他们没有在向新手当头挥棒的时候）。美学原则"侘寂"关注的是捕捉事物苦乐参半的悲怆，而甜味永远不会被酸味所压倒。

日本对许多西方国家特别有吸引力。一方面，它的基础设施看起来非常现代化，非常西方化；另一方面，它的文化上层建筑看起来完全是异域的。然而，尽管有其独特性，它在很多方面都秉承着一个哲学传统，比其他许多哲学传统更易学习和借鉴。它不与任何特定的宗教形而上学联系在一起，而是植根于对自然内在世界的欣赏和关注。它是反思性的，但不是纯粹的，甚至不是主要以逻辑分析的方式展现的。它的哲学提供了一个深化和丰富其他哲学体系的机会，而不需要这些哲学体系放弃自己的任何本质。

— 25 —

公　正

"每个人都算一个，没有人多于一个"

我们大多数人都会认为，把自己的一个肾捐给一个完全的陌生人是只有一种特殊的利他主义者才会做的事。但对于泽尔·克拉文斯基（Zell Kravinsky）来说，最难以作出的选择不是器官捐赠。他通过计算得出，如果捐出自己的肾脏，他作为捐赠者死亡的风险是四千分之一。而如果没有获得捐赠的肾脏，潜在的接受者死亡的可能性是百分之百。作为一名优秀的数学大师，克拉文斯基的结论是，如果不捐出自己的肾，就意味着他认为自己生命的价值是接受者生命价值的4,000倍。又因为所有人的生命实际上都具有同等的价值，所以这是可憎的。因此，已经是个慈善家的克拉文斯基在现金捐赠之外又将自己的肾脏捐了出去。

有些人认为他疯了，但克拉文斯基却并不觉得自己疯了。他解释说："我在寻求道德的生活。这意味着我不能拥有财富，也不能在别人没有肾的时候使用两个肾。我不能把我自己和我的生命看得比别人高。"[1]

克拉文斯基并不是在任何道德哲学的基础上得出这一结论的，但他所遵循的逻辑与功利主义的逻辑相吻合。功利主义是杰里米·边沁在18世纪末创立的一种道德哲学，由他的教子约翰·斯图亚特·密尔进一步发展。当代世界上最重要的功利主义者之一彼得·辛格（Peter Singer）以克拉文斯基为例，说明了他的理论在实践中的应用。对于功利主义者来说，道德上正确的行为是促进最大的整体"效用"的行为，而道德上错误的行为则会降低效用。效用由不同的理论家根据幸福、快乐、福利或偏好满足来定义。所以，举个例子，如果你有两个选择，一个是捐1,000英镑给慈善机构拯救三条生命，另一个是用这笔钱为一个盲人买一条导盲犬，养几个月，那么你应该捐给拯救生命的机构。

简而言之，功利主义听起来明智且有吸引力。然而，如果将它推至其逻辑结论，将会是非常苛刻的。假设你想决定在哪里阅读这本书的下一章，你可以去一家漂亮的咖啡馆坐下来，花几英镑买杯馥芮白。你也可以把钱放在慈善罐里，然后在家读这本书。把钱捐给合适的慈善机构，这些钱会给别人带来比你从咖啡中所得到的更多的好处。有些人每天只靠一美元过活，对他们来说，这些钱可以决定他们会不会饿着肚子睡觉。但这对你所购买的一切非严格必需品的东西都成立。为了最大限度地发挥效用，你需要把超出维持身体健康和舒适所需的每一分钱都捐出去。

在描述功利主义时，教科书上往往强调它如何关注结果。这大概就是它与西方道德哲学中其他主要传统，即注重责任的义务伦理学和注重品格的德性伦理学的不同之处。但在我看来，功利主义与世界上其他道德框架的真正区别不仅在于这些体系，还在于它的绝对公正性。它要求我们平等地对待每个人的利益，不管我们与他们关系如何。其他道德理论通常认为，我们对某些人的责任要大于对其他人的责任，其中差别最明显的是如何对待家人。

以印度哲学为例。虽然许多人确实提倡一种普遍的仁慈或同情，但这并不是将总体福利最大化的义务。印度哲学主要关注的是行为给行为人带来的因果报应，而不是对他人的实际利益。无论你如何善待他人，你都无法给予他们终极的好处——解脱或涅槃——从轮回中解脱出来。大多数人的最大利益是我们无法控制的，所以把它放在道德的核心位置是荒谬的。

在德性传统中，绝对公正被更加公开地拒斥。安乐哲将儒家思想描述为"角色伦理"的一种形式，这是因为它认为，你的义务取决于你在社会中的角色。[2] 父亲和儿子、丈夫和妻子、统治者和被统治者的道德责任各不相同。非洲阿肯社会也是如此，彼得·H.库切（Pieter H. Coetzee）说，所有的权利都是角色权利。"人要成为一名权利持有者，就必须在社会结构中占有一席之地，因此权利只能授予并由担任特定社会角色的人行使。"[3] 大多数（如果不是全部的话）传统社会都采用这种方式。功利主义之所以如此具有挑战性，是因为它完全拒绝角色伦理，认为我们应该像考虑亲朋好友的福祉一样考虑远方陌生人的福祉。

这种观点的影响力非常惊人。克拉文斯基认为，"拒绝给一个没有这个肾就会死的人捐肾就等同于谋杀——你要为他们的死负责"。这意味着，当他的妻子反对他捐赠时，他把这一点考虑进去是错误的。事实上，他甚至说"我妻子拒绝让我捐赠就等同于谋杀"。这并不是即兴的夸大其词。一位朋友曾问他："你的意思是，不捐肾的人就是在夺走别人的生命吗？"克拉文斯基表示了同意。这位朋友不喜欢这种暗示。"那么，按照你的说法，我是个杀人犯?"他问。克拉文斯基眼都没眨就给了肯定的答案。在这种功利主义的观点中,我们都是杀人犯——我,也许你,几乎你认识的所有人。即便你肯捐肾,他也不会放过你:除非你把几乎所有的财富都捐出去,否则你就是选择了把可以拯救生命的钱花在自己、朋友或家人的不必要的事情上。在功利主义的计算方式中,发达国家绝大多数人都是连环杀手。

克拉文斯基后来确实软化了态度,承认自己对妻子太苛刻了。他说:"现在我意识到她有权拥有自己的感情和观点。"但这最多算是对人类同情心之局限性的现实接受。他没有改变自己的原则;他只是不太倾向于清楚阐明其逻辑后果,接受这些要求过高而大多数人都难以遵守。

关于绝对公平的哲学史是非常有趣的,因为它至少在两种传统中独立出现,但最终只在一个传统中发展壮大。它最早的繁盛是在公元前五世纪的中国墨子哲学中。墨的主要格言是"仁之事者,必务求兴天下之利,除天下之害"①。这与约翰·斯图亚特·密尔在19世纪提出的效用原则非常相似:"当行为倾向于促进幸福时,它是正确的;当它倾向于产生幸福的反面时,它是错误的。"4 墨子则是更为朴素的功利主义者,他对什么有益于社会的观念似乎排除了诸如享乐之类的轻浮内容。他的功利主义没有给音乐表演留下空间,至少那些需要优良乐器和长时间练习的音乐表演没有。如果统治者雇佣人们演奏音乐,那就意味着他们不能犁地、播种、纺织或缝纫。如果人民"为之撞巨钟、击鸣鼓、弹琴瑟、吹竽笙而扬干戚,民衣食之财,将安可得乎?"5 今天,当卫生和教育服务迫切需要资源时,那些反对政府为艺术提供补

---

①《墨子·非乐上》。

贴的人也提出了非常类似的观点。

墨子与密尔的另一个主要不同之处在于,墨子更明确地将其哲学表述为对偏见的攻击,这也是他许多最令人难忘的段落的主旨。他说:"分名乎天下,恶人而贼人者,兼与?别与?即必曰:'别也。'……今吾本原兼之所生,天下之大利者也;今吾本原别之所生,天下之大害者也。"简洁地概括就是:"兼以易别。"[6]

有趣的是,墨子并不认为这种公正性与人们所被分配的角色的传统职责相冲突。他说:"为人君者之不惠也,臣者之不忠也,父者之不慈也,子者之不孝也,此又天下之害也。"这似乎支持了这样一种观点,即我们应该对自己的关心和感情有所偏袒。但墨子认为,任何真正孝顺的人,最终都必须认可公正。他的想法是:"如果我们把孝道也延伸到其他家庭,我们都会过得更好,孝子应当'欲人之爱、利其亲也'[7]。"他的论据很聪明:

> 不识将恶也,家室,奉承亲戚、提挈妻子而寄托之,不识于兼之有是乎?于别之有是乎?我以为当其于此也,天下无愚夫愚妇,虽非兼之人,必寄托之于兼之有是也。此言而非兼,择即取兼。[8]

我不认为墨子的公正真的保留了孝道等价值观。他的主张更像是一种修辞策略,用以吸引他想要说服的民众,试图重新定义孝的含义。他认为,如果你相信孩子应该照顾他们的父母,如果这就是你想要的,那么所有的孩子平等地对待所有人的父母,情况会不会更好呢?但这只是在表面上保留孝道,实际完全改变了孝道的意义。无论平等对待所有父母意味着什么,这都不是人子在履行他的特殊责任。当一个人把对家庭成员的照顾托付给一个陌生人时，人们也希望在正常情况下，孝顺的孩子想要的就是由他自己照顾他们。

墨子的论证策略利用了这样一个事实：在某种意义上，几乎所有人都同意公正。要合乎道德，这就要求我们不能前后不一致。抱怨别人做错了事情，而你也做了同样的事情，这是虚伪的，除非情况有很大不同。但在大多数道德体系中，我们与他人的关系是我们在行为上存在差异的原因之一。宠爱自己的孩子并不等于对其他孩子不公平。在这种情况下，我们所要求的唯一公正是，以我们对待自己孩子的同样标准来判断别人如何对待他们的孩子，并不是坚持我们应该平等地对待彼此的孩子。那种绝对的公正不尊重人的"独立性"：事实上，我们每个人都有个人身份和与他人的关系身份，所以当思考我们如何对待他人时，必须要考虑他们是谁，而不仅仅是同等地对待任何人。

墨家思想从未在中国社会占据主导地位，但它确实留下了一笔遗产，它对中国古代哲学的另一个主要流派产生了影响，那就是信奉绝对公正的法家思想。法家认为，社会需要严格而明确的规则才能发挥作用，依靠领导者的美德是天真而危险的。

最伟大的法家韩非子说："今废势背法而待尧、舜，尧、舜至乃治，是千世乱而一治也。抱法处势而待桀、纣，桀、纣至乃乱，是千世治而一乱也。"他建议君主只要以法治国，就能治理得很好。[9]

韩非子描绘了色彩丰富的图景来说明这一基本思想。在一篇文章中，他声称，认为我们必须等待贤明君主才能治理好国家的说法"是犹待粱肉而救饿之说也"[10]。在另一篇章中，他把那些只相信贤明君主的人比作宋国的一个愚蠢的农民。农民看到一只兔子撞到树桩上折断了脖子，便开始只等着兔子撞到树桩上再去抓。[11]

对于韩非子来说，坚持规则是绝对必要的。他讲了一个故事：一天晚上，韩昭侯喝醉酒睡着了，负责戴帽子的典冠担心他会着凉，就给他盖上了衣服。韩昭侯醒来发现此事，处罚了这个典冠，因为他觉得此人越权。"非不恶寒也，以为侵官之害甚于寒……越官则死，不当则罪。"[12] 在中国，这种绝对的公正是一种暂时的历史反常。在中国历史的大部分时间里，伦理道德把一些偏袒视为自然和正确的。

然而，在西方，一种更为温和的公正形式已成为人们思考道德问题的默认模式。在现代，它的第一个也是最明确的表达来自19世纪的功利主义——相当于英国的墨家。它的创始人以清晰、简洁的口号来捕捉它的本质。杰里米·边沁将其核心思想总结为："创造你能创造的所有幸福；消除你能消除的所有痛苦。"[13]

然而，这一体系的主要特点并不在于它关注幸福感。功利主义者有时不同意这是最终的善，而是敦促我们将福利或偏好满足最大化。然而，他们都同意行为的对错完全取决于它们是否能带来最终的善。至关重要的是，这里的标准是总体上的好，而不是你或你的朋友和家人的好。这里的道德目标是完全客观的，基本原则是严格公正的，这体现在边沁的名言中"每个人都算一个，没有人多于一个"[14]。

这种绝对的公正并不是凭空出现的。正如我们所看到的，西方哲学长期以来在许多方面都强调客观性，而伦理公正则是同一枚硬币的另一面。例如，康德认为，道德的终极原则是："除非我所行动的法则可以成为普遍法则，否则我不应如此行动。"[15] 这一"定言命令"要求高度公正。它要求我们只考虑那些我们认为其他人在相关类似情况下也有权采取的正确和良好的行为。

另一个强调公正的例子是亚当·斯密关于"公正旁观者"的观点。斯密认为,为了检验我们自己的道德行为,就有必要想象一下在一个外部法官,一个公正的旁观者眼中,我们的道德行为会是什么样。[16] 同样,这里的假设是,只有从绝对公正的观点出发,才能真正判断行为的对错。

随着政治分歧的出现,这种假设一再出现。约翰·罗尔斯是20世纪最具影响力的政治哲学家之一,他把绝对公正作为其正义理论的核心。根据罗尔斯的观点,我们决定什么是正义的方式就是想象一下,如果我们在"无知之幕"后面,不知道自己在社会中会占据什么位置,我们会为社会建立什么样的规则,从而确保偏见不会影响这个过程。如果我们不知道自己是赢家还是输家,是幸运还是不幸,我们必须以平等考虑每个人利益的方式来决定什么是公平的。

尽管绝对公正与功利主义哲学最明显地联系在一起,而功利主义哲学的目标是使公众利益最大化,但它同样是另一种信仰的核心,这种信仰往往相互矛盾,即对个人权利和自由的信仰。这些问题在启蒙运动时期就出现了。研究那一时期的著名历史学家乔纳森·伊斯雷尔将启蒙运动的关键原则列为:"民主,种族和性别平等,个人生活自由,充分的思想、表达和出版自由;从立法程序和教育上根除宗教权威;以及完全的政教分离。"[17] 这些通常首先被视为个人自由的各个方面,但同样可以被视为公正的各个方面。再通读一遍这份清单,你会发现每一项基本上都涉及消除对公民的一切不公平待遇。

一个奇怪的特点是,尽管普遍权利的原则似乎关注普遍利益,但当有人坚持自己的权利时,他们往往根本不关心自己被赋予这项权利是否能改善其他人的命运。因此,西方社会有一种强烈反对大规模的国家干预的思想。在这种观点下，政府没有功利主义的责任来最大化所有人的总体福利。相反，他们的作用是捍卫所有人的权利，如果这会导致不平等，那就顺其自然吧。这仍然涉及一个绝对公正的概念，即我们所有人都有同样的权利，不论我们拥有怎样的社会地位、财富、教育，等等。在权利问题上，公正意味着尊重每个人保留自己劳动成果的权利，因此，从富人手中夺取东西给穷人，就是不公平地对待富人。

事实上，公正的理想可以被用来为政府干预和自由放任的自由主义国家辩护，这一事实说明了它是多么普遍。一种哲学假设已深深扎根于一个社会之中，因为持有非常不同的实质性观点的人都认为有必要通过参考它来证明他们的立场是正确的，没有比这更好的证据了。

对公正的强调可以被看作卡苏利斯描述的诚信文化的另一个方面。在诚信文化中，所有知识的基础都是透明和公开的，而不是基于个人经验。因此，强调绝对命令、无知之幕和公正的旁观者，所有这些都是从中立的观点达到真理的手段。

因为公正与根深蒂固的家庭价值观存在紧张关系，在实践中，即使在西方，绝对的公正也是止于家门口。在公民领域遵循公正原则，而在家里，我们可以随心所欲地偏袒。但即使在我们自家客厅里，人们也感到公正是有必要的。许多人觉得有必要承认，他人的利益和自己的利益一样重要。慈善捐赠和志愿工作都是很有价值的，人们拥有的越多，他们就会被期望给予的越多。虽然我们并不总是觉得有必要按照绝对公正的观点行事，但在这种背景下，有一种文化上的超我，因为我们没有充分考虑到他人的福祉而困扰着我们。

当政客们把家庭和工作混在一起时，公民偏好和家庭偏好之间的矛盾有时会爆发。2017年法国总统候选人弗朗索瓦·菲永（Francois Fillon）被指控雇用他的妻子为他的议会助理，为她支付了比应得更多的工作报酬，但最终以失败告终。尽管事实上没有证明他有任何不法行为，但他的民调排名却大幅下滑，因为公众似乎觉得，即使遵守了相关规定，这种安排也有一些问题。如果菲永因此而感到委屈，那他是有理由的。这种安排极为普遍，当公众舆论似乎决定不应该这样做时，他会觉得惊讶。2009年，英国国会的几名议员也被曝出雇用自家成员的丑闻，这是一起范围更广的开支丑闻的一部分。在法国和英国，公民公正和家庭偏袒之间的紧张关系不再可持续，在这两个案例中，公民公正的要求压倒了家庭偏袒的权利。

想要在西方社会寻找真正绝对公正的表现，你会空手而归。它一直是一个不可能也不人道的理想，甚至其倡导者也承认这一点。例如，彼得·辛格在自己母亲患有阿尔茨海默病时，曾帮助母亲支付医疗费。当这一消息被披露时，辛格被指责是个伪君子。从功利主义的观点来看，这是一种不合理的分配，为一个人的利益分配了大量资源，而同样的钱本可以帮助更多的人。当被问到这个问题时，辛格承认："这可能不是利用我资产的最好方式。"但这并没有改变他的主意，只是让他更清楚地认识到，他对公正的要求有多高。他对记者迈克尔·斯佩克特（Michael Specter）说："我认为这件事让我明白了，遇到这种情况的人要处理的问题真的非常棘手。""也许这比我以前想的还要难，因为当涉及你的母亲的时候，情况就不一样了。"[18] 大多数人会说，他的经历指向了一个更深层次的事实。欧文·弗拉纳根说："任何明智的人都不应该希望生活在这样一个世界里：所有的道德问题都是由缺乏人情味的原则来解决或证明的。爱、友谊、社群团结的原因不是没有人情味的。"[19]

尽管如此,对绝对公正价值的假设几乎贯穿了西方的每一场伦理辩论。它是一根无形的线,把平等和自由这两种理想联系在一起。要平等地对待别人,你必须公正地对待他们。为了保障所有人的自由,必须公正地授予他们权利。然而,对西方人来说,问题在于他们在某种程度上知道公正有其局限性,我们与社区、家庭和朋友的特殊关系很重要,应该对我们的行为方式产生影响。可以说,过分强调公正造成了许多不满。欧洲的政治方向尤其受到这样一种观点的导向,即无论你是希腊人、德国人、英国人还是荷兰人;是基督徒、犹太人、无神论者、穆斯林或印度教徒;是工人阶级、中产阶级或贵族阶级,这都不重要。人民的自由运动要求绝对公正,给予所有人同样的权利。这样做的一个后果就是一种错位感,一种归属感的缺失。让社群团结在一起的,并不是让人类从根本上都是一样的,而是让我们偶尔不同。因此,人们反抗的这种公正态度恰恰打破了那些让人们感到熟悉、舒适的身份的部分联结。

如果有一个解决办法,那就是不能放弃所有公正的理想。权利平等和人人平等的政治意识对于一个公平和公正的社会是至关重要的。与此同时,这应该和为人们所赋予的与其部分相关的权利相兼容一致。

— 26 —

结　论

"观念可以传播，但并非一成不变"

　　我们很容易把世界哲学看作全球思想超市里的商品，把任何你喜欢的东西都放进你的购物篮。然而，果实需要生长，生硬地把它从植物上摘下来，然后混合在一起是行不通的。思想是生活生态系统的一部分，当你试图将它们转移到一个陌生的环境中时，它们会枯萎死亡。但是，如果我们小心地移植，把它们嫁接到强壮的本地树干上，它们就有机会在国外茁壮成长起来。布鲁斯·扬茨说："观念可以传播，但并非一成不变。"[1]

　　对于跨文化学习价值观，我能想到的最有用的比喻是混音台。在录音室里，制作人把每一种乐器作为单独的音轨录制下来，在不同的频道播放。通过上下滑动控制，每个音轨的音量可以增强或减弱。

　　道德混音台的工作原理大致相同。几乎在世界上的任何地方，你都会发现同样的频道：公正、规则、结果、美德、上帝、社会、自主、行动、意图、和谐、社区、归属感等。不同文化之间的差异在很大程度上取决于每种价值被放大或缩小的程度。任何频道完全关闭都是不寻常的,但有时——比如,上帝——它根本就不在组合中。跨文化思维需要一个良好的伦理听觉,如果你不能被调试到可以接收所有的道德概念,这一思维是很难发展的。它还需要智慧来认识到,不可能把所有东西都放大到十(最高值),有些价值观会与其他价值观发生冲突,至少在同等规模时是这样。同样地,当一些价值被缩小时,它们就变得听不清了,这可能是为和谐的整体平衡所付出的代价。

混音台的比喻很好地解释了道德多元论:即存在不止一种好的生活方式,强调某些价值可能需要忽视其他价值。多元主义经常被误认为是自由放任的相对主义,但就像在录音棚里一样,事情根本就不是这样的。不止一种道德组合是奏效的,但却有更多的是无效的。

聆听他人的道德音乐可以帮助我们重新审视自己的道德音乐的品质。例如,欣赏和谐时,我们可能会想,我们是否让它在自己的传统中被湮没了。如果我们更谨慎地使用公正,我们可能会发现,相比之下,我们的公正是一种压倒性的、持续不断的打击。重视自主的成果,我们可能会得出这样的结论:我们的道德节奏太过严格。我们的目标不是想出一个世界上每个人都喜欢的组合,而是尽自己所能做到最好。

第五部分

结　语

本书谈到了像阿尔罕布拉宫、雅典广场和紫禁城这类历史建筑是如何反映哲学价值的。在上海一家酒店里读《上海日报》时，我偶然看到一位专栏作家的评论，他原则上同意我上述的观点，但也提出了一个重要的警告：这些价值正在消失。万立新写道："中国古代民居的构思和建造所遵循的原则如今已被广泛遗忘。例如，在过去，人们严格地根据建筑与周围自然环境的和谐关系来评判建筑。相比之下，现代建筑的构思却不屑于这些考虑。事实上，我们的现代城市建筑是对个人主义的颂扬。"[1]

万立新提出了一个贯穿本书的核心问题。一种文化的历史价值和哲学真的能揭示当今瞬息万变的世界吗？我们真的能在曲阜的大街上找到孔子，或者在雅典的超市里找到亚里士多德吗？我有很多理由怀疑这一点。就在写完这本书之前，我碰巧正在巴黎最古老的咖啡馆普罗科普（Le Procope）享用多芬峡谷（Ravioles du Dauphiné）和一杯克罗兹-埃米塔日红酒（Crozes-Hermitage），伏尔泰、维克多·雨果和百科全书派的一些思想家都曾在这家咖啡馆研究启蒙运动的原则。但现在这里没有哲学，除非我把自己算在内。法国顾客也不多。如今的这家餐厅向我们兜售的是一种怀旧情绪，它让我们怀念那些聪明但严厉的侍者以及巴黎人自己几乎已经放弃的，内容丰富的老式法国美食。在这个迅速全球化的世界里，民族传统似乎只因为像我这样的游客和我对面桌一群中国游客的兴趣才得以保留。为什么民族哲学就该更耐得住时间的洗礼呢？

旧秩序被推翻的迹象随处可见。《经济学人》在一篇关于中国社会变迁的特别报道中说，近2,000年来，家庭一直是中国社会的组织原则。其结论是，这个两千年的传统正在戛然而止："家庭和身份的观念一直难以跟上中国加速现代化的步伐。"[2] 类似的说法还有印度人对业力和种姓制度的信仰下降，乌班图伦理精神在非洲的危机——随着传统社会城市化，他们与土地失去了联系，等等。

然而，在写作本书的过程中，我与许多人进行了讨论，他们都是各自国家在哲学领域的专家。他们无一例外地看到了哲学与文化之间的深刻联系。我自己也看到了大量的证据，无论是中国的和谐、伊斯兰世界对世俗化的抵制、印度对重生的假设，还是西方明显的个人主义。文化有着深厚的根基，有时最明显的变化也是最肤浅的。东京人（Edokko）和纽约人都穿棉质休闲裤，乘坐地铁，但他们在坐地铁时行为的明显差异表明，尽管他们所居住的物质世界几乎毫无二致，但他们的生活方式却截然不同。在普罗科普咖啡馆之外，不管他们是否知道，庆祝一年一度的同性恋者、双性恋者和变性者骄傲节（LGBT Pride festival）的巴黎人都遵循着启蒙运动哲学家们创立的人文主义和个人主义原则。

然而，我们无法确知的是，全球化的现代性对这些根源的不断拉扯最终是否会把它们拉上来，如果真是如此，需要多长时间。我们也不知道传统是否可能通过异花授粉进化和变异而变得无法识别。如果发生上述任何一种情况，我们就更有理由对已经失去的东西保持欣赏的眼光，以让我们重新吸取全球哲学史给我们的宝贵教训。哲学可能不再是一扇了解文化现状的窗户，而是文化可能成为的形象之来源。

无论世界上各种哲学和文化多么紧密地联系在一起，各自特征鲜明的全球性哲学传统都是切实存在的。这些传统中的思想并不孤立。它们构成了更广泛的整体，形成支持和维护彼此的信仰网络，但有时它们也处于紧张状态。正是这个整体的形态赋予每个系统其一般特征，当你仔细观察了一些主要细节后，你会更容易辨别出它的特征。因此，现在正当概述世界哲学图景主要特征之时。

值得重申的是，这些并不能涵盖所有或全部的传统。它们是有很多例外的概括，就像一个多山的国家可能有平原，或一个严肃的人也可能会大笑一样。这些笔画轮廓只捕捉了世界上每个地区的思想中最重要的东西。

27

世界是如何思考的

我们先从东亚开始说起。全球近四分之一的人口来自东亚，其中绝大多数来自中国大陆，其余大部分来自中国台湾、日本和韩国。中国古典哲学的思想和理想至今仍在该地区产生共鸣。其中最重要的是和谐，它是这样一种信念，即最高的善是一个秩序井然的世界，在其中家庭、社群和国家都彼此处于正确的关系之中。如果消除了所有的差别，或这些差别明显到使实现共同的目标成为不可能，就不可能实现和谐。

因为和谐需要每个人履行好各自的角色，所以这样的社会天然地就是等级森严的。然而，这不该是一个上层人士为自身利益服务的等级制度。等级制度应有利于所有人，被统治的人受益于良好的规则，学生受益于良好的教导，孝顺的孩子受益于良好的父母。许多公民阶层的开放性反映在公务员考试的精英主义传统上，即把职位授予表现最好的人。

美德使人生活得很好，促进他们所有关系的和谐。美德包括好的品格，而好的含义没法写在一本手册里。这不仅仅是一系列道德准则，更是一种技巧。有德之人必须精通"权"：权衡每一件事的是非曲直，自行斟酌应该做什么。没有什么算法可以做到这一点，尤其是正确的做法总是依赖于精确的背景环境。"权"需要对中庸之道的敏感：在两个极端之间找到一个恰当的平衡点，如鲁莽与懦弱、吝啬与挥霍、奴性与任性。

美德通过自我修养而实现。其主要手段是礼：正式和非正式的各种适当的社会行为。通过遵循礼，一个人将德行的习惯内化，从而使之成为第二天性。在这方面作为典范的君子，成为一种道德范式，引导他人以身作则。

道德修养反映了在追求卓越的过程中更多地强调实践和习惯。一个人如果想要精通任何一件事，他主要不是通过学习而是通过练习达成。最终的目标就是"无为"，一种不费力气的行为，尽管如此，在成为本能之前，它需要多年有意识的努力。我们无法用语言来描述那些达到"无为"境界的人，实际上，我们有很多最深刻的知识是幽玄而无法形容的。语言是一张不完美的网，在这张网中，我们要捕捉世界的真相，实践比理论更重要。

这一地区思想的特点是一种形而上学的不可知论。我们无法知道终极现实的本质，而这并不真的重要。传统更多的是寻求方法而不是寻求真理，它主要关注的是我们需要什么才能生活得更好，而不是获得终极事物本身的知识。就形而上学而言，它是一种变化和动力。"阴阳"反映了万物都处于积极的相互联系之中，它创造了一个没有任何事物能够在其中长久稳定的动态系统。"气"的概念捕捉到这样一种感觉，即万物都在流动，能量在不断地运动，需要技巧来引导和利用它。

宗教冲动不是表现在上帝和天堂上面，而是表现在对祖先与自然的崇敬以及一种可以被视为精神转变的个人升华的理想中。

重点关注的是这个世界。天，不是我们死后可以进入的另一个领域，而是一种调节物质世界的内在法则。

终极救赎观念的缺失与一种时间观有关，这种时间观认为我们的黄金时代是在过去，而不是在未来。保持传统很重要，因为它保持了伟大圣人的智慧。物质上和技术上也许有进步，但道德伦理更有可能倒退。

东亚哲学的几个特点在日本思想中得到了最清晰的体现。其中最重要的是关系自我的概念，即我们之所以是我们，是因为我们与他人的相对关系。原子的自我不可能完全独立于世界而存在。自我是空的，尤其因为在某种意义上，一切都是空的。世界是无常的，其中的一切都是短暂的，没有任何不变的、内在的本质。因此，对世界和我们自己的正确认识，既存在于事物本身，也存在于事物之间的空间中，因为事物之间的关系比相关的事物更为基本。这就解释了为什么实验显示，美国人几乎只关注图片和视频中的前景，而东亚人则认为背景同样重要。

空虚和无常的观念反映在对季节变迁的敏感上，这几乎可以被看作一种宗教仪式。观赏樱花也反映了一种与自然和谐相处的理想，它不与人类文化对立，而是处于人类文化的核心。当我们使用电脑的时候，我们就像在海边散步一样接近大自然，因为大自然在硅和钢铁中的含量就像它在大海的沙子中一样多。

与世界建立联系的主要途径是审美而不是理智。我们更可能通过对世界的直接、专注的体验来看到真理，而不是通过客观的推理来概念化它。在这样的经历中，主体和世界之间的区别就消失了。

世界上还有四分之一的人口居住在印度次大陆，它也受到了印度古典哲学的影响。无论是好是坏，它比任何其他传统都更充分地利用了哲学工具的武器库：洞见、启示经文、高度发达的逻辑、传统、观察。在对"现量"（有效的知识来源）的传统分类法中可以看到：感知、推理、类比、假设、否认/认知证明和圣言。

如果在排列中有先后次序，那排在第一位的就是"现量"，对现实的直接感知，通常是通过一种经过训练的直觉。这反映在印度哲学的传统词汇"达生那"中，这个词的字面意思是"看"或"看到"。理智只能引导我们走到我们需要现量向我们展现事情的真相之前。由于并非所有人都能做到这一点，所以先知的现量和圣言以及那些伟大的导师都受到高度重视。这就创造了一种被许多局外人认为过分顺从的文化。

正统派和异端派大多把一些关键的文本作为揭示知识的来源，正统派的特点是对《吠陀经》的忠实拥护，而这并不总是无条件的。印度哲学与印度宗教是如此紧密地交织在一起，以至于把两者分开没有任何意义。哲学家们几乎总是把自己看作传统的火炬手，他们的角色不是提出新观点，而是更好地解释旧观点。然而，印度哲学的光辉之处在于，评论家们以其独创性和创造性诠释了古老的文本，因此从来就不缺乏独创性和创新性。

印度哲学的一个关键特征是它以救世神学为重心。每一个学派都有自己的观念，即什么是救赎以及如何实现它。一个共同的主题是，表象的世界不是终极现实的世界，我们被感官引入歧途。冥想的练习可以让我们的头脑平静下来，让我们的感官安静下来，更仔细地观察事物，看到事物的本来面目。这往往既是一个身体的纪律，也是一个理智的纪律：如果我们想进入正确的精神状态来看穿幻觉，姿势和呼吸是至关重要的。

讨论终极真理的一个问题是，它不仅超越了语言，也超越了任何理性的理解。语言本身是一种经验的框架，就像感官一样，它把经验包装成我们可以掌握的单位，但在这样做的过程中，语言改变和扭曲了它。然而，我们只能说，传统的现实有一种坚实的表象，尽管它实际上是无常的和不断变化的。

最明显的例子就是"自我"。所有的学派都认为传统的自我，即我们通常看待自己和他人的方式是虚幻的。这个自我仅仅是一串经验流，一串没有持久本质的知觉。大多数正统学派认为，我们真正的自我是梵，是宇宙自我，我们只是其中的一部分。相比之下，佛教认为梵也不存在。然而，可以说，他们对常识自我的虚幻本质的认同，比他们关于真相究竟是什么的分歧更具有印度传统的特色。

印度哲学是基于宇宙论的，这意味着一切都植根于关于宇宙基本结构的概念。这就是为什么每个学派都提供了一个整体的现实视野，其中伦理学、形而上学和认识论结合成一个无所不包的解释系统。几乎所有宇宙论的一个关键特征都是业力的原则，其中行为、思想或两者同时（取决于学派）对施者产生好的或坏的后果，无论是在今生或来生，因为对重生的信仰也很普遍。

对物质世界的幻觉和即将解脱的信仰培养了一种超然的伦理。虽然物质上的富足并不总是坏事，而且在生活的某些时候也常常被认为是适当的，但过于看重财富或稍纵即逝的快乐永远都不是好事。那些达到"解脱"或"涅槃"的人超越了这些忧虑——事实上，他们超越了所有的忧虑或依恋。

世界上近四分之一的人口是穆斯林。然而，大多数以穆斯林为主的国家之间文化差异很大。穆斯林人口分布在阿拉伯世界、北非、印度次大陆和东南亚。印度尼西亚是世界上穆斯林人口最多的国家。塔里克·莱麦丹写道："在一种特定的文化中，无论什么都不会与伊斯兰教义相抵触,它已经融入了该文化的宗教基础之中,以至于我们一直很难区分宗教和文化。"[1] 因此,很难概括出以中东和以安达卢斯为中心的伊斯兰古典哲学对整个穆斯林世界的影响。

伊斯兰哲学在很大程度上是不可能脱离神学的。"哲学"(法拉希法)和"神学"(凯拉姆)之争导致了神学战胜哲学的观点低估了凯拉姆对哲学参与的程度,也淡化了法拉希法也有着不可动摇的宗教观点。它还将一般意义上的哲学与具体的法拉希法对古希腊思想的复兴混为一谈。更准确的说法是,这场辩论是伊斯兰哲学中关于独立推理能够发挥多大作用的一场争论。

由于伊斯兰教的统一性和完整性,理性在伊斯兰哲学中受到了严格的限制。《古兰经》是上帝对人类的完整而最终的启示,具有任何世俗理性都无法挑战的权威。哲学上关于上帝本性的思考是有限的,例如,因为我们只能知道上帝选择向我们揭示什么。上帝是如此掌控的,除非他愿意,否则什么也不会发生,这导致了对宿命论的强烈信仰。

对于虔诚的穆斯林来说,宗教影响着生活的方方面面。世俗伦理的概念几乎没有意义:道德来自上帝。伦理本质上是宗教的。甚至自我最初也是由它与上帝的关系来定义的。正如阿斯玛·阿夫萨鲁丁(Asma Afsaruddin)所说:"人类的自我建立在与造物主的动态关系基础上,建立在感恩和互爱的基础上。"以怀疑的态度否定这种关系就是对自己的不公正。[2]

只读这个摘要,很容易认为伊斯兰哲学是一个封闭的、教条的体系。有时,一种正统观念的确立确实占据上风,它使任何异议都销声匿迹。然而,许多拥有知识的多样性和繁荣的时期已经证明,这种停滞并不是必然的。《古兰经》可能是神的最终真言,但它在许多事情上是沉默或模棱两可的,并且总是需要解释。最明显的是,据说《古兰经》是在23年的时间里逐渐被揭示出来的,早期的经文在麦加被口授于穆罕默德,而后来的则是在麦地那。特别是麦地那部分的许多段落似乎对那里早期穆斯林社区的情况提供了具体的指导,这意味着知道如何在此时此地应用这些段落是一项艰巨的任务。[3]

这一悠久的解释传统告诫我们,不要对伊斯兰哲学必须明确坚持的任何说法半信半疑。非穆斯林需要意识到这一传统已经被证明有能力进化并接纳世俗知识的成果,但上帝和《古兰经》将永远是其核心。

东亚、印度和伊斯兰国家的人口比欧洲和北美多得多。然而,几个世纪以来,我们所称的西方世界,出于高尚或卑劣的原因,一直是全球的主导力量。许多人认为这个时代即将结束。西欧和北美的人口加起来不到世界人口的12%。就算加上欧洲裔移民主导文化的中美洲和南美洲,这一比例也只有不到20%。西方已经习惯于将其文化作为默认的全球文化,它不仅需要更好地理解世界的其他地区,还需认识到是什么使它如此独特且不同寻常。

西方哲学本质上是求真的和宇宙论的。也就是说,它基于这样一个假设,即我们的首要任务是理解世界的本来面目。它主张"理性的自主性",重视真理和知识本身。理性的自主性也意味着它是世俗的,在没有超自然帮助的情况下帮助我们理解世界和自身。它之所以能做到这一点,是因为自然世界被认为是可观察的,它的运作方式可以用法则来描述,而法则不需要假定有神的作用。西方哲学的两个主要分支都共享这样的假设:经验主义基于对世界的仔细观察,而理性主义基于从逻辑第一原则出发的推理。

西方哲学的主要推理模式是基于逻辑的。这种模式下的哲学是一种"疑难性"：它识别出我们不完全的理解所产生的矛盾，并试图去除它们。它通过寻求精确的定义和度量来做到这一点，然后通过合理的推理步骤来引出它们的含义。这种方法取得了许多成就，但也是一种容易导致对抗或辩论的方法。它将关注点从那些不清楚或模棱两可的事物上转移开，并倾向于支持一种经过整理的实在，这种实在使得世界对清晰的解释而言尽可能是经得起检验的。这种方法的一个主要表现是还原主义倾向，即通过将事物分解成尽可能小的单元来理解事物，并将这些单元（而不是它们所属的整体）视为解释的基本焦点。

在伦理学上，这种方法易于产生以规则和原则为基础的伦理，以公正为中心价值。这就像所有西方哲学一样，给了伦理学一种无所不在的普遍主义的光环，以至于"西方"这个限定词几乎从来不会被加上。哲学就是哲学，尽管它所涵盖的范围在地理上和历史上都明显位于地球的一个角落。它的普遍主义抱负实际上使它不知不觉地变得狭隘。对进步的信念有时会加剧这种情况，这种信念恰好方便地将西方世界推到了风口浪尖。

还原主义倾向与理性自主的信念相结合，产生了一种自由、理性、自主的自我概念，即个人主义和原子主义。个人并不主要是社会的组成部分，社会是个人的集合。这带来了一种平等和民主的精神，但也可以说它导致了社会的分裂和对专业知识或资历合法等级的尊重的下降。

与所有传统一样，西方哲学也有其内在的变体。其中最不被称道的是美国哲学的独特性。它远非西方哲学的主要典范，如果有的话，它也只是一个外围存在。美国实用主义者比柏拉图和亚里士多德之后的任何一位权威哲学家都更不操心对真理的建构。

实用主义对效用的强调，赋予了它一种比产生它的英国经验主义更明显的实践取向。它相信真理不过是意见汇合的产物，这也给了它一种民主色彩，使那些经受了时间考验的大众信仰（尤其是宗教信仰）合法化。

世界经典哲学文献排除了全球范围内直到最近才开始被接受的大量文献。总的来说，这些社会通常被称为"传统社会"，但当然，传统的东西因地而异。尽管如此，尝试理解在这些文化中口传哲学的做法已经确定了几种思维方式，得到了人们虽不普遍但却广泛的认同。

也许其中最重要的是将地域和时间纳入考虑。书写下来的哲学在很多方面是一种抽象和普遍化的工作，是对所有人在任何时候都适用的思想的追求。不管这种做法的好处是什么，它同时也导致了其内容与当地的土地和文化的具体情况失去了联系。相比之下，口传哲学认为，土地和人之间有密切的联系，以至于他们之间没有真正的区别。最近一个生动的例子是，新西兰的第三大河旺格努伊河（Whanganui River）在2017年3月被宣布为法人。当法律承认它是一个"活生生的整体"时，这是在履行1840年英国王室和13世纪到达该岛的毛利人之间的《怀唐伊条约》的义务。该条约承认毛利人对土地和人民之间存在联系的信仰，这反映在谚语"我是河，河就是我"[4]中。陆地和海洋为个人身份提供锚定，它们比我们的个人传记或历史更重要。在这个宇宙学中，时间的线性流逝不如时间的循环使我们返回家园的方式重要。

与土地的联系被认为是一种亲属关系，这是最重要的关系。亲属关系不仅与家庭和部落有关，而且与地方和自然世界有关。这意味着自然不是人类文化之外的东西。自然就像孩子、父母、朋友和部落成员一样，是我们人类社会的重要组成部分。

在这种文化中，伦理本质上是社群主义的。这并不意味着个性不受重视，通常情况下它非常重要。只不过，个性是在群体内部得到表达的，没有人是一座孤岛。就像在东亚一样，自我是关系性的。这往往导致以达成一致意见的方式，而不是独裁或多数意志的方式来做决定。这之所以有效，是因为每个人都认识到，最终没有人能在集体之外生存，因此需要妥协，而一旦达成妥协，每个人都必须全心全意地接受它。

社群主义精神还可以延伸到关于什么是哲学家的概念中。在口传传统中，圣人既可以是传统的捍卫者，也可以是传统的挑战者。但也有可能哲学是由全民共同塑造的。哲学家可以是一个群体，而不仅仅是一个个体的思想者。

世界有一个主要部分我还没有提到：俄罗斯。莱斯利·张伯伦（Lesley Chamberlain）认为，这似乎是一个严重的空白，因为俄罗斯具有重要的地缘政治意义，而哲学是"解开这个国家和文化之谜的钥匙"[5]。然而，这是一个很难填补的空白，因为俄罗斯哲学是一个极其难以捉摸的课题，近年来只有张伯伦自己的著作才使其得到了一点关注。这其中部分原因是分类问题。张伯伦说，当俄罗斯人尼古拉·洛斯基（Nikolay Lossky）在1953年出版他的《俄国哲学史》(History of Russian Philosophy)时，这本书的主要作用如以赛亚·伯林（Isaiah Berlin）所说，是在说服"整个英语世界，俄罗斯没有哲学家，只有大草原上的智者"。[6]

然而，确定是什么构成了俄罗斯哲学的问题也是老生常谈，历史上对将什么纳入标准一直存在分歧。值得注意的是，以赛亚·伯林的著作以"俄罗斯思想家"为题，使用了更广泛、更包容的范畴，它回避了"什么是哲学"的问题。人们普遍认为，哲学只是在18世纪末才真正出现在俄罗斯，其主要灵感来自东正教和德意志唯心主义。

俄罗斯哲学自觉地扮演欧亚之间的桥梁角色，却又不属于任何一方。"我们从来没有和其他民族并肩而行过，"彼得·查达耶夫在19世纪写道，"我们不属于人类任何一个伟大的家族；我们既不属于西方，也不属于东方。"[7] 它在学术上主要是针对西方文本，尽管只是为了拒斥它们。对于张伯伦来说，这可以概括为"它惊人一贯地拒绝笛卡尔和'我思故我在'的价值"[8]。笛卡尔的"我思"将独立的个体放于首位。这与正统的神性放弃（kenosis）理想背道而驰，神性放弃是一种为了让自己准备好接受上帝而必须做到的自我清空。神性放弃包含了这样一种信念，即个人没有达到终极真理的资源，而试图通过理性独自达到终极真理是傲慢的。因此，自我不是被提升，而是被削减到一定的大小。米哈伊尔·巴枯宁（Mikhail Bakunin）在约翰·戈特利布·费希特（Johann Gottlieb Fichte）之后写道："人必须彻底摧毁他的个体自我，摧毁构成他生命、希望和个人信仰的一切。"[9]

理性在笛卡尔哲学体系中的地位，在俄罗斯哲学中被直觉所取代。真理与其说是被理解的，不如说是被感受的。阿列克谢·霍米亚科夫（Aleksei Khomiakov）写道："想要真正了解这个世界，我们必须在理智上简化自己，回归到即时理解的模式。""通过这种直观的知识，我们可以区分真实和我们头脑中的幻想。"[10] 因此，哲学与文学和诗歌是相通的。例如，索尔仁尼琴在他的祖国是一位哲学家，但在《大英百科全书》等参考书的国际眼光中，却是一位小说家和历史学家。这也是为什么俄罗斯统治者认为诗人和艺术家如此危险的原因。奥西普·曼德尔施塔姆（Osip Mandelstam）说："只有在俄罗斯，诗歌才受到尊重。

因为它能让人丧命。"[11] 同样的情感主义，在西方看来是俄罗斯思维上的弱点，在本土却被视为一种优势。

与此同时，个人的位置被集体所取代。俄罗斯拥抱村社（obshchina）的神话，一个和平、和谐的农民团体的灵魂共同体，它故作天真以避免西方理性释放出的腐败无神论、竞争和个人主义。除了官方的无神论，共产党人把这种理想全盘接受了。苏联的艺术和宣传充斥着快乐、大胆无畏的农民和工人在一起工作的画面，而西方人则被描绘成没有灵魂、自私的唯物主义者。

然而，社会和谐的中心地位似乎既源于对俄罗斯可能失去什么东西的恐慌，也源于对俄罗斯所认为的道德优越感的自豪。当我见到张伯伦时，她提到的第一件关于俄罗斯哲学的事情是当代哲学家A. S. 阿克希泽（A. S. Akhiezer）提出的一个引人注目的论断，即维系社会的需要一直是俄罗斯思想的原动力。他写道："俄罗斯哲学的现实感伤是为了防止部分从整体上脱落。"[12] 几个世纪以来，这一直是俄罗斯知识分子所关注的问题。因此，俄罗斯的和谐不是儒家的和谐：它渴望统一，把异见视为一种威胁。

对张伯伦来说，对自我和理性的排斥是一种在"后现代主义"这个词出现之前的后现代主义。当然，俄罗斯哲学似乎与传统的真理观念无关。很明显，在共产主义时代，在持不同政见的人中，哲学家并不多，事实上，哲学家们似乎普遍乐于为现状提供智力支持。甚至连俄罗斯的语言也有助于保持真理的弹性，因为它包含下面两个词。Istina（真理）是自然的真理，宇宙的真理，是不可改变的。Pravda（也译真理）则相反，它描述的是人类的世界，是人类的建构。这就解释了为什么1931年当共产党宣布自己为哲学真理的最终仲裁者时，这并没有那么令人愤慨。[13]

对真理的标准持放任态度，拒绝腐朽的西方价值观，民族例外意识，以团结国家为首要，个人与集体的命运相比不重要：这些思想与形形色色的俄罗斯政治领袖的行动之间的联系是显而易见的。让人更为失望的是，国内外对俄罗斯哲学的批评和关注都太少了。这个缺口，希望会有其他比我更有资格的人去填补。

— 28 —

地域意识

众所周知,从词源学上讲,"乌托邦"一词的字面意思是"乌有之地"。当我们谈论哲学的乌托邦时,这不仅仅是一时兴起。我所受教的西方传统公开追求一种超越任何特定时间或地点的客观性。虽然在这方面有些极端,但大多数传统都声称,它们是在谈论对人类的真理,而不仅仅是对其本国人民的真理。

这种普遍的智慧应该是比较哲学的终极目标吗?《无国界比较哲学》(Comparative Philosophy without Borders)一书的书名似乎暗示了这一点。该书编辑查克拉巴蒂(Arindam Chakrabati)和拉尔夫·韦伯(Ralph Weber)想要"扔掉比较的梯子",而只做"全球竞争合作批判的创造性哲学"。[1]

很多人都有这个愿望。约翰·克鲁梅尔说:"我引用日本哲学家,但也从西方哲学家那边获益。这是一个很自然的想法:我们都是做哲学的哲学家。"他的同事利亚·卡尔曼森希望,如果世界各地的哲学家真诚地合作,将带领我们走出各自的局限。在一起工作,但同时又一直想留在我们的小圈子里,好像相信我们可以互相学习，却只限于在一定程度上，这种想法有些不诚实的地方。

有些人对是否存在一种真正普世的哲学持怀疑态度，因为他们认为，认为我们能够脱离时间和地点的特殊性这一想法是狂妄自大的。西方哲学的一个弱点经常被这样描述，它有欧文·弗拉纳根所说的"超越自我的自命不凡"的目标，即"独立于历史和文化，识别什么是真正好的或正确的"。[2] 任何一种追求客观性的哲学都陷入了一种长期的张力之中：超越个别思想家及其时间和地点的特殊性的尝试，只能由特定的个体在特定的时间和地点进行。我们必须放弃这种观点，并接受一个观点总是来自某个地方。

但是，这并不意味着我们要陷入狭隘的主观主义。通过成为哲学的探索者，我们可以建立一个更完整的世界图景，并从多个角度更客观地理解它。视野的隐喻在这里很有帮助。除了试图创建一个全面的、单一的地图，我们还可以从不同的地方查看地形：从内部、从天空、从远处，等等。我们寻求的不是来自乌有之地的观点，而是来自各个地方的观点，或者至少是任何可以接触到的地方的观点。

有三种方法可以让我们从多个角度更好地理解。首先，当不同的视角结合在一起时，它给我们提供的信息比任何人单独提供的都要多。乔尔·库珀曼警告说："道德传统不可避免地会涉及选择性的眼光和敏感性，所以我们应该担心我们没有看到重要的事情，或对重要的事情不敏感的这种可能性。"[3]

想想盲人摸象的寓言，这在印度哲学中可以找到多种形式，最早的寓言之一是在佛教巴利文经典的《优陀那》中。那些摸到大象耳朵的人宣称这头野兽"就像一个簸箕"，那些摸到象牙的人说它"就像犁头",那些摸到树干的人断定它"就像一根犁的杆子",那些摸到大象末端那簇毛的人说它"就像一把扫帚",等等。[4] 每个人都触及了真理的一个方面,但需要我们把他们所有的观点放在一起,才能看到整个真相。耆那教用这个比喻来说明他们的非绝对论,他们认为终极真理总是具有多维特性。我们不必完全接受耆那教,也能接受世界上其他不同哲学传统也许都偶然发现了真理的一部分,但没有人发现所有的真理这一观点。因此,我们所能形成的最完整的画面就像一幅立体主义绘画,它结合了各种在同一幅画布上从单一角度看不到的观点。这可以称为立体主义视角。

多个视角可以提供启发的第二种方式是,当它们揭示出实际上利害攸关的问题不止一个的时候,我认为这是思考作为一个人或自我意味着什么的最好方式。我们很容易认为这里只有一个问题。事实上,它掩盖了无数的问题,比如:自我是由什么构成的?自我是永恒的吗?与他人的关系如何塑造自我?是什么给了我们认同感?在不同的传统中,自我的"问题"很可能只涉及这些问题中的一个或一些,而其他的则被搁置一旁。从多个角度看问题可以让我们通过"分解"问题,将看似简单的问题分解成更复杂的部分,从而达到更客观的理解。这可以称为分解视角。

多角度思考的第三个好处是,让我们意识到理解世界或构建规范的合法途径不止一种。当谈到对美好生活的个人和政治愿景时,我们能够最清楚地看到这种多元化。自治、和谐、社区和个性的价值观都有其合理性,但没有一种生活方式能让我们最大限度地实现所有这些价值。人类繁荣的方式不止一种,取舍是不可避免的。有时我们可以借用一种价值,它可以在我们的本土蓬勃发展,就像日本女贞在英国蓬勃发展一样。然而,有时价值观在其本土环境之外会水土不服,就像你不能在英国种植咖啡或可可一样。这是多元主义的视角。

接受有许多不同的可能价值和价值的组合,并不是说一切都无所谓。正如以赛亚·伯林所言,多元主义不是相对主义。[5] 人们因时间和地点的不同而有所不同,这是一个客观事实。社会世界不是一个既定抽象物,无论时间或地点,对每个人都是一样的。由此可见,任何关于社会世界的概念都不能被认为是既定的,这意味着道德和政治必须适应环境。

立体主义、分解主义和多元主义观点这一分类只是一种建议而非定论。它指出,从各种全球性的观点来看待哲学并不一定会使我们放弃对更客观的理解的追求,而是可以丰富我们对客观性本身的理解。立体主义的观点使我们能够通过采取各种不同的角度更好地看到完整单独的画面。分解的视角使我们能够看到,我们最初假定的单个问题实际上是由几个不同的问题组成的。多元主义的视角让我们看到,在伦理和政治问题上,没有一个人的价值观或一套价值观能够适用于每一个时代、任何地点。

不注意哲学本身和其他地方哲学的特殊性,就会混淆对更大客观性的令人钦佩的追求和一种盲目的普遍性的错误理想。思想既不拘泥于特定的文化,也不自由漂浮,既不具有普遍性,也并非没有场所性。像人一样,他们是由一种文化形成的,但可以四处旅行。如果我们真的渴望对世界有一个更客观的认识,我们就必须利用占据不同知识领域所带来的优势。怀着敬意而不是对其他文化的过去和现在的一味服从去做,这可以帮助我们改变自己的哲学图景。

致　谢

如果没有无数专家慷慨地花时间接受采访、回复电子邮件和阅读材料草稿,我写不出这本书。为此,我非常感谢阿斯玛·阿夫萨鲁丁、安乐哲、米拉·班杜尔、尼古拉斯·布宁、莱斯利·张伯伦、P. 钦奈亚、大卫·E. 库珀、P. 乔治·维克托、弗兰克·格里菲尔、迪米特里·古塔斯、布鲁斯·扬茨、希里尼·卡亚、利亚·卡尔曼森、汤姆·卡苏利斯、嘉指信雄、约翰·克鲁梅尔、安德鲁·兰伯特、李金、路易斯·泽维尔·洛佩斯-法尔杰特、叶海亚·麦科特、史蒂芬·穆克、钱德拉卡拉·帕迪亚、丹尼尔·拉维、卡林·罗马诺、R. C. 辛哈、中岛隆博、乔拉姆·塔鲁沙里拉、理查德·泰勒、彼特·博埃尔·范·汉斯布鲁克、温德、温海明、王大卫、许知远、姚新中和小林康夫。

我还从斯坦福大学伯格鲁恩研究所（Berggruen Institute）在玛格丽特·列维（Margaret Levi）的支持下组织的三家工作室的参与者那里学到了很多东西。这些人包括上述许多人,还有斯蒂芬·安格尔、夸梅·安东尼·阿皮亚、皮科·埃尔、尼古拉·伯格鲁恩、拉吉夫·巴尔加瓦、马克·贝维尔、阿基尔·比尔格拉米、陈祖为、卡洛斯·弗伦克尔、丽贝卡·纽伯格·戈德斯坦、亚历山大·哥拉赫、彼得·赫肖克、加内里、乔纳顿、安东·科赫、李海燕、斯蒂芬·马塞多、塞迪斯·梅茨、潘卡吉·米什拉、杰伊·奥格维、菲利普·佩蒂特、迈克尔·普伊特、蒋乾、马蒂亚斯·里塞、托马斯·希恩、爱德华·斯林格兰、孙笑冬、西格里杜尔·索尔盖尔斯多蒂尔、贾斯汀·蒂瓦尔德、王蓉蓉、阎云翔和张泰苏。

为伯格鲁恩研究所制作播客和其他资源也使我能够进一步开展我的研究，我非常感谢研究所为我提供的旅行支持。感谢尼古拉斯·伯格鲁恩、珍妮·伯恩和唐·中川。

还要感谢《发现》杂志的马克·琼斯和凯茜·亚当斯帮我来到中国。

这本书由我的编辑贝拉·莱西（Bella Lacey）完成，并得到了格兰塔图书公司所有人的支持，尤其是伊恩·查普尔（Iain Chapple）、拉莫娜·埃尔默（Lamorna Elmer）、海伦·詹姆斯（Helen James）、克里斯汀·罗（Christine Lo）、安吉拉·罗斯（Angela Rose）、普鲁·罗兰森（Pru Rowlandson）、娜塔莉·肖（Natalie Shaw）和萨拉·韦斯利（Sarah Wasley），以及文案编辑莱斯利·莱文（Lesley Levene）。多亏了我的经纪人莉齐·克雷默（Lizzy Kremer），我只需要尽我所能把这本书写好就行了。

这本书依靠了许多人的帮助，我相信我至少忘记了感谢他们中的一些人。我对他们表示感谢，同时也表示歉意。

最后，感谢我世界的中心，安东尼娅·马卡罗（Antonia Macaro）。

注 释

引 言

1. Maurice Merleau-Ponty, *Phenomenology of Perception*, trans. Colin Smith (Routledge, 2002 [1945]), p. 459. Thanks to Yves Vende for the pointer.
2. This possibly apocryphal quote is cited in Alasdair MacIntyre, *A Short History of Ethics* (Routledge, 1976), p. 182.
3. Jonathan Israel, *A Revolution of the Mind* (Princeton University Press, 2010), p. 224.
4. Ibid., p. 37.
5. Thomas P. Kasulis, *Intimacy or Integrity: Philosophy and Cultural Difference* (University of Hawai'i Press, 2002), p. 17.
6. Kasulis, *Intimacy or Integrity*, p. 140.
7. Ibid., p. 17.
8. See Robert E. Carter, *The Kyoto School: An Introduction* (SUNY Press, 2013), p. xi.

序 言

1. See Karl Jaspers, *The Origin and Goal of History*, trans. Michael Bullock (Routledge & Kegan Paul, 1953 [1949]).
2. See Julian Baggini, *The Edge of Reason* (Yale University Press, 2016).
3. Sarvepalli Radhakrishnan and Charles A. Moore (eds.), *A Sourcebook in Indian Philosophy* (Princeton University Press, 1957), p. xviii.
4. Ibid.
5. Plato, *The Republic,* trans. Robin Waterfield (Oxford University Press, 1994), p. 90.
6. Joel Kupperman, *Learning from Asian Philosophy* (Oxford University Press, 1999), p. 157.

7. Ibid., p. 350.
8. See 'Women in Philosophy in the UK: A Report by the British Philosophical Association and the Society for Women in Philosophy UK' (2011), www.bpa.ac.uk/uploads/2011/02/BPA_Report_Women_ In_Philosophy.pdf, and Eric Schwitzgebel and Carolyn Dicey Jennings, 'Women in Philosophy: Quantitative Analyses of Specialization, Prevalence, Visibility, and Generational Change', *Public Affairs Quarterly*, 31 (2017), pp. 83–105.
9. Thomas P. Kasulis, *Intimacy or Integrity: Philosophy and Cultural Difference* (University of Hawai'i Press, 2002), p. 18.
10. Richard Rorty, 'Philosophy as a Kind of Writing', in *Consequences of Pragmatism: Essays 1972–1980* (University of Minnesota Press, 1982), p. 92.
11. Kwame Anthony Appiah, *In My Father's House: Africa in the Philosophy of Culture* (Oxford University Press, 1993), pp. 26, 91.
12. Mogobe B. Ramose, 'The Philosophy of *Ubuntu* and *Ubuntu* as a Philosophy', in P. H. Coetzee and A. P. J. Roux (eds.), *The African Philosophy Reader*, 2nd edn (Routledge, 2003), p. 230.
13. 'Generalisation is a necessary part of organisation. A generalisation is not the same as a universal qualifier: a generalisation cannot be refuted by a simple counterexample', Kasulis, *Intimacy or Integrity*, p. 8.
14. Ibid., p. 20.
15. Ibid., pp. 154–6.
16. See Carmel S. Saad, Rodica Damian, Verónica Benet-Martínez, Wesley G. Moons and Richard R. Robins, 'Multiculturalism and Creativity: Effects of Cultural Context, Bicultural Identity, and Ideational Fluency', *Social Psychological and Personality Science*, 4 (2013), pp. 369–75.

1 洞 见

1. James Mill, *The History of British India*, 3rd edn (Baldwin, Cradock and Joy, 1826), Vol. 1, Book I, Chapter 1, p. 3, and Book II, Chapter 6, p. 286.
2. Immanuel Kant, 'Physical Geography', in Emmanuel Chukwudi Eze (ed.), *Race and the Enlightenment: A Reader* (Wiley-Blackwell, 1997), p. 63.
3. David Hume, 'Of National Characters' (1753).
4. Sarvepalli Radhakrishnan and Charles A. Moore (eds.), *A Sourcebook in Indian Philosophy* (Princeton University Press, 1957), p. xxv.
5. Sue Hamilton, *Indian Philosophy: A Very Short Introduction* (Oxford University Press, 2001), p. 9.

6. Ibid., p. 69, and (*sāksāt-kāra*) Dhirendra Mohan Datta, 'Epistemological Methods in Indian Philosophy', in Charles A. Moore (ed.), *The Indian Mind* (University of Hawai'i Press, 1967), p. 124.
7. Radhakrishnan and Moore (eds.), *A Sourcebook in Indian Philosophy*, p. 356.
8. *Katha Upanisad*, II.23, III.12, ibid., pp. 46–7.
9. *Muṇḍ aka Upanisad*, III.8, ibid., p. 54.
10. Ibid., pp. 353–4.
11. Ibid., p. 355.
12. S. K. Saksena, 'Relation of Philosophical Theories to the Practical Affairs of Men', in Moore (ed.), *The Indian Mind*, pp. 13–14.
13. *Nyāya Sūtra*, 7, in Radhakrishnan and Moore (eds.), *A Sourcebook in Indian Philosophy*, p. 359.
14. Deepak Sarma (ed.), *Classical Indian Philosophy: A Reader* (Columbia University Press, 2011), p. 141.
15. Chakravarthi Ram-Prasad, *Eastern Philosophy* (Weidenfeld & Nicolson, 2005), p. 140.
16. *The Vedānta Sūtras with commentary by Śaṅkarākārya*, II.i.5, in Radhakrishnan and Moore (eds.), *A Sourcebook in Indian Philosophy*, p. 524.
17. Ibid., p. 37.
18. *The Laws of Manu*, II.201, ibid., p. 178.
19. *Vaiśesika Sūtra*, IX.2.13, ibid., p. 397.
20. Uddyotakara's *Nyāya-Vārttika*, in Sarma (ed.), *Classical Indian Philosophy*, p. 136.
21. Haribhadra, *Ṣaḍdarśana-samuccaya*, ibid., p. 3.
22. The *Sarvadarśanasaṁgraha*, in Radhakrishnan and Moore (eds.), *A Sourcebook in Indian Philosophy*, p. 234.
23. *The Vedānta Sūtras with commentary by Śaṅkarākārya*, II.i.5, ibid., p. 522.
24. *Yoga Sūtra*, 4.1, in Sarma (ed.), *Classical Indian Philosophy*, p. 192.
25. *Vaiśeṣika Sūtra*, IX.2.13, in Radhakrishnan and Moore (eds.), *A Sourcebook in Indian Philosophy*, p. 397.
26. *Chāndogya Upaniṣad*, VII.vi.1, in ibid., p. 70.
27. Sue Hamilton, *Indian Philosophy: A Very Short Introduction* (Oxford University Press, 2001), p. 10.
28. *Yoga Sūtra*, 1.1–2, in Sarma (ed.), *Classical Indian Philosophy*, p. 180.
29. Hamilton, *Indian Philosophy*, p. 107.
30. *Kauṣītaki Upaniṣads*, VI.18, in Radhakrishnan and Moore (eds.), *A Sourcebook in Indian Philosophy*, p. 96.
31. *Bhagavad Gītā*, 6.11–16, ibid., p. 124.

32. *Yoga Sūtra*, 3.23–28, 30, 41, in Sarma (ed.), *Classical Indian Philosophy*, pp. 189–90.
33. C. D. Sebastian, '*Ajñāna*: Retrospectives and Prospects from G. R. Malkani, Rasvihary Das and T. R. V. Murti', paper given at the 90th Session of the Indian Philosophical Congress, Magadh University, Bodh Gaya, 1–4 February 2016.
34. L. N. Sharma, 'The Indian Quest', Presidential Address at the 90th Session of the Indian Philosophical Congress, Magadh University, Bodh Gaya, 1–4 February 2016.
35. Sarvepalli Radhakrishnan, 'The Indian Approach to the Religious Problem', in Moore (ed.), *The Indian Mind*, p. 177.
36. Charles A. Moore, Introduction, ibid., p. 8.
37. Sarvepalli Radhakrishnan and Charles A. Moore, ibid., p. 351.
38. Ibid., p. 506.
39. *The Vedānta Sūtras with commentary by Śaṅkarākārya*, II.i.5, ibid., pp. 512–13.
40. Ibid., p. 516.
41. Aristotle, *Nicomachean Ethics*, 1143b11–14, trans. J. A. K. Thomson (Penguin, 1996), p. 220.
42. Owen Flanagan, *The Geography of Morals* (Oxford University Press, 2017), p. 254.
43. René Descartes, *Meditations on First Philosophy*, 2nd Meditation, Section 25, trans. John Cottingham (Cambridge University Press, 1986 [1641]), p. 17.
44. Robert E. Carter, *The Kyoto School: An Introduction* (SUNY Press, 2013), p. 7.
45. Ibid., p. 32.
46. Nishida Kitarō, 'Pure Experience', in James W. Heisig, Thomas P. Kasulis and John C. Maraldo (eds.), *Japanese Philosophy: A Sourcebook* (University of Hawai'i Press, 2011), pp. 647–8.
47. Carter, *The Kyoto School*, p. 27.
48. Ibid., p. 23.
49. Quoted by Takeuchi Yoshinori, 'The Philosophy of Nishida', *Japanese Religions*, III:4 (1963), pp. 1–32, reprinted in Frederick Franck (ed.), *The Buddha Eye: An Anthology of the Kyoto School and Its Contemporaries* (World Wisdom, 2004), p. 190.
50. Hakuin Ekaku, 'Meditation', in Heisig, Kasulis and Maraldo (eds.), *Japanese Philosophy*, p. 209.
51. D. T. Suzuki, 'What Is the "I"?', *Eastern Buddhist*, IV:1 (1971), pp. 13–

27, reprinted in Franck (ed.), *The Buddha Eye*, p. 25.
52. Edward Slingerland, *Trying Not to Try* (Canongate, 2014), p. 153.
53. D. T. Suzuki, 'Self the Unattainable', *Eastern Buddhist*, III:2 (1970), pp. 1–8, reprinted in Franck (ed.), *The Buddha Eye*, p. 7.
54. Suzuki, 'What Is the "I"?', reprinted ibid., pp. 31–2.
55. Carter, *The Kyoto School*, p. 31.
56. See ibid., p. 28.
57. Tanabe Hajime, 'Philosophy as Metanoetics', in Heisig, Kasulis and Maraldo (eds.), *Japanese Philosophy*, p. 689.
58. See Carter, *The Kyoto School*, pp. 67ff.
59. Thomas P. Kasulis in Heisig, Kasulis and Maraldo (eds.), *Japanese Philosophy*, pp. 135–6.

2 言语道断

1. *Daodejing*, 1.41, in Philip J. Ivanhoe and Bryan W. Van Norden (eds.), *Readings in Classical Chinese Philosophy*, 2nd edn (Hackett, 2005), p. 183.
2. Ibid., 1.71, p. 198.
3. Ibid., 1.38, p. 181.
4. Robin R. Wang, *Yinyang: The Way of Heaven and Earth in Chinese Thought and Culture* (Cambridge University Press, 2012), p. 48.
5. *Daodejing*, 25, in Ivanhoe and Van Norden (eds.), *Readings in Classical Chinese Philosophy*, p. 175.
6. Ibid., 1.56, p. 190.
7. Joel Kupperman, *Learning from Asian Philosophy* (Oxford University Press, 1999), p. 183.
8. *Zhuangzi*, 26, in Ivanhoe and Van Norden (eds.), *Readings in Classical Chinese Philosophy*, p. 250.
9. Ibid., 13, p. 245.
10. *Analects*, XVII.ix.3, in James Legge, *The Chinese Classics*, Vol. 1 (Clarendon Press, 1893), p. 326.
11. Chakravarthi Ram-Prasad, *Eastern Philosophy* (Weidenfeld & Nicolson, 2005), p. 146.
12. Kamo No Mabuchi, 'The Meaning of Our Country', in James W. Heisig, Thomas P. Kasulis and John C. Maraldo (eds.), *Japanese Philosophy: A Sourcebook* (University of Hawai'i Press, 2011), p. 468.
13. Fujitani Mitsue, 'On *Kotodama*', ibid., p. 501.
14. Ibid., p. 160.
15. Nāgārjuna's *Vigrahavyāvartanī*, Part 2.29, in Deepak Sarma (ed.),

Classical Indian Philosophy: A Reader (Columbia University Press, 2011), p. 44.
16. *Shurangama Sūtra*, 2, www.fodian.net/world/shurangama.html.
17. Shidō Bunan, 'This Very Mind Is Buddha', in Heisig, Kasulis and Maraldo (eds.), *Japanese Philosophy*, p. 191.
18. D. T. Suzuki, 'Self the Unattainable', *Eastern Buddhist*, III:2 (1970), pp. 1–8, reprinted in Frederick Franck (ed.), *The Buddha Eye: An Anthology of the Kyoto School and Its Contemporaries*, pp. 6–7.
19. Robert E. Carter, *The Kyoto School: An Introduction* (SUNY Press, 2013), p. 19.
20. Suzuki, 'Self the Unattainable', reprinted in Franck (ed.), *The Buddha Eye,* pp. 3–4.
21. Musō Soseki, 'Dialogues in a Dream', in Heisig, Kasulis and Maraldo (eds.), *Japanese Philosophy,* p. 171.
22. Quoted in Barney Jopson, 'A Pilgrim's Progress', *FT Magazine* Japan supplement, 10–11 September 2016, pp. 16–21.
23. *Kena Upaniṣad*, I.1–3, in Sarvepalli Radhakrishnan and Charles A. Moore (eds.), *A Sourcebook in Indian Philosophy* (Princeton University Press, 1957), p. 42.
24. *Bṛhadāraṇyaka Upaniṣad*, III.iv, ibid., p. 84.
25. *Maitri Upaniṣad,* VI.17, ibid., p. 95.
26. *Taittirīya Upaniṣad,* II.8, ibid., p. 60.
27. Ram-Prasad, *Eastern Philosophy,* pp. 168–9.
28. Rabindranath Tagore, 'Fireflies' (177), at www.tagoreweb.in.
29. See Emilie Reas, 'Small Animals Live in a Slow-Motion World', *Scientific American*, 1 July 2014.
30. The Encyclopedia of Diderot & d'Alembert: Collaborative Translation Project, hosted by Michigan Publishing, https://quod.lib.umich.edu/d/did/, d'Alembert, 'Preliminary Discourse', https://goo.gl/LmG5Qa.

3 神学抑或哲学？

1. John Locke, 'A Letter Concerning Toleration' (1689), www.constitution.org/jl/tolerati.htm.
2. Omar Saif Ghobash, *Letter to a Young Muslim* (Picador, 2017), p. 168.
3. Peter Adamson, *Philosophy in the Islamic World: A Very Short Introduction* (Oxford University Press, 2015), p. 31.
4. Al-Ghazālī, *The Incoherence of the Philosophers,* 'The First Discussion', in Jon McGinnis and David C. Reisman (eds.), *Classical Arabic*

Philosophy: An Anthology of Sources (Hackett, 2007), p. 241.
5. Al-Kindī, 'The Explanation of the Proximate Efficient Cause for Generation and Corruption', ibid., p. 1.
6. Al-Kindī, 'On Divine Unity and the Finitude of the World's Body', ibid., p. 22.
7. Qur'ān, 59:2.
8. Ibn Rushd, *The Decisive Treatise,* Chapter 1, in McGinnis and Reisman (eds.), *Classical Arabic Philosophy,* p. 309.
9. Ibid., p. 312.
10. Ibid., Chapter 2, pp. 318–19.
11. Ibid., Chapter 3, p. 323.
12. Christopher de Bellaigue, *The Islamic Enlightenment* (The Bodley Head, 2017), p. xxiii.
13. Ibid., p. 25.
14. Robert E. Carter, *The Kyoto School: An Introduction* (SUNY Press, 2013), p. 6.
15. Tanabe Hajime, 'The Philosophy of Dōgen', in James W. Heisig, Thomas P. Kasulis and John C. Maraldo (eds.), *Japanese Philosophy: A Sourcebook* (University of Hawai'i Press, 2011), p. 684.
16. Takeuchi Yoshinori, 'Buddhist Existentialism', ibid., p. 745.
17. Carter, *The Kyoto School*, p. 6.
18. Takeuchi, 'Buddhist Existentialism', in Heisig, Kasulis and Maraldo (eds.), *Japanese Philosophy,* p. 746.
19. Carter, *The Kyoto School*, p. 8.

4 逻 辑

1. The Encyclopedia of Diderot & d'Alembert: Collaborative Translation Project, hosted by Michigan Publishing, https://quod.lib.umich.edu/d/did/, Diderot, 'Encyclopédie', https://goo.gl/cJxiiy.
2. Ibid., d'Alembert, 'Preliminary Discourse', https://goo.gl/nTPjgv.
3. Ibid., Diderot, 'Encyclopédie', https://goo.gl/cJxiiy.
4. Thomas P. Kasulis, *Intimacy or Integrity: Philosophy and Cultural Difference* (University of Hawai'i Press, 2002), p. 148.
5. G. W. Leibniz, *New Essays on Human Understanding*, Book 4, Chapter 2, Section 1 (362), trans. and ed. Peter Remnant and Jonathan Bennett (Cambridge University Press, 1996 [1704]).
6. Aristotle, *Metaphysics*, Book 4, Part 4, trans. W. D. Ross (Dover Publications, 2018), p. 49.

7. *Daodejing*, 42, in Philip J. Ivanhoe and Bryan W. Van Norden (eds.), *Readings in Classical Chinese Philosophy*, 2nd edn (Hackett, 2005), p.184.（本书《道德经》相关段落翻译参考《老子今注今译》，陈鼓应，商务印书馆，2003年12月。——编者注）
8. Chakravarthi Ram-Prasad, *Eastern Philosophy* (Weidenfeld & Nicolson, 2005), p. 213.
9. Gongsun Longzi, 'On the White Horse', in Ivanhoe and Van Norden (eds.), *Readings in Classical Chinese Philosophy*, p. 365.
10. Ram-Prasad, *Eastern Philosophy*, p. 228.
11. Nicholas Rescher, *Philosophical Reasoning: A Study in the Methodology of Philosophising* (Blackwell, 2001), p. 93.
12. *Nyāyakusumāñjali*, Chapter 3, Section 8, cited in Bimal Krishna Matilal, *Nyāya-Vaiśeṣika*, Vol. 6, Fasc. 2, of Jan Gonda (ed.), *A History of Indian Literature* (Otto Harrassowitz, 1977), p. 97.
13. Gautama, *Nayāya sūtra*, 1.2.42, in Deepak Sarma (ed.), *Classical Indian Philosophy: A Reader* (Columbia University Press, 2011), p. 104.
14. Ibid., 1.2.43, p. 105.
15. Ibid., 1.2.44, p. 105.
16. Ibid., 1.2.43, p. 105.
17. Ibid., 1.1.32, p. 101.
18. Mādhavācarya, *Sarvadarśana-saṃgraha*, in Sarma (ed.), *Classical Indian Philosophy*, 2011, p. 7.
19. Ram-Prasad, *Eastern Philosophy*, p. 216.
20. Gautama, *Nayāya sūtra*, 1.2.129, in Sarma (ed.), *Classical Indian Philosophy*, p. 123.
21. Ibid., 1.2.51, 53, 55, p. 107.
22. Nagarjuna, *Vigrahavyāvartanī*, Part 2 (32), in Sarma (ed.), *Classical Indian Philosophy*, p. 45.
23. Gautama, *Nayāya sūtra*, 1.2.118–19, ibid., p. 121.
24. Ram-Prasad, *Eastern Philosophy*, p. 212.
25. *Hitopadeśa*, Introduction. A more literal translation is in Friedrich Max Müller, *The First Book of the Hitopadeśa* (Longman, Green, Longman, Roberts, and Green, 1864), pp. 6–7.

5 世俗理性

1. Stephen Hawking, *A Brief History of Time* (Bantam, 1998), p. 175.
2. Christopher de Bellaigue, *The Islamic Enlightenment* (The Bodley Head, 2017), p. xxxiii.

3. Baruch Spinoza, *Ethics*, Part 1, Axiom 3 and Proposition 8, in *The Ethics and Selected Letters*, trans. Samuel Shirley (Hackett, 1982 [1677]), pp. 32, 34.
4. René Descartes, *Meditations on First Philosophy*, 3rd Meditation, Section 40, trans. John Cottingham (Cambridge University Press, 1986 [1641]), p. 28.
5. David Hume, *An Enquiry Concerning Human Understanding* (1748), Section VII, Part I.
6. *Mozi*, 35, in Philip J. Ivanhoe and Bryan W. Van Norden (eds.), *Readings in Classical Chinese Philosophy*, 2nd edn (Hackett, 2005), p.111.
7. Henri Poincaré, quoted in 'The French University Conflict', *The Nation*, 97 (11 September 1913), p. 231.
8. Seyyed Hossein Nasr, *Islam in the Modern World* (HarperOne, 2012), pp. 191–2.
9. William Jennings Bryan, *Bryan's Last Speech* (Sunlight Publishing Society, 1925).
10. Winston Churchill, speech to the Royal College of Physicians, 10 July 1951.
11. Fritjof Capra, *The Turning Point* (Bantam, 1983), p. 87.
12. Arthur C. Clarke, *Voices from the Sky: Previews of the Coming Space Age* (Pyramid Books, 1967), p. 156.

6 实用主义

1. WIN/Gallup International End of Year Survey 2016, www.wingia.com/web/files/news/370/file/370.pdf.
2. William James, 'Philosophical Conceptions and Practical Results', in Robert B. Talisse and Scott F. Aikin (eds.), *The Pragmatism Reader: From Peirce through the Present* (Princeton University Press, 2011), p. 76.
3. Charles Sanders Peirce, *The Collected Papers of Charles Sanders Peirce: Volumes V and VI*, ed. Charles Hartshorne and Paul Weiss (Harvard University Press, 1931–58), p. 293.
4. John Dewey, 'The Need for a Recovery of Philosophy', in Talisse and Aikin (eds.), *The Pragmatism Reader*, p. 129.
5. Ibid., p. 132.
6. William James, 'Pragmatism's Conception of Truth', in Talisse and Aikin (eds.), *The Pragmatism Reader*, p. 80.
7. Charles Sanders Peirce, 'How to Make Our Ideas Clear', ibid., pp. 55–6.
8. James, 'Philosophical Conceptions and Practical Results', ibid., p. 66.
9. John Dewey, 'The Influence of Darwinism on Philosophy', ibid., p. 148.

10. James, 'Philosophical Conceptions and Practical Results', ibid., p. 78.
11. Peirce, 'How to Make Our Ideas Clear', ibid., p. 61.
12. Dewey, 'The Need for a Recovery of Philosophy', ibid., p. 138.
13. Charles Sanders Peirce, 'Some Consequences of Four Incapacities', ibid., p. 12.
14. Dewey, 'The Influence of Darwinism on Philosophy', ibid., p. 148.
15. Robert E. Carter, *The Kyoto School: An Introduction* (SUNY Press, 2013), pp. 18–19.
16. Dewey, 'The Need for a Recovery of Philosophy', in Talisse and Aikin (eds.), *The Pragmatism Reader* (Princeton University Press, 2011), p. 132.
17. Peirce, 'How to Make Our Ideas Clear', ibid., p. 63.
18. Peirce, 'Some Consequences of Four Incapacities', ibid., p. 13.
19. Richard Rorty, 'Solidarity or Objectivity?', ibid., p. 369.
20. James, 'Pragmatism's Conception of Truth', ibid., p. 87.
21. Rorty, 'Solidarity or Objectivity?', ibid., p. 370.
22. Peirce, 'How to Make Our Ideas Clear', ibid., p. 65.
23. Rorty, 'Solidarity or Objectivity?', ibid., p. 370.
24. James, 'Pragmatism's Conception of Truth', ibid., p. 81.
25. Dewey, 'The Need for a Recovery of Philosophy', ibid., p. 136.
26. James, 'Pragmatism's Conception of Truth', ibid., p. 80.
27. Peirce, 'Some Consequences of Four Incapacities', ibid., p. 13.
28. Carlin Romano, *America the Philosophical* (Vintage, 2013), p. 65.
29. James, 'Philosophical Conceptions and Practical Results', Talisse and Aikin (eds.), *The Pragmatism Reader*, p. 74.
30. William James, 'Will to Believe', ibid., pp. 104–5.
31. Rorty, 'Solidarity or Objectivity?', ibid., p. 373.

7 传　统

1. Charles A. Moore, 'Introduction: The Humanistic Chinese Mind', in Charles A. Moore (ed.), *The Chinese Mind* (University of Hawai'i Press, 1967), p. 3.
2. *Analects*, VII.ii, in James Legge, *The Chinese Classics*, Vol. 1 (Clarendon Press, 1893), p. 195.
3. Chan Wing-Tsit, 'Syntheses in Chinese Metaphysics', in Moore (ed.), *The Chinese Mind*, p. 144.
4. Chan Wing-Tsit, 'Chinese Theory and Practice, with Special Reference to Humanism', ibid., p. 12.
5. John C. H. Wu, 'Chinese Legal and Political Philosophy', ibid., p. 233.
6. Shimomura Toratarō, 'The Logic of Absolute Nothingness', in James

W. Heisig, Thomas P. Kasulis and John C. Maraldo (eds.), *Japanese Philosophy: A Sourcebook* (University of Hawai'i Press, 2011), p. 734.
7. Both cited in Mogobe B. Ramose, 'The Struggle for Reason in Africa', in P. H. Coetzee and A. P. J. Roux (eds.), *The African Philosophy Reader*, 2nd edn (Routledge, 2003), pp. 13–14. See also Walter J. Ong, *Orality and Literacy* (Routledge, 1982).
8. Ibid., p. 6.
9. Moya Deacon, 'The Status of Father Tempels and Ethnophilosophy in the Discourse of African Philosophy', in Coetzee and Roux (eds.), *The African Philosophy Reader*, p. 98.
10. Placide Tempels, *Bantu Philosophy* (Presence Africaine, 1959), p. 36.
11. Quoted in Deacon, 'The Status of Father Tempels and Ethnophilosophy in the Discourse of African Philosophy', in Coetzee and Roux (eds.), *The African Philosophy Reader*, p. 108.
12. H. Odera Oruka, *Sage Philosophy: Indigenous Thinkers and Modern Debate on African Philosophy* (African Center for Technological Studies, 1991), p. 150.

8 结 语

1. *Cūḷa -Māluṅkya Sutta*, MN 63, quoted in Rupert Gethin, *Sayings of the Buddha: New Translations from the Pali Nikayas* (Oxford World's Classics, 2008), p. 172.
2. Chenyang Li, *The Confucian Philosophy of Harmony* (Routledge, 2014), pp. 20–21.
3. Robin R. Wang, *Yinyang: The Way of Heaven and Earth in Chinese Thought and Culture* (Cambridge University Press, 2012), pp. 120, 123.
4. Ibid., p. 125.
5. Owen Flanagan, *The Geography of Morals* (Oxford University Press, 2017), p. 12.
6. Edward Slingerland, *Trying Not to Try* (Canongate, 2014), p. 214.
7. Chakravarthi Ram-Prasad, *Eastern Philosophy* (Weidenfeld & Nicolson, 2005), p. 145.
8. Ibid., p. 153.
9. Charles A. Moore, 'Introduction: The Comprehensive Indian Mind', in Charles A. Moore (ed.), *The Indian Mind* (University of Hawai'i Press, 1967), p. 1.
10. Chakravarthi Ram-Prasad, *Eastern Philosophy* (Weidenfeld & Nicolson, 2005), p. 179.

9 时 间

1. Book of Revelation 22:13 (King James Version).
2. Sarvepalli Radhakrishnan and Charles A. Moore (eds.), *A Sourcebook in Indian Philosophy* (Princeton University Press, 1957), p. 354.
3. *Ṛg Veda*, I.185, ibid., p. 11.
4. *Zhuangzi*, 18, in Philip J. Ivanhoe and Bryan W. Van Norden (eds.), *Readings in Classical Chinese Philosophy*, 2nd edn (Hackett, 2005), p. 247.
5. James Legge, *The Chinese Classics*, Vol. 1 (Clarendon Press, 1893), p. 95.
6. *Mencius*, Book 4, Part 1, Chapter 1.2, in Legge, *The Chinese Classics*, Vol. 2 (Clarendon Press, 1895), p. 289.
7. Ibid., Book 7, Part 2, Chapter 37.13, p. 501.
8. Seyyed Hossein Nasr, *Islam in the Modern World* (HarperOne, 2012), p. 120.
9. See David Maybury-Lewis, *Millennium* (Viking, 1992).
10. Stephen Muecke, *Ancient & Modern: Time, Culture and Indigenous Philosophy* (UNSW Press, 2004), p. 2, and see p. 15.
11. Ibid., p. 118.
12. Ibid., p. 174.
13. Ibid., p. 172.
14. Ibid., p. 63.
15. Ibid., p. 104.
16. David Goodhart, *The Road to Somewhere* (C. Hurst & Co., 2017), p. 36.
17. Kwame Anthony Appiah, *In My Father's House: Africa in the Philosophy of Culture* (Oxford University Press, 1993), p. 58.
18. Jay L. Garfield and Bryan W. Van Norden, 'If Philosophy Won't Diversify, Let's Call It What It Really Is', *The Stone*, 11 May 2016, www.nytimes.com/2016/05/11/opinion/if-philosophy-wont-diversify-lets-call-it-what-it-really-is.html.
19. A point made by Thomas P. Kasulis, *Intimacy or Integrity: Philosophy and Cultural Difference* (University of Hawai'i Press, 2002), pp. 7, 16.
20. Cited in Appiah, *In My Father's House*, p. 58.
21. Gandhi, *Young India,* 1 June 1921, p. 170.
22. Anthony Kenny, *The Enlightenment: A Very Brief History* (SPCK Publishing, 2017), pp. 125–6.
23. John Gray, *Gray's Anatomy* (Allen Lane, 2009), pp. 298–9.
24. Jonathan Israel, *A Revolution of the Mind* (Princeton University Press, 2010), p. 3.
25. In the introduction to the 1874 edition of *The Gilded Age: A Tale of Today*, which he co-wrote with his neighbour Charles Dudley Warner.

10 业 力

1. Sue Hamilton, *Indian Philosophy: A Very Short Introduction* (Oxford University Press, 2001), p. 11.
2. Ibid., p. 12.
3. Deepak Sarma (ed.), *Classical Indian Philosophy: A Reader* (Columbia University Press, 2011), p. 51.
4. *Dhammapada*, I.1, in Sarvepalli Radhakrishnan and Charles A. Moore (eds.), *A Sourcebook in Indian Philosophy* (Princeton University Press, 1957), p. 292.
5. *The Laws of Manu*, XII.9, ibid., p. 173.
6. Galatians 6:7 (King James Version).
7. *Mozi*, 26, in Philip J. Ivanhoe and Bryan W. Van Norden (eds.), *Readings in Classical Chinese Philosophy*, 2nd edn (Hackett, 2005), p. 92.
8. S. K. Saksena, 'Relation of Philosophical Theories to the Practical Affairs of Men', in Charles A. Moore (ed.), *The Indian Mind* (University of Hawai'i Press, 1967), p. 38.
9. *The Laws of Manu*, X.1–4, in Radhakrishnan and Moore (eds.), *A Sourcebook in Indian Philosophy*, p. 176.
10. Ibid., VIII, p. 177.
11. *The Laws of Manu*, II.168, www.sacred-texts.com/hin/manu/manu02.htm.
12. Ibid., X.65, www.sacred-texts.com/hin/manu/manu10.htm.
13. Analabha Basu, Neeta Sarkar-Roy and Partha P. Majumder, 'Genomic Reconstruction of the History of Extant Populations of India Reveals Five Distinct Ancestral Components and a Complex Structure', *Proceedings of the National Academy of Sciences*, 113:6 (9 February 2016), pp. 1594–9, reported in Subodh Varma and Sharon Fernandes, '70 Generations Ago, Caste Stopped People Inter-mixing', *Times of India*, 5 February 2016.
14. See Somini Sengupta, *The End of Karma: Hope and Fury Among India's Young* (Norton, 2016).

11 空

1. 'Enduring Power', *The Economist*, 11 March 2017, p. 88.
2. Robert E. Carter, *The Kyoto School: An Introduction* (SUNY Press, 2013), p. 47.
3. Dōgen, 'Temporality', in James W. Heisig, Thomas P. Kasulis and John C. Maraldo (eds.), *Japanese Philosophy: A Sourcebook* (University of Hawai'i Press, 2011), p. 149.

4. Takuan Sōhō, 'Undisturbed Wisdom', ibid., p. 180.
5. *Chāndogya Upaniṣad,* IV.x.4–5, in Sarvepalli Radhakrishnan and Charles A. Moore (eds.), *A Sourcebook in Indian Philosophy* (Princeton University Press, 1957), p. 66.
6. Sue Hamilton, *Indian Philosophy: A Very Short Introduction* (Oxford University Press, 2001), pp. 73, 76.
7. S. K. Saksena, 'Philosophical Theories and the Affairs of Men', in Charles A. Moore (ed.), *The Indian Mind* (University of Hawai'i Press, 1967), p. 129.
8. David Ross Komito, *Nāgārjuna's Seventy Stanzas* (Snow Lion Publications, 1987), Stanza 3, p. 79.
9. Ibid., Stanza 35, p. 88.
10. Ibid., p. 148.
11. Ibid., Stanza 29, p. 86.
12. Ibid., Stanza 50, p. 91.
13. Nāgārjuna, *Vigrahavyāvartanī*, Part 2 (22), in Deepak Sarma (ed.), *Classical Indian Philosophy: A Reader* (Columbia University Press, 2011), p. 44.
14. *Anguttara-nikāya,* III.134, in Radhakrishnan and Moore (eds.), *A Sourcebook in Indian Philosophy* (Princeton University Press, 1957), p. 273.
15. Komito, *Nāgārjuna's Seventy Stanzas,* Stanza 73, p. 95.
16. Thanks to Wen Haiming for drawing my attention to this.
17. D. T. Suzuki, 'The Buddhist Conception of Reality', *Eastern Buddhist,* VII:7 (1974), pp. 1–21, reprinted in Frederick Franck (ed.), *The Buddha Eye: An Anthology of the Kyoto School and Its Contemporaries* (World Wisdom, 2004), p. 98.
18. Ibid., p. 86.
19. Matsuo Bashō, *Narrow Road to the Interior,* trans. Sam Hamill (Shambhala, 1991), pp. 35–6.
20. Carter, *The Kyoto School: An Introduction,* p. 130.

12 自然主义

1. Joel Kupperman, *Learning from Asian Philosophy* (Oxford University Press, 1999), p. 61.
2. Charles A. Moore, 'Introduction: The Humanistic Chinese Mind', in Charles A. Moore (ed.), *The Chinese Mind* (University of Hawai'i Press, 1967), p. 1.
3. *Mencius,* Book 4, Part 2, Chapter 26.1, in James Legge, *The Chinese*

Classics, Vol. 2 (Clarendon Press, 1895), p. 331.
4. Yao Xinzhong's insights inform a lot of this section.
5. Philip J. Ivanhoe and Bryan W. Van Norden (eds.), *Readings in Classical Chinese Philosophy*, 2nd edn (Hackett, 2005), p. 392.
6. *The Doctrine of the Mean*, 14.4, in Legge, *The Chinese Classics*, Vol. 1 (Clarendon Press, 1893), p. 396.
7. *Xunzi*, 17, in Ivanhoe and Van Norden (eds.), *Readings in Classical Chinese Philosophy*, p. 272.
8. Chan Wing-Tsit, 'Chinese Theory and Practice, with Special Reference to Humanism', in Moore (ed.), *The Chinese Mind*, p. 20.
9. Y. P. Mei, 'The Status of the Individual in Chinese Ethics', ibid., p. 325.
10. Legge, *The Chinese Classics*, Vol. 1, p. 97.
11. *Analects*, 5.13, in Ivanhoe and Van Norden (eds.), *Readings in Classical Chinese Philosophy*, p. 15.
12. *Analects*, XI.xi, in Legge, *The Chinese Classics*, Vol. 1, pp. 240–41.
13. *Xunzi*, 9, in Ivanhoe and Norden (eds.), *Readings in Classical Chinese Philosophy*, pp. 270–71.
14. *Xunzi*, 8, ibid., p. 267.
15. Ibid., 17, p. 273.
16. Stephen C. Angle and Justin Tiwald, *Neo-Confucianism: A Philosophical Introduction* (Polity, 2017), p. 71.
17. Chakravarthi Ram-Prasad, *Eastern Philosophy* (Weidenfeld & Nicolson, 2005), p. 72.
18. Ibid., pp. 13, 15, 16.
19. *Zhuangzi*, 6, in Ivanhoe and Van Norden (eds.), *Readings in Classical Chinese Philosophy*, p. 236.
20. Robin R. Wang, *Yinyang: The Way of Heaven and Earth in Chinese Thought and Culture* (Cambridge University Press, 2012), p. 59.
21. *Zhuangzi*, 3, in Ivanhoe and Van Norden (eds.), *Readings in Classical Chinese Philosophy*, p. 225.
22. Ibid., p. 228.
23. Ibid., 2, p. 224.
24. Ibid., p. 223.
25. Thomas P. Kasulis, *Shinto: The Way Home* (University of Hawai'i Press, 2004), p. 43.
26. Stephen Muecke, *Ancient & Modern: Time, Culture and Indigenous Philosophy* (UNSW Press, 2004), p. 49.
27. Kasulis, *Shinto*, p. 54.
28. Ibid., p. 43.

29. Lebisa J. Teffo and Abraham P. J. Roux, 'Themes in African Metaphysics', in P. H. Coetzee and A. P. J. Roux (eds.), *The African Philosophy Reader*, 2nd edn (Routledge, 2003), p. 168.
30. See 'Realistic Monism: Why Physicalism Entails Panpsychism', in Galen Strawson, *Real Materialism and Other Essays* (Oxford University Press, 2008).
31. Mādhavācarya, *Sarvadarśana-saṃgraha*, in Deepak Sarma (ed.), *Classical Indian Philosophy: A Reader* (Columbia University Press, 2011), pp. 5–6.

13 一体性

1. Robert Irwin, *The Alhambra* (Profile, 2005), p. 20.
2. Seyyed Hossein Nasr, *Islam in the Modern World* (HarperOne, 2012), p. 246.
3. Ibid., p. 217.
4. Irwin, *The Alhambra*, p. 88.
5. Nasr, *Islam in the Modern World*, p. 213.
6. Irwin, *The Alhambra*, p. 114.
7. Ibid., p. 99.
8. John Renard (ed.), *Islamic Theological Themes: A Primary Source Reader* (University of California Press, 2014), p. 135. See also p. 4.
9. Nasr, *Islam in the Modern World*, p. 167.
10. *Īśā Upaniṣad*, 1.4–5, in Sarvepalli Radhakrishnan and Charles A. Moore (eds.), *A Sourcebook in Indian Philosophy* (Princeton University Press, 1957), p. 40.
11. *Chāndogya Upaniṣad*, VI.ix.4, ibid., p. 69.
12. *Bṛhadāraṇyaka Upaniṣad*, IV.v.15, ibid., pp. 88–9.
13. Ibid., II.iv.14, p. 82.
14. Sue Hamilton, *Indian Philosophy: A Very Short Introduction* (Oxford University Press, 2001), pp. 64–5, and Dhirendra Mohan Datta, 'Indian Political, Legal, and Economic Thought', in Charles A. Moore (ed.), *The Indian Mind* (University of Hawai'i Press, 1967), p. 286.
15. *Zhuangzi*, 2, in Philip J. Ivanhoe and Bryan W. Van Norden (eds.), *Readings in Classical Chinese Philosophy*, 2nd edn (Hackett, 2005), p. 218.
16. *Analects*, 4.15, ibid., p. 12. See also 15.3, p. 44.
17. *Analects*, VII.viii, in James Legge, *The Chinese Classics*, Vol. 1 (Clarendon Press, 1893), p. 197.
18. 'Al-Ghazālī, Ash'ari Creed', in Renard (ed.), *Islamic Theological Themes*, p. 109.

19. Jon McGinnis and David C. Reisman (eds.), *Classical Arabic Philosophy: An Anthology of Sources* (Hackett, 2007), pp. xxvi–xxvii.
20. Peter Adamson, *Philosophy in the Islamic World: A Very Short Introduction* (Oxford University Press, 2015), p. 6.
21. Ibid., p. 47.
22. Ibid., p. 58.
23. 'Al-Ghazālī, Ash'ari Creed', in Renard (ed.), *Islamic Theological Themes*, p. 112.
24. Nasr, *Islam in the Modern World*, p. 130.
25. Ibid., p. 4.
26. Ibid., p. 38.
27. Tariq Ramadan, *Islam: The Essentials* (Penguin Random House, 2017), p. 61.
28. Ibn Rushd, *The Decisive Treatise*, Chapter 2, in McGinnis and Reisman (eds.), *Classical Arabic Philosophy*, p. 313.
29. Ibid.
30. Letter of the Pontifical Biblical Commission to the Archbishop of Paris, 1948.
31. Nasr, *Islam in the Modern World*, p. 200.
32. Ibid., p. 265.
33. Qur'ān 49:12, trans. M. A. S. Abdel Haleem (Oxford University Press, 2010), p. 339.
34. *Al-Mustadrak 'ala as-Saheehain*, 8198.
35. Nasr, *Islam in the Modern World*, pp. 152, 155.
36. Ibid., p. 183.
37. Ibid., pp. 141–2.
38. Al-Ghazālī, 'Concerning That on Which True Demonstration Is Based', in McGinnis and Reisman (eds.), *Classical Arabic Philosophy*, p. 239.
39. Nasr, *Islam in the Modern World*, p. 6.
40. Ibid., pp. 177–8.
41. Ibid., p. 72.
42. Ramadan, *Islam*, p. 225.
43. An-Nawawi, *Forty Hadith*, Hadith 4, quoted in Renard (ed.), *Islamic Theological Themes*, p. 14.
44. *Sahih Muslim Book of Destiny*, Vol. 6, Book 33, Hadith 6392, https://muflihun.com/muslim/33/6392.
45. Qur'ān 13:27, trans. Haleem, p. 155.
46. Ibid., 61:5, p. 370.
47. Ibid., 14:27, p. 160.
48. B. K. Paul and M. Nadiruzzaman, 'Religious Interpretations for the Causes of the 2004 Indian Ocean Tsunami', *Asian Profile*, 41:1 (2013),

pp. 67–77.
49. Qur'ān 7:96–9, as translated on Islam21C.com.
50. Shaikh Haitham Al-Haddad, 'Reasons behind the Japanese Tsunami', 15 March 2011, www.islam21c.com/islamic- thought/2387-reasons-behind-the-japanese-tsunami/.
51. Sanā'ī, 'On the Intimate/Experiential Knowledge [of God, ma'rifat]', in Renard (ed.), *Islamic Theological Themes*, p. 273.
52. Adamson, *Philosophy in the Islamic World*, p. 42.
53. Ibid., p. 89.
54. Ibid., p. 91.
55. Nasr, *Islam in the Modern World*, p. 140.
56. Ramadan, *Islam*, p. 196.
57. See Christopher de Bellaigue, *The Islamic Enlightenment* (The Bodley Head, 2017).
58. Ramadan, *Islam*, pp. 90, 253.

14 还原论

1. Thomas P. Kasulis, *Intimacy or Integrity: Philosophy and Cultural Difference* (University of Hawai'i Press, 2002), p. 95.
2. The Encyclopedia of Diderot & d'Alembert: Collaborative Translation Project, hosted by Michigan Publishing, https://quod.lib.umich.edu/d/did/, d'Alembert, 'Preliminary Discourse', https://goo.gl/nTPjgv.
3. Harry G. Frankfurt, 'On Bullshit', in his *The Importance of What We Care About: Philosophical Essays* (Cambridge University Press, 1998), p. 117.
4. This is in Chapter IV of *An Introduction to the Principles of Morals and Legislation* (1781), called 'Value of a Lot of Pleasure or Pain, How to be Measured'.
5. See, for example, E. H. Rosch, 'Natural Categories', *Cognitive Psychology*, 4:3 (1973), pp. 328–50.
6. Janet Radcliffe Richards, *Human Nature after Darwin* (Routledge, 2000), p. 179.
7. Ibid., p. 180.

15 结 论

1. Talk at Google European Zeitgeist conference, www.youtube.com/watch?v=r4TO1iLZmcw.
2. Karl Popper, 'Replies to My Critics', in Paul Arthur Schilpp (ed.), *The

Philosophy of Rudolf Carnap (Open Court, 1963), p. 980.
3. Immanuel Kant, *Prolegomena to Any Future Metaphysics*, 4:367, trans. Gary Hatfield (Cambridge University Press, 2004), p. 118.

16 无 我

1. *Chāndogya Upaniṣad*, III.xiv.2, 4, in Sarvepalli Radhakrishnan and Charles A. Moore (eds.), *A Sourcebook in Indian Philosophy* (Princeton University Press, 1957), p. 65.
2. L. N. Sharma, 'The Indian Quest', Presidential Address at the 90th Session of the Indian Philosophical Congress, Magadh University, Bodh Gaya, 1–4 February 2016.
3. *Padārthadharmasamgraha*, Chapter 5, III.i.19, III.ii.1, in Radhakrishnan and Moore (eds.), *A Sourcebook in Indian Philosophy*, pp. 405, 406.
4. Deepak Sarma (ed.), *Classical Indian Philosophy: A Reader* (Columbia University Press, 2011), p. 141.
5. *Sāṃkhya-Kārikā*, LXIV, in Radhakrishnan and Moore (eds.), *A Sourcebook in Indian Philosophy*, p. 444.
6. Gautama, *Nayāya sūtra*, 1.1.19, in Sarma (ed.), *Classical Indian Philosophy*, p. 100.
7. Sarma (ed.), *Classical Indian Philosophy*, pp. 179–80.
8. Patañjali, *Yoga Sūtras*, I.51, in Sarma (ed.), *Classical Indian Philosophy*, p. 184.
9. John Locke, *An Essay Concerning Human Understanding* (1689), Book II, Chapter XXVII, Para. 9.
10. Chakravarthi Ram-Prasad, *Eastern Philosophy* (Weidenfeld & Nicolson, 2005), pp. 57–8.
11. Ibid., p. 133.
12. Sarma (ed.), *Classical Indian Philosophy*, p. 21.
13. *Milindapañha*, 251, in Radhakrishnan and Moore (eds.), *A Sourcebook in Indian Philosophy*, p. 284.
14. *Dhammapada*, Verse 80, ibid., p. 298.
15. *Visuddhi-magga*, XVI, ibid., p. 289.
16. *Dhammapada*, Verses 15–16, ibid., p. 293.
17. http://info-buddhism.com/13th_Dalai_Lama_Tubten_Gyatso_Tsering_Shakya.html.
18. Ram-Prasad, *Eastern Philosophy*, pp. 84–5.
19. See Chenyang Li, *The Confucian Philosophy of Harmony* (Routledge, 2014), p. 18.

20. Maulana Jalalu-'d-din Muḥammad Rumi, *The Masnavi I Ma'navi,* abridged and trans. E. H. Whinfield (1898), Book V, Story III, 'The Sage and the Peacock', www.sacred-texts.com/isl/masnavi/.
21. Alison Gopnik, 'How an 18th-Century Philosopher Helped Solve My Midlife Crisis', *The Atlantic,* October 2015.
22. John Locke, *An Essay Concerning Human Understanding* (1689), Book II, Chapter XXVII, Para. 13.
23. David Hume, *A Treatise of Human Nature* (1739), Book I, Part IV, Section VI.
24. See, for example, Todd E. Feinberg, *Altered Egos: How the Brain Creates the Self* (Oxford University Press, 2001), and *From Axons to Identity: Neurological Explorations of the Nature of the Self* (W. W. Norton, 2009).
25. See Bruce Hood, *The Self Illusion* (Oxford University Press, 2012), and Thomas Metzinger, *The Ego Tunnel* (Basic Books, 2009).
26. YouGov survey https://goo.gl/yKiuJh.

17 关系性自我

1. Robert E. Carter, *The Kyoto School: An Introduction* (SUNY Press, 2013), p. 139.
2. Thomas P. Kasulis, *Zen Action, Zen Person* (University of Hawai'i Press, 1986), p. 7.
3. Ibid., p. 8.
4. Carter, *The Kyoto School,* p. 141.
5. Ibid., p. 147.
6. Ibid., p. 149.
7. Ibid., pp. 130–31.
8. Kuki Shuzō, 'Regarding the Japanese Character', unpublished translation by Leah Kalmanson.
9. Carter, *The Kyoto School,* p. 51.
10. Ibid., pp. 121–2.
11. Ibid., pp. 130–31.
12. Takeuchi Yoshinori, 'The Philosophy of Nishida', *Japanese Religions,* III:4 (1963), pp. 1–32, reprinted in Frederick Franck (ed.), *The Buddha Eye: An Anthology of the Kyoto School and Its Contemporaries* (World Wisdom, 2004), p. 193.
13. Nishitani Keiji, 'Nihility and Nothingness', in James W. Heisig, Thomas P. Kasulis and John C. Maraldo (eds.), *Japanese Philosophy: A Sourcebook* (University of Hawai'i Press, 2011), p. 725.

14. See Chan Wing-Tsit, 'Chinese Theory and Practice, with Special Reference to Humanism', in Charles A. Moore (ed.), *The Chinese Mind* (University of Hawai'i Press, 1967), p. 59.
15. Hsieh Yu-Wei, 'The Status of the Individual in Chinese Ethics', ibid., p. 318.
16. Confucius, *The Great Learning*, Verse 6, trans. Y. P. Mei, in William T. de Bary (ed.), Sources of Chinese Tradition (Columbia University Press, 1960), p. 129.
17. Quotes from Chico Harlan, 'After Ferry Disaster, a Katrina-like Reckoning in South Korea', *Washington Post*, 27 April 2014.
18. Stephen Muecke, *Ancient & Modern: Time, Culture and Indigenous Philosophy* (UNSW Press, 2004), p. 98.
19. Ibid., p. 70.
20. 'Māori Resistance Results in Te Urewera Gaining Legal Personality', Environmental Justice Atlas, https://goo.gl/V51Pm4.
21. See Lebisa J. Teffo and Abraham P. J. Roux, 'Themes in African Metaphysics', in P. H. Coetzee and A. P. J. Roux (eds.), *The African Philosophy Reader*, 2nd edn (Routledge, 2003), p. 171.
22. Segun Gbadegesin, 'The Yoruba Concept of a Person', ibid., p. 191.
23. Kwame Gyeke, 'Person and Community in African Thought', ibid., p. 300.
24. Michael Onyebuchi Eze, *Intellectual History in Contemporary South Africa* (Palgrave Macmillan, 2010), pp. 190–91.
25. This point is stressed in several contributions to Coetzee and Roux (eds.), *The African Philosophy Reader*. See, for example, Mogobe B. Ramose, 'Globalisation and *Ubuntu*', p. 643.
26. See Kwasi Wiredu, 'The Moral Foundations of an African Culture', ibid., p. 295.

18 原子化的自我

1. Plato, *Phaedo*, 79c–84a, in *The Last Days of Socrates*, trans. Hugh Tredennick (Penguin, 1959), pp. 132–7.
2. René Descartes, *Meditations on First Philosophy*, 6th Meditation, Sections 78 and 85, trans. John Cottingham (Cambridge University Press, 1986 [1641]), pp. 54, 59.
3. David Hume, *A Treatise of Human Nature* (1739), Book I, Part IV, Section VI.
4. See Anthony Giddens, *The Third Way: The Renewal of Social Democracy* (Polity, 1998), p. 65.
5. Jean-Paul Sartre, 'Existentialism and Humanism', in Stephen Priest (ed.),

Jean-Paul Sartre: Basic Writings, (Routledge, 2001 [1945]), p. 24.
6. See Julian Baggini, 'Our Common Creed: The Myth of Self-Authorship', Theos, 31 January 2017, http://www.theosthinktank.co.uk/comment/2017/01/31/common-creed-the-myth-of-self-authorship.
7. Owen Flanagan, *The Geography of Morals* (Oxford University Press, 2017), pp. 230–31.
8. P. Cross, 'Not Can but Will College Teaching Be Improved?', *New Directions for Higher Education,* 17 (1977), pp. 1–15.
9. Aristotle, *Nicomachean Ethics,* 1169b11–35, trans. J. A. K. Thomson (Penguin, 1996), p. 304.
10. Ibid., 1094a22–b12, p. 64.
11. Leif Wenar, *Blood Oil* (Oxford University Press, 2016), p. 221.

19 结　论

1. Thomas P. Kasulis, *Intimacy or Integrity: Philosophy and Cultural Difference* (University of Hawai'i Press, 2002), p. 99.
2. Ibid., p. 37.
3. Ibid., p. 38.
4. Ibid., pp. 97–8.
5. Ibid., pp. 103–4.
6. Ibid., p. 4.
7. Ibid., p. 57.
8. Ibid., p. 35.
9. Ibid., p. 50.
10. Ludi Simpson and Nissa Finney, 'How Mobile Are Immigrants, After Arriving in the UK?', in *Understanding Society: Findings 2012,* p. 19, www.understandingsociety.ac.uk/research/publications/findings/2012: cited in David Goodhart, *The Road to Somewhere* (C. Hurst & Co., 2017), p. 38.

第四部分　世界是如何生活的？

1. Adrian Wooldridge, 'The Service Economy', *1843*, October/November 2016.

20 和　谐

1. Anthony White, *The Forbidden City* (Great Wall Publishing, 2002), p. 2.

2. Chenyang Li, *The Confucian Philosophy of Harmony* (Routledge, 2014), p. 1.
3. John C. H. Wu, 'Chinese Legal and Political Philosophy', in Charles A. Moore (ed.), *The Chinese Mind* (University of Hawai'i Press, 1967), p. 226.
4. *Mencius*, Book 3, Part 1, Chapter 4.8, in James Legge, *The Chinese Classics*, Vol. 2 (Clarendon Press, 1895), p. 252.
5. James Legge, *The Chinese Classics*, Vol. 1 (Clarendon Press, 1893), p. 102.
6. Li, *The Confucian Philosophy of Harmony*, p. 12.
7. Ibid., p. 25.
8. Ibid., p. 22.
9. Ibid., p. 1.
10. Ibid., p. 8.
11. Ibid., p. 37.
12. Philip J. Ivanhoe and Bryan W. Van Norden (eds.), *Readings in Classical Chinese Philosophy*, 2nd edn (Hackett, 2005), p. 60.
13. Li, *The Confucian Philosophy of Harmony*, p. 1.
14. Ibid., pp. 29–30.
15. See Dhirendra Mohan Datta, 'Indian Political, Legal, and Economic Thought', in Charles A. Moore (ed.), *The Indian Mind* (University of Hawai'i Press, 1967), p. 286.
16. Li, *The Confucian Philosophy of Harmony*, p. 27.
17. Aristotle, *Nicomachean Ethics*, 1155a24–b8, trans. J. A. K. Thomson (Penguin, 1996), p. 259.
18. Li, *The Confucian Philosophy of Harmony*, p. 27.
19. Lin Yutang, 'The Chinese People', *The China Critic*, IV:15 (9 April 1931), pp. 343–7.
20. Aristotle, *Nicomachean Ethics,* 1163b7–28, p. 285.
21. Li, *The Confucian Philosophy of Harmony,* p. 106.
22. Chakravarthi Ram-Prasad, *Eastern Philosophy* (Weidenfeld & Nicolson, 2005), p. 102.
23. Li, *The Confucian Philosophy of Harmony,* p. 107.
24. Hsieh Yu-Wei, 'The Status of the Individual in Chinese Ethics', Moore (ed.), *The Chinese Mind*, p. 185.
25. *Mencius*, Book 1, Part 1, Chapter 7.24, in Legge, *The Chinese Classics*, Vol. 2, p. 149.
26. Friedrich Nietzsche, *On the Genealogy of Morals,* Third Essay, Section 7, in Friedrich Nietzsche, *On the Genealogy of Morals/Ecce Homo,* trans. Walter Kaufmann (Vintage, 1969), p. 107.
27. Plato, *Phaedo*, 117a–118a, in *The Last Days of Socrates*, trans. Hugh Tredennick (Penguin, 1959), p. 183.

28. Li, *The Confucian Philosophy of Harmony,* pp. 101–3.
29. Ibid., p. 109.
30. Ibid., p. 112.
31. *Xunzi,* 19, in Ivanhoe and Van Norden (eds.), *Readings in Classical Chinese Philosophy,* pp. 274–5.
32. Berggruen Institute Worskhop on Hierarchy and Equality, Stanford, California, 11–12 March 2016. See 'In Defence of Hierarchy' by workshop participants Stephen Angle, Kwame Anthony Appiah, Julian Baggini, Daniel Bell, Nicolas Berggruen, Mark Bevir, Joseph Chan, Carlos Fraenkel, Stephen Macedo, Michael Puett, Jiang Qian, Mathias Risse, Carlin Romano, Justin Tiwald and Robin Wang, *Aeon,* 22 March 2017, https://aeon.co/essays/hierarchies-have-a-place-even-in-societies-built-on-equality.
33. Immanuel Kant, *An Answer to the Question: What is Enlightenment?* (Penguin, 2009 [1784]), p. 1.
34. Legge, *The Chinese Classics,* Vol. 1, p. 93.
35. Li, *The Confucian Philosophy of Harmony,* p. 166.
36. *Mencius,* Book 3, Part 2, Chapter 1.5, in Legge, *The Chinese Classics,* Vol. 2, p. 264.
37. Ibid., Book 1, Part 1, Chapter 1.3, p. 126.
38. Charles A. Moore, 'Introduction: The Comprehensive Indian Mind', in Moore (ed.), *The Indian Mind,* p. 3.
39. Bruce B. Janz, 'Philosophy-in-Place and the Provenance of Dialogue', *South African Journal of Philosophy,* 34:4 (2015), pp. 480–90, DOI: 10.1080/02580136.2015.1105507.
40. Li, *The Confucian Philosophy of Harmony,* p. 13.
41. Ibid., p. 157.
42. Ibid., p. 36.
43. Robin R. Wang, *Yinyang: The Way of Heaven and Earth in Chinese Thought and Culture* (Cambridge University Press, 2012), p. 129.
44. *Zhuangzi,* 3, in Ivanhoe and Van Norden (eds.), *Readings in Classical Chinese Philosophy,* p. 234.
45. Ibid., 23, p. 249.
46. Joel Kupperman, *Learning from Asian Philosophy* (Oxford University Press, 1999), pp. 28–9.
47. See Ivanhoe and Van Norden (eds.), *Readings in Classical Chinese Philosophy,* p.162.
48. *Daodejing,* 1.25, ibid., p. 175.
49. Ibid., 1.41, p. 183.

50. Ibid., 1.5, p. 165.
51. Kupperman, *Learning from Asian Philosophy*, p. 63.
52. *Daodejing*, 1.18, in Ivanhoe and Van Norden (eds.), *Readings in Classical Chinese Philosophy*, p. 171.
53. Ibid., 1.5, p. 165.
54. Ibid., 1.19, p. 171.
55. Ibid., 1.42, p. 183.
56. Chan Wing-Tsit, 'Chinese Theory and Practice, with Special Reference to Humanism', in Moore (ed.), *The Chinese Mind*, p. 51.
57. Wang, *Yinyang*, p. 6.
58. Ibid., p. 30.
59. Ibid., p. 49.
60. Ibid., p. 24.
61. Ibid., p. 7.
62. Ibid., pp. 120, 123.
63. Ibid., p. 139.
64. Ibid., p. 137.
65. Ibid., p. 160.
66. Daniel Bell, The China Model (Princeton University Press, 2015), p. 137.
67. Li, *The Confucian Philosophy of Harmony*, pp. 144–5.
68. Ibid., p. 147.
69. *Mencius*, Book 4, Part 1, Chapter 1.3, in Legge, *The Chinese Classics*, Vol. 2, p. 289.
70. *Analects*, 12.13, in Ivanhoe and Van Norden (eds.), *Readings in Classical Chinese Philosophy*, p. 36.
71. Ibid., 2.3, p. 5.
72. *Mencius*, Book 3, Part 1, Chapter 3.18, in Legge, *The Chinese Classics*, Vol. 2, p. 245.
73. *Daodejing*, 1.7, in Ivanhoe and Van Norden (eds.), *Readings in Classical Chinese Philosophy*, p. 166.
74. Ibid., 1.60, p. 192.
75. Ibid., 1.41, p. 183.
76. Li, *The Confucian Philosophy of Harmony*, pp. 120–21.
77. Ibid., p. 124.
78. Ibid., p. 128.
79. Ibid., pp. 132–3.
80. Ibid., pp. 120–21. See also Aristotle, *Nicomachean Ethics,* 1137b, trans. Martin Oswald (The Bobbs-Merrill Company, 1962), p. 142.
81. *Daodejing*, 2.65, in Ivanhoe and Van Norden (eds.), *Readings in Classical*

Chinese Philosophy, p. 195.
82. *Han Feizi*, 50, ibid., p. 357.
83. Ibid., 49, p. 343.
84. Ibid., 5, p. 315.
85. Ibid., 7, p. 327.
86. Ibid., 7, p. 323.
87. Ibid., 50, p. 357.
88. Thaddeus Metz, 'Harmonising Global Ethics in the Future: A Proposal to Add South and East to West', *Journal of Global Ethics,* 1:2 (2014), pp. 146–55, quoting Desmond Tutu, *No Future Without Forgiveness* (Random House, 1999), p. 35.
89. Bell, *The China Model,* pp. 55–6.

21 美　德

1. Aristotle, *Nicomachean Ethics,* 1103a14, trans. J. A. K. Thomson (Penguin, 1996), p. 91.
2. Ibid., 1098a15, p. 76.
3. John Stuart Mill, *Utilitarianism* (1863), Chapter 2.
4. *Mencius*, Book 4, Part 1, Chapter 19.2, in James Legge, *The Chinese Classics*, Vol. 2 (Clarendon University Press, 1895), p. 309.
5. *The Doctrine of the Mean,* 20.7, in James Legge, *The Chinese Classics*, Vol. 1 (Clarendon Press, 1893) p. 406.
6. Ibid., 14.5, p. 396; *Mencius*, Book 2, Part 1, Chapter 7.5, ibid., p. 205.
7. *Xunzi*, 2, in Philip J. Ivanhoe and Bryan W. Van Norden (eds.), *Readings in Classical Chinese Philosophy*, 2nd edn (Hackett, 2005), p. 261.
8. *Mencius*, Book 3, Part 1, Chapter 1.4, in Legge, *The Chinese Classics*, Vol. 2, p. 235.
9. *Analects*, 6.2, in Ivanhoe and Van Norden (eds.), *Readings in Classical Chinese Philosophy*, p. 50.
10. *Mencius*, Book 7, Part 2, Chapter 16, in Legge, *The Chinese Classics*, Vol. 2, p. 485.
11. *Mencius*, Book 1, Part 1, Chapter 7, in Ivanhoe and Van Norden (eds.), *Readings in Classical Chinese Philosophy*, pp. 120–21.
12. *Mencius*, Book 6, Part 1, Chapter 1.2, in Legge, *The Chinese Classics*, Vol. 2, p. 395.
13. *Mencius*, Book 2, Part 1, Chapter 2, in Ivanhoe and Van Norden (eds.), *Readings in Classical Chinese Philosophy*, p. 127.
14. Stephen C. Angle and Justin Tiwald, *Neo-Confucianism: A Philosophical*

  Introduction (Polity, 2017), pp. 50–51, 133.
15. *Xunzi*, 23, in Ivanhoe and Van Norden (eds.), *Readings in Classical Chinese Philosophy*, pp. 298–9.
16. Ibid., 23, p. 303.
17. Aristotle, *Nicomachean Ethics,* 1103a14–b1, trans. Thomson, p. 91.
18. *Xunzi*, 1, in Ivanhoe and Van Norden (eds.), *Readings in Classical Chinese Philosophy*, p. 257.
19. Ibid., 19, p. 281.
20. Owen Flanagan, *The Geography of Morals* (Oxford University Press, 2017), p. 11.
21. *Zhuangzi*, 5, in Ivanhoe and Van Norden (eds.), *Readings in Classical Chinese Philosophy*, p. 234.
22. *Daodejing*, 1.54, ibid., p. 188.
23. *Analects*, 8.2, ibid., p. 24.
24. Chenyang Li, *The Confucian Philosophy of Harmony* (Routledge, 2014), p. 66.
25. Comment by a colleague of BBC News Europe producer Piers Scholfield, reported on his Twitter feed @inglesi, 25 May 2017.
26. Chakravarthi Ram-Prasad, *Eastern Philosophy* (Weidenfeld & Nicolson, 2005), p. 91.
27. *Analects*, 17.2, in Ivanhoe and Van Norden (eds.), *Readings in Classical Chinese Philosophy*, p. 48.
28. *Xunzi*, 19, ibid., p. 275.
29. *Analects*, 17.11, ibid., p. 49.
30. *Mencius*, Book 7, Part 1, Chapter 37.3, in Legge, *The Chinese Classics*, Vol. 2, pp. 471–2.
31. *Xunzi*, 29, in Ivanhoe and Van Norden (eds.), *Readings in Classical Chinese Philosophy*, 2005), p. 307.
32. *Analects*, XXVI, in Legge, *The Chinese Classics*, Vol. 1, p. 148.
33. *The Doctrine of the Mean,* 20.4, ibid., p. 405.
34. *Analects*, 6.18, in Ivanhoe and Van Norden (eds.), *Readings in Classical Chinese Philosophy*, p. 18.
35. Ibid., 19.11, p. 54.
36. Ibid., 15.37, p. 46.
37. Ivanhoe and Van Norden (eds.), *Readings in Classical Chinese Philosophy,* p. 117.
38. *Mencius*, Book 5, Part 1, Chapter 2.1, in Legge, *The Chinese Classics*, Vol. 2, p. 346.
39. Ibid., Book 6, Part 2, Chapter 1.6, p. 423.
40. Ibid., Book 4, Part 1, Chapter 17, in Ivanhoe and Van Norden (eds.), *Readings in Classical Chinese Philosophy*, p. 138

41. *Analects*, 9.3, in Ivanhoe and Van Norden (eds.), *Readings in Classical Chinese Philosophy*, p. 25.
42. *Mencius*, Book 6, Part 2, Chapter 2.5, in Legge, The Chinese Classics, Vol. 2, p. 426.
43. Ibid., Book 4, Part 2, Chapter 11, pp. 321–2.
44. Aristotle, *Nicomachean Ethics,* 1106b9–1107a1, trans. Thomson, p. 101.
45. Ibid., 1094b1–20, p. 65.
46. David Hume, 'The Sceptic' (1742), www.econlib.org/library/LFBooks/Hume/hmMPL18.html.
47. See Aristotle, *Nicomachean Ethics,* 1138b35–1139a16 and b1178b7–29, trans. Thomson, pp. 204, 333.
48. *Xunzi*, 1, in Ivanhoe and Van Norden (eds.), *Readings in Classical Chinese Philosophy*, p. 258.
49. Aristotle, *Nicomachean Ethics,* 1102b15, trans. Thomson, p. 89.
50. Analects, XVII.viii.3, in Legge, *The Chinese Classics*, Vol. 1, p. 322.
51. Ibid., XI.xv, p. 242
52. Aristotle, *Nicomachean Ethics,* 1106a20–b9, trans. Thomson, p. 100.
53. *Analects*, 11.22, in Ivanhoe and Van Norden (eds.), *Readings in Classical Chinese Philosophy*, p. 31.
54. Aristotle, *Nichomachean Ethics,* 1109a25-b15, trans. Thomson, p. 109.
55. *The Doctrine of the Mean*, 1.4, in Legge, *The Chinese Classics,* Vol. 1, p. 384.
56. *Xunzi*, 2, in Ivanhoe and Van Norden (eds.), *Readings in Classical Chinese Philosophy*, p. 263.
57. Ibid., 21, p. 287.
58. *Mencius*, Book 3, Part 2, Chapter 9.9, in Legge, *The Chinese Classics*, Vol. 2, p. 282.
59. Ibid., Book 7, Part 1, Chapter 26.3-4, p. 465.
60. *Daodejing*, 1.73, in Ivanhoe and Van Norden (eds.), *Readings in Classical Chinese Philosophy*, p. 200.
61. Li, *The Confucian Philosophy of Harmony*, pp. 72–3.
62. *Anuśāsanaparva*, 104.155–7, in Sarvepalli Radhakrishnan and Charles A. Moore (eds.), *A Sourcebook in Indian Philosophy* (Princeton University Press, 1957), p. 167.
63. Aristotle, *Nicomachean Ethics,* 1168b32–1169a23, trans. Thomson, p. 302.
64. *Mencius*, Book 6, Part 1, Chapter 10.2–5, in Legge, *The Chinese Classics*, Vol. 1, pp. 411–12.
65. *Analects*, 12.2 and 15.24, in Ivanhoe and Van Norden (eds.), *Readings in Classical Chinese Philosophy*, pp. 34, 45–6.
66. Matthew 7:12 (New International Version).

67. Hemacandra, *Yogaśāstra*, Chapter 2 (20), in Deepak Sarma (ed.), *Classical Indian Philosophy: A Reader* (Columbia University Press, 2011), p. 61.
68. *Mozi*, 16, in Ivanhoe and Van Norden (eds.), *Readings in Classical Chinese Philosophy*, p. 68.
69. Matthew 5:39–40 (King James Version).
70. *Analects*, 14.34, in Ivanhoe and Van Norden (eds.), *Readings in Classical Chinese Philosophy*, p. 43.
71. Ibid., 15.24, p. 46.
72. Ram-Prasad, *Eastern Philosophy*, pp. 116, 119.
73. Thomas P. Kasulis, *Intimacy or Integrity: Philosophy and Cultural Difference* (University of Hawai'i Press, 2002), p. 118.
74. *Analects*, XII.iii, in Legge, *The Chinese Classics*, Vol. 1, p. 252.
75. *Analects*, 12.1, in Ivanhoe and Van Norden (eds.), *Readings in Classical Chinese Philosophy*, p. 34.
76. *Analects*, XIII.xxvii, in Legge, *The Chinese Classics*, Vol. 1, p. 274.
77. Kasulis, *Intimacy or Integrity*, p. 120.
78. Ibid., p. 119.
79. Thomas P. Kasulis, *Zen Action, Zen Person* (University of Hawai'i Press, 1986), p. 96.
80. Bankei Yōtaku, 'The Unborn', in James W. Heisig, Thomas P. Kasulis and John C. Maraldo (eds.), *Japanese Philosophy: A Sourcebook* (University of Hawai'i Press, 2011), p. 199.
81. *Majjhima Nikāya*, 22, https://suttacentral.net/mn.
82. *Dhammapada*, IX.6, in Radhakrishnan and Moore (eds.), *A Sourcebook in Indian Philosophy*, p. 301.

22 道德典范

1. See David Brooks, *The Road to Character* (Random House, 2015).
2. In Daniel Bell, *The China Model* (Princeton University Press, 2015), p. 32, quoting Edwin Lee, *Singapore: The Unexpected Nation* (ISEAS, 2008), p. 547.
3. See Charles E. Moore, 'Introduction: The Humanistic Chinese Mind', in Charles A. Moore (ed.), *The Chinese Mind* (University of Hawai'i Press, 1967), p. 5.
4. Peter Adamson, *Philosophy in the Islamic World: A Very Short Introduction* (Oxford University Press, 2015), p. 2.
5. *Bhagavad Gītā*, 3.21, in Sarvepalli Radhakrishnan and Charles A. Moore

(eds.), *A Sourcebook in Indian Philosophy* (Princeton University Press, 1957), p. 114.
6. *Mahābhārata*, Book 12: Santi Parva, Section 75, www.sacred-texts.com/hin/m12/m12a074.htm.
7. Radhakrishnan and Moore (eds.), *A Sourcebook in Indian Philosophy*, p. 273.
8. Aristotle, *Nicomachean Ethics*, 1172b1–23, trans. J. A. K. Thomson (Penguin, 1996), p. 313.
9. *Daodejing*, 1.22, in Philip J. Ivanhoe and Bryan W. Van Norden (eds.), *Readings in Classical Chinese Philosophy*, 2nd edn (Hackett, 2005), p. 173.
10. *Mencius*, Book 1, Part 1, Chapter 7, ibid., p. 121.
11. *Analects*, XIII.i.1, in James Legge, *The Chinese Classics*, Vol. 1 (Clarendon Press, 1893), p. 262.
12. Chan Wing-Tsit, 'Chinese Theory and Practice, with Special Reference to Humanism', in Moore (ed.), *The Chinese Mind*, p. 17.
13. *Analects*, IX.xiii.2, in Legge, *The Chinese Classics*, Vol. 1, p. 221.
14. Chenyang Li, *The Confucian Philosophy of Harmony* (Routledge, 2014), p. 137.
15. *Mencius*, Book 2, Part 1, Chapter 1.12, in James Legge, *The Chinese Classics*, Vol. 2 (Clarendon Press, 1895), p. 184.
16. *Analects*, 2.1, in Philip J. Ivanhoe and Bryan W. Van Norden (eds.), *Readings in Classical Chinese Philosophy*, 2nd edition (Hackett, 2005), p. 5.
17. Ibid., 2,19, p 7
18. Mahātmā Gandhi, 'Letter to Ramachandra Kahre', 11 February 1932, cited in *Collected Works of Mahatma Gandhi*, Vol. 55. Thanks to Akeel Bilgrami.
19. *Dhammapada*, V.5–6, in Radhakrishnan and Moore (eds.), *A Sourcebook in Indian Philosophy*, p. 297.
20. *Han Feizi*, 49, in Ivanhoe and Van Norden (eds.), *Readings in Classical Chinese Philosophy*, p. 342.
21. Ibid., 8, p. 330.
22. *Mencius*, Book 1. Part 1, Chapter 5.6, in Legge, *The Chinese Classics*, Vol. 2, p. 136.
23. *Han Feizi*, 49, in Ivanhoe and Van Norden (eds.), *Readings in Classical Chinese Philosophy*, p. 345.
24. Ibid., 50, p. 352.
25. *Analects*, XIII.xvi.2, in Legge, *The Chinese Classics*, Vol. 1, p. 269.
26. *Analects*, 4.1, in Ivanhoe and Van Norden (eds.), *Readings in Classical Chinese Philosophy*, p. 10.

27. Ibid., 4.25, p. 13.
28. Aristotle, *Nicomachean Ethics,* 1169b35–1170a24, trans. Thomson, p. 305.
29. *Analects*, XV.vi.2, in Legge, *The Chinese Classics*, Vol. 1, p. 296.
30. *Analects*, 16.4, in Ivanhoe and Van Norden (eds.), *Readings in Classical Chinese Philosophy*, p. 47.
31. *Xunzi*, 1, ibid., p. 259.
32. Aristotle, *Nicomachean Ethics,* 1172a6–15, trans. Thomson, p. 311.
33. *Mencius*, Book 5, Part 2, Chapter 3.1, in Legge, *The Chinese Classics,* Vol. 2, p. 376.
34. Ibid., Book 7, Part 1, Chapter 20.1–4, pp. 458–9.
35. Ibid., Book 2, Part 2, Chapter 13.1, p. 232.
36. *Analects*, XIX.iv, in Legge, *The Chinese Classics*, Vol. 1, p. 217.
37. Ibid., XIV.xxx.1, p. 286.
38. Stephen C. Angle and Justin Tiwald, *Neo-Confucianism: A Philosophical Introduction* (Polity, 2017), p. 96.
39. *Zhuangzi*, 19, in Ivanhoe and Van Norden (eds.), *Readings in Classical Chinese Philosophy*, p. 248.
40. Aristotle, *Nicomachean Ethics,* 1123b35–1125a20, trans. Thomson, pp.155–8.
41. *Mencius*, Book 7, Part 2, Chapter 35, in Legge, *The Chinese Classics*, Vol. 2, p. 497.
42. *Analects*, 4.9, in Ivanhoe and Van Norden (eds.), *Readings in Classical Chinese Philosophy*, p. 11.
43. *The Doctrine of the Mean*, 11.1, in Legge, *The Chinese Classics*, Vol. 1, p. 391.
44. *Analects*, XV.xix, in Legge, *The Chinese Classics*, Vol. 1, p. 300.
45. Aristotle, *Nicomachean Ethics*, 1123b13–35, trans. Thomson, p. 154.
46. *Analects*, 4.5, in Ivanhoe and Van Norden (eds.), *Readings in Classical Chinese Philosophy*, p. 11.
47. *Analects*, VIII.xiii.3, in Legge, *The Chinese Classics*, Vol. 1, p. 212.
48. Aristotle, *Nicomachean Ethics*, 1099a32, trans. Thomson, p. 80.
49. Ibid., 1153b11–35, p. 254.
50. *Mencius*, Book 1, Part 1, Chapter 7, in Ivanhoe and Van Norden (eds.), *Readings in Classical Chinese Philosophy*, p. 122.
51. *Mencius* Book 1, Part 2, Chapter 5.4, in Legge, *The Chinese Classics*, Vol. 2, p. 163.
52. *Analects*, 15.31, in Ivanhoe and Van Norden (eds.), *Readings in Classical Chinese Philosophy*, p. 46.
53. *Analects*, V.xxxv, in Legge, *The Chinese Classics*, Vol. 1, p. 207.

23 精神解脱

1. Chakravarthi Ram-Prasad, *Eastern Philosophy* (Weidenfeld & Nicolson, 2005), p. 132.
2. S. K. Saksena, 'Philosophical Theories and the Affairs of Men', in Charles A. Moore (ed.), *The Indian Mind* (University of Hawai'i Press, 1967), p. 30.
3. *Chāndogya Upaniṣad*, VIII.15, in Sarvepalli Radhakrishnan and Charles A. Moore (eds.), *A Sourcebook in Indian Philosophy* (Princeton University Press, 1957), p. 77.
4. Daya Krishna, *Indian Philosophy: A Counter Perspective* (Oxford University Press, 1996), p. 16.
5. Ibid., p. 6.
6. Ibid., p. 26.
7. Ibid., p. 16.
8. Ibid., p. 48.
9. Ibid., p. 32.
10. Ibid., p. 16.
11. Radhakrishnan and Moore (eds.), *A Sourcebook in Indian Philosophy*, p. xxviii.
12. Gautama, *Nayāya sūtra*, 1.1.2, in Deepak Sarma (ed.), *Classical Indian Philosophy: A Reader* (Columbia University Press, 2011), p. 96.
13. *The Vedānta Sūtras with commentary by Śaṅkarakārya*, XXIV, in Radhakrishnan and Moore (eds.), *A Sourcebook in Indian Philosophy*, pp. 512–13.
14. Ibid., p. 517.
15. Ibid., p. 519.
16. Rāmānujācārya, *Vedārthasaṃgraha*, Section 144, in Sarma (ed.), *Classical Indian Philosophy*, p. 221.
17. Ibid., Sections 4–5, p. 216.
18. Patañjali, *Yoga Sūtras*, III.55, ibid., p. 192.
19. Sue Hamilton, *Indian Philosophy: A Very Short Introduction* (Oxford University Presss, 2001), p. 1.
20. Ram-Prasad, *Eastern Philosophy*, p. 180.
21. Joel Kupperman, *Learning from Asian Philosophy* (Oxford University Press, 1999), p. 124.
22. *Śāntiparva*, 329.13, in Radhakrishnan and Moore (eds.), *A Sourcebook in Indian Philosophy*, p. 166.
23. *Majjhima-nikāya*, II.248–52, ibid., p. 275.

24. *Visuddhi-magga*, XVI, ibid., p. 289.
25. Ram-Prasad, *Eastern Philosophy*, p. 129.
26. Ibid., p. 128.
27. Robert E. Carter, *The Kyoto School: An Introduction* (SUNY Press, 2013), p. 57.
28. Abe Masao, 'God, Emptiness, and the True Self', Eastern Buddhist, II:2 (1969), pp. 15–30, reprinted in Frederick Franck (ed.), *The Buddha Eye: An Anthology of the Kyoto School and Its Contemporaries* (World Wisdom, 2004), p. 59.
29. Karaki Junzō, 'Metaphysical Impermanence', in James W. Heisig, Thomas P. Kasulis and John C. Maraldo (eds.), *Japanese Philosophy: A Sourcebook* (University of Hawai'i Press, 2011), p. 231.
30. Ram-Prasad, *Eastern Philosophy*, p. 130.
31. Saksena, 'Philosophical Theories and the Affairs of Men', in Moore (ed.), *The Indian Mind*, p. 36.
32. *Śāntiparva*, 321.50, in Radhakrishnan and Moore (ds.), *A Sourcebook in Indian Philosophy*, p. 169.
33. Ibid., 174.4, p. 170.
34. Epictetus, *Handbook*, Section 15, in Epictetus, *The Discourses, The Handbook, Fragments,* ed. Christopher Gill (Everyman, 1995), pp. 291–2.
35. Ram-Prasad, *Eastern Philosophy*, p. 112.
36. *Śāntiparva*, 329.29, 32, in Radhakrishnan and Moore (eds.), *A Sourcebook in Indian Philosophy*, p. 167.
37. *The Laws of Manu*, IV.239, ibid., p. 174.
38. *Bhagavad Gītā*, 2.62–4, ibid., p. 111.
39. Hemacandra, *Yogaśāstra*, Chapter 2 (93), in Sarma (ed.), *Classical Indian Philosophy*, p. 67.
40. *Dhammapada*, VII.4–5, in Radhakrishnan and Moore (eds.), *A Sourcebook in Indian Philosophy*, p. 305.
41. Ibid., XIII.1, p. 29.
42. www.hermitary.com/solitude/rhinoceros.html.
43. *Dhammapāda*, 11, trans. Gil Fronsdal (Shambhala, 2005), pp. 39–40.
44. *Kauṣītaki Upaniṣad*, I.3–4, in Radhakrishnan and Moore (eds.), *A Sourcebook in Indian Philosophy*, p. 93.
45. *Dhammacakkappavattana Sutta,* part of *Saṃyutta Nikāya*, 56.11, in Bikkhu Bodhi (ed.), *In the Buddha's Words: An Anthology of Discources from the Pāli Canon* (Wisdom Publications, 2005), p. 75.
46. *Visuddhi-magga,* XVIII, in Radhakrishnan and Moore (eds.), *A Sourcebook in Indian Philosophy*, p. 285.

47. 'Holy Noodle', *The Economist,* 12 March 2016, p. 56.

24 瞬 息

1. See Antonio Damasio, *Descartes' Error: Emotion, Reason, and the Human Brain* (Putnam Publishing, 1994).
2. Abe Masao, '*Śūnyatā* as Formless Form', in James W. Heisig, Thomas P. Kasulis and John C. Maraldo (eds.), *Japanese Philosophy: A Sourcebook* (University of Hawai'i Press, 2011), pp. 754–5.
3. Rabindranath Tagore, *A Tagore Reader,* ed. Amiya Chakravarty (Macmillan, 1961), p. 4.
4. David Hume, *A Treatise of Human Nature* (1739), Book II, Part I, Section I.
5. Okakura Kakuzō, *The Book of Tea* (Penguin, 2016 [1906]), pp. 3–4.
6. Ibid., p. 4.
7. Ibid., p. 85.
8. Ibid., p. 5.
9. Ibid., p. 12.

25 公 正

1. Charles Laurence, 'I Feel Better for Giving Everything – Whether My Money or My Organs', *Daily Telegraph,* 8 August 2004.
2. See Roger T. Ames, *Confucian Role Ethics* (University of Hawai'i Press, 2011).
3. Pieter H. Coetzee, 'Particularity in Morality and Its Relation to Community', in P. H. Coetzee and A. P. J. Roux (eds.), *The African Philosophy Reader,* 2nd edn (Routledge, 2003), p. 277.
4. John Stuart Mill, Utilitarianism (1861), Chapter 2.
5. *Mozi,* 632, in Philip J. Ivanhoe and Bryan W. Van Norden (eds.), *Readings in Classical Chinese Philosophy,* 2nd edn (Hackett, 2005), pp. 105–7.
6. Ibid., 16, p. 68.
7. Ibid., p. 74.
8. Ibid., p. 70.
9. *Han Feizi,* 6, ibid., p. 319.
10. Ibid., 8, p. 331.
11. Ibid., 49, p. 340.
12. Ibid., 7, p. 325
13. Jeremy Bentham, 'Advice to a Young Girl', 22 June 1830.
14. Attributed to Bentham by John Stuart Mill in *Utilitarianism* (1863),

Chapter 5.
15. Immanuel Kant, *Groundwork of the Metaphysics of Morals,* trans. Mary Gregor (Cambridge University Press, 1993 [1785]), p. 15.
16. See Adam Smith, *The Theory of Moral Sentiments* (1759), Part III, Chapter 1.6.
17. Jonathan Israel, *A Revolution of the Mind* (Princeton University Press, 2010), p. viii.
18. Michael Specter, 'The Dangerous Philosopher', New Yorker, 6 September 1999.
19. Owen Flanagan, *The Geography of Morals* (Oxford University Press, 2017), p. 53.

26 结 论

1. Remark at the 2016 East-West Philosophers' Conference.

第五部分 结 语

1. Wan Lixin, 'Intangible Culture Key to Modern Identity', *Shanghai Daily,* 20 January 2016, p. A7.
2. 'Chinese Society', *The Economist* Special Report, 9 July 2016, p. 6.

27 世界是如何思考的

1. Tariq Ramadan, Islam: The Essentials (Penguin Random House, 2017), p. 24.
2. Asma Afsaruddin, 'The Qur'ān and Human Flourishing: Self, God-Consciousness and the Good Society from an Islamic Perspective', unpublished paper.
3. See Ramadan, Islam, pp. 33–4.
4. 'Try Me a River', The Economist, 25 March 2017.
5. Lesley Chamberlain, Motherland: A Philosophical History of Russia (Atlantic Books, 2004), p. x.
6. Ibid., p. 92.
7. Ibid., p. 17.
8. Ibid., p. xiv.
9. Ibid., p. 116.
10. Ibid., p. 41.
11. Eimear McBride, 'Stalin and the Poets', New Statesman, 5–11 May 2017.
12. Chamberlain, Motherland, p. 166.

13. Ibid., p. 203.

28 地域意识

1. Arindam Chakrabati and Ralph Weber, 'Afterword/Afterwards', in Arindam Chakrabati and Ralph Weber (eds.), *Comparative Philosophy without Borders* (Bloomsbury, 2015), p. 238.
2. Owen Flanagan, *The Geography of Morals* (Oxford University Press, 2017), p. 7.
3. Joel Kupperman, *Learning from Asian Philosophy* (Oxford University Press, 1999). p. 138.
4. *Udāna*, 6.4, *Tittha Sutta,* trans. Thanissaro Bhikkhu, www.accesstoinsight.org/lib/authors/thanissaro/udana.pdf.
5. Isaiah Berlin, 'My Intellectual Path', in *The Power of Ideas* (Princeton University Press, 2001), pp. 1–23.

出版后记

正如副标题"一部哲学全球通史"所表明的，本书是一部普遍意义上的哲学通史。然而，与最常见的按照时代特征和思想流派来划分、以西方哲学的发展为主要脉络的各种《哲学史》不同，本书是以哲学中的主要话题为导向的。正文的四个部分，即四个主要话题，大致可以对应哲学中的"认识论""本体论""人与自然的关系"以及"伦理学"。这样的结构，可以有效地引导普通读者熟悉哲学的基本话题。同时，本书的写作不拘一格，作为一部普及意义上的哲学史，它讨论了众多未曾在主流哲学史教科书中占据一席之地的伟大思想者，将世界各地有代表性的宗教、文学、艺术所展露出来的哲学思想一并加以讨论。对于普通读者来说，将这本书作为自己的哲学启蒙之书，是再合适不过的。

本书作者朱利安·巴吉尼是英国著名的哲学研究者、作家，我们中国的读者对他并不陌生。他的《一头想要被吃掉的猪》《你以为你以为的就是你以为的吗》《吃的美德》等都已经被译成中文。如今我们推出这部《世界是如何思考的》，也将为中文世界的"朱利安·巴吉尼著作系列"添加一个重要的成员。

根据相关法律法规的要求，本书的内容在英文原版的基础上进行了少许删改。我们依然希望能够尽可能地为您呈现英文原版的面貌，感谢您的理解与支持！

服务热线：133-6631-2326　188-1142-1266

读者信箱：reader@hinabook.com

后浪出版公司

2022 年 3 月

© 民主与建设出版社，2022

图书在版编目（CIP）数据

世界是如何思考的：一部哲学全球通史 /（英）朱利安·巴吉尼（Julian Baggini）著；赖丹丹译. — 北京：民主与建设出版社，2022.5（2024.12重印）

书名原文：How the World Thinks: A Global History of Philosophy

ISBN 978-7-5139-3739-9

Ⅰ.①世… Ⅱ.①朱… ②赖… Ⅲ.①哲学史—世界 Ⅳ.①B1

中国版本图书馆CIP数据核字（2022）第011720号

Originally published in English by Granta Publications under the title *HOW THE WORLD THINKS: A Global History of Philosophy*, copyright © Julian Baggini, 2018
Julian Baggini asserts the moral right to be identified as the author of this work.
Simplified Chinese translation copyright © 2022 by Ginkgo (Beijing) Book Co., Ltd.
本书中文简体版权归属于银杏树下（北京）图书有限责任公司。

版权登记号：01-2022-1183

世界是如何思考的：一部哲学全球通史
SHIJIE SHI RUHE SIKAO DE YIBU ZHEXUE QUANQIU TONGSHI

著　　者	［英］朱利安·巴吉尼	译　　者	赖丹丹
出版统筹	吴兴元	责任编辑	王　颂
特约编辑	刘　漪　曾雅婧　汪建人	营销推广	ONEBOOK
装帧制造	墨白空间·陈威伸		

出版发行　民主与建设出版社有限责任公司
电　　话　（010）59417749 59419778
社　　址　北京市朝阳区宏泰东街远洋万和南区伍号公馆4层
邮　　编　100102
印　　刷　河北中科印刷科技发展有限公司
版　　次　2022年5月第1版
印　　次　2024年12月第8次印刷
开　　本　880毫米×1194毫米　1/32
印　　张　24
字　　数　270千字
书　　号　ISBN 978-7-5139-3739-9
定　　价　70.00元

注：如有印、装质量问题，请与出版社联系。